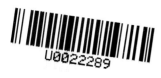

弘一大師詩詞全解

徐正綸 編著

東大圖書公司

國家圖書館出版品預行編目資料

弘一大師詩詞全解 / 徐正綸編著. ——初版三刷. ——
臺北市: 東大, 2015
面; 公分. ——(文苑叢書)

ISBN 978-957-19-2672-8 (平裝)

1. 釋弘一-作品研究

224.512 91020077

編著者 徐正綸
發行人 劉仲文
著作財產權人 東大圖書股份有限公司
發行所 東大圖書股份有限公司
地址 臺北市復興北路386號
電話 (02)25006600
郵撥帳號 0107175-0
門市部 (復北店) 臺北市復興北路386號
(重南店) 臺北市重慶南路一段61號

出版日期 初版一刷 2002年11月
初版三刷 2015年6月修正
編號 E 781010
行政院新聞局登記證局版臺業字第〇一九七號

ISBN 978-957-19-2672-8 (平裝)

http://www.sanmin.com.tw 三民網路書店
※本書如有缺頁、破損或裝訂錯誤，請寄回本公司更換。

前言

在中國近代文化史上，弘一大師（李叔同）是一個富有傳奇色彩的人物。

弘一大師於一八八〇年出生於天津富商之家；弱冠遷居上海，風流倜儻，才華橫溢，名傾當時滬上文壇；一九〇五年負笈日本，專攻美術、音樂，並積極把學到的西方先進藝術，源源輸入國內；留學六年返國，在杭州任教，「及門數千，遍及江浙」，被人們譽為桃李滿園的一代藝術名師；一九一八年，正當他風華正茂，攀登藝術高峰之際，毅然披剃出家，成為中興失傳七百年的南山律宗的佛教高僧，相伴青燈黃卷，走完了後半生的二十四年。後人有感於此，曾作詩贊曰：「絕代才華絕代姿，一生身世一篇詩」，這倒並非溢美之詞。

作為我國近代傑出的藝術家、教育家和高僧，弘一大師的業績和成就是多方面的，在繪畫、音樂、戲劇、書法、金石以及佛學等等領域，都作出了令人矚目的貢獻。他的詩詞創作，只是他一生成就中的一個組成部分；而且，就其數量和影響而言，還不是一個重要的部分。但是，儘管如此，他的詩詞作品卻具有其他藝術成就所望塵莫及的獨特意義，那就是它最能反映弘一大師一生的心路歷程。

有人在評價二十世紀初期愛爾蘭著名詩人、一九二三年諾貝爾文學獎得主威・巴・葉芝時，曾說：「他是個自傳性詩人，他的作品基本上就是其思想、感情和經驗的實錄。所以，他的生平和創作之間聯繫密切，反差不大」。（傅浩：《葉芝評傳・序》）李叔同的詩詞創作情況，與葉芝近似。由於弘一大師一貫主張「詩以言志」，曾說：「志之不貞，何以詩為？」因而他的詩詞也很少無病呻吟、無的放矢之作，不論在居留天津時期，移居上海時期，留學日本時期，執教杭州時期，以至出家後雲遊浙閩時期，他都曾用詩詞抒發當時的感情和心境。因此，把弘一大師的詩詞作品，按照寫作時間，依次串連在一起，可以大體窺見他一生經歷及其心理契機。他的學生豐子愷曾對弘一大師詩詞作過這樣的概括：「由藝術轉入宗教之步驟，由小我進入大我之痕跡。」這是說得十分貼切和中肯的。

我們編輯這本詩集，就是出於這樣的初衷：通過閱讀弘一大師的詩詞作品，為他的一生思想和行動找到生動的注腳；深入地把握他六十三年來的人生歷程和思想軌跡。當然，附帶也對他詩詞作品中的藝術特色和審美情趣，作些探討。

正是基於這一目的，我們編輯這本詩詞集所採取的思路與方法，與以往已經出版的諸種文集有所區別：

其一，我們對弘一大師詩詞界定，作了比較廣義的理解和處理；除了收入弘一大師所作的五七言絕句、律詩和他按古詞牌填寫的詞作之外，還增加了以下幾部分內容：一、歌詞，計四十四首。鑒於現代歌詞與當初的古詞一樣，都屬於可供詠唱的「音樂文藝」，只是在記譜手法上有所不同；又鑑於李叔同歌曲大部分先選好外國名曲，以後依照該曲的意境和旋律，填進歌詞，其歌詞創作程序與古詞幾乎一樣。因此，編著者認為，弘一大師所作的現代歌詞應與他寫的古詞享有同等待遇，都可歸入他的詩詞作品之列。何況事實上，李叔同所寫的大量歌詞，如那首膾炙人口的〈送別〉歌等等，字裡行間洋溢著濃鬱的意蘊和情趣，同時也十分講究平仄、頓挫和韻轍，這樣的歌詞實為「自度詞」，把它們收入他的詩詞集中，應是名正言順。二、《護生畫集》題詞，計四十一首。弘一大師曾一而再，再而三地把這些題詞稱之為「白話詩」。雖然寫得不令他滿意，但在他心目中，這些題詞就是不折不扣的「詩」，只不過不是古體，而是白話罷了。既然如此，我們就不應把它們摒棄於這本詩詞集子之外。三、偈，計二首。從嚴格意義上說，偈不是詩，但弘一大師所寫的有些偈，不僅有詩化的意境，而且字數、韻律與古體絕詩相近，「偈」其名而「詩」其實。對這樣的「偈」，當然也不能將之驅出詩詞領地。這樣一來，原有的詩詞，加上多首新發現的佚作；再增加歌詞、白話詩、偈這三個部分內容，本集共收詩詞一百三十七首。這是目前收得較為齊全的一本詩集，它將大大有利於我們全面了解弘一大師其人其事，及其詩詞創作的藝術特色。

其二，為了對讀者理解和思考弘一大師詩詞，提供一點方便和參考，本集在各首詩詞之後加「注」，對某些疑難的文字和典實，作出必要的解釋。此外，我們特別在「解」上，下了較多的工夫。其中，有對詩詞寫作背景（包括歷史背景和心理背景）的介紹，有對史實的考證，有對不同觀點的商榷，也有對詩詞的藝術分析……但是最主要的還是對本詩的特定涵義，即它在詩人各個時期的經歷和思想中起到哪些反映作用，所作的個人理解。當然，「詩無達詁」，這只是編著者的一得之見，並不一定全面、正確；但如能對讀者的研究和探討，起到一點「拋磚引玉」的作用，我們也就知足了。

其三，考慮到使讀者更清晰地把握詩人的思想發展脈絡，我們在體例上，不按詩、詞、歌詞等不同體裁分類，而是依寫作時間的先後編目，這也是通常所說的「編年體」。但是有些詩詞只能知道寫於某一時期，很難確定為哪一年，我們就在目錄中標明寫作的上限和下限年分，以表示這些詩詞寫於這幾年之內。對那些寫於同一年（或同一時期）的詩詞作品，有作者注明何月何日寫的；也有什麼都未交代的。如果屬於後一種狀況，我們只能分析詩的內容，以區分其前後。

其四，弘一大師生活的年代，距今已有五十到一百年的歷史了。他在詩中，特別在詩題上，涉及的一些人名和地名，對我們說來已相當陌生和隔膜。它們雖是我們準確了解李叔同詩詞所必須掃除的障礙，但一時又很難找到可靠的詮釋材料，這就在我們面前構成了一個讓人撓頭的矛盾。幾年來，通過我們多方的尋求，總算發現了一些重要人物，如李蘋香、楊翠喜、蔡小香、丁慕琴、副島蒼海，和重要地址，如小蘭亭等有關資料，這些已在「解」中向讀者一一作出交代。但是令人深感遺憾的，還有一些人名和地名，雖經刻意搜尋，仍無下落，只能暫付闕如，留待日後了。

其五，隨著考證和研究的逐步深入，近幾年發現已收入諸種弘一大師文集中的某些詩詞，並非弘一大師所作；此次我們編集時已一一予以剔除。但是，對否定的理由尚不充分、仍然留有一定疑點的詩詞（如〈祖國歌〉）；或對證據雖然確鑿，但曾引起弘一大師強烈的思想共鳴，從中可以明顯窺見他當時感情傾向的詩詞（如〈書憤〉），我們則作為「附錄」，並加箋注，收入本集備考。

對這本詩詞集，編著者雖然作了很大努力，錯訛、遺漏之處仍恐不少，敬祈方家補充、指正。

弘一大師詩詞全解

目次

一八九四年

斷句

人生猶似西山日，富貴終如草上霜。

解：

這是李叔同幼時（有說十五歲）所作古詩斷句，初見於胡宅梵：〈記弘一大師之童年〉，載《弘一大師永懷錄》，大雄書店一九四三年版。原無題，此題為編者所加。

據胡宅梵稱：民國十九年（即一九二〇年），弘一法師駐錫慈溪金仙寺時，他「居近寺，時得親炙」。弘一法師應他所請，「乃條述其幼年狀況，予即秉筆為記，記畢呈閱，復經師親以硃筆改正。」因此，文中所錄之詩，具有較大的可靠性。

此詩僅留兩句，我們無法窺其全貌，因而很難準確判斷全詩的思想傾向和藝術成就；但從這兩句詩，我們不難看出李叔同當時的內心世界，充塞著人生無常的淒涼氣氛。一個年僅十五歲的少年，為何有這樣濃重的空苦之感？這不能不追溯到他幼年所受的教育及其個人際遇。

李叔同祖籍浙江平湖（也有一說：他的祖籍是山西洪洞），生於天津；父親名李世珍，號筱樓，道光二十年舉人，同治四年進士，在吏部任主事七年。李筱樓亦官亦商，兼營祖上傳下的鹽業和銀錢業，由此家勢大盛，成為天津有名的富戶。李家與當時許多大家族一樣，篤信佛教，家人經常念經拜佛；每逢喪葬大事，家中還舉辦隆重的佛事活動，如請僧誦經、拜懺、放焰口等。李叔同生長在這樣的家庭中，使他自幼耳濡目染，接受了較多佛教思想的影響。

據胡宅梵〈記弘一大師之童年〉一文稱：「公（李筱樓）年至七十二，因患痢疾，自知不起。將臨終前，病忽愈，公乃囑延請高僧學法上人，朗誦《金剛經》。靜聆其音，而不許一人入內，以擾其心。師（李叔同）時方五齡，亦解掀幃窺探。……靈柩藏家凡七日，每日延僧一班，或三班，誦經不絕。時師見僧之舉動，均可愛敬，天真啟發，以後即屢偕其侄輩，效焰口施食之戲，而自據上座為大和尚焉。」

又據胡宅梵上文稱：「時有王孝廉者，至普陀出家返，居天津之無量庵，師（李叔同）之大侄婦早寡，常從王孝廉學《大悲咒》、《往生咒》等……時師年約七八歲，見而喜，常從旁聽之，旋亦能背誦。」

胡宅梵上文還說到：「師（李叔同）有乳母劉氏，能背誦《名賢集》，時教師背誦其詞，如『高頭白馬萬兩金，不是親來強求親；一朝馬死黃金盡，親者如同陌路人』。師雖在八九歲之間，亦頗解其義。」

如果說，第一則材料，帶有兒童遊戲的性質，不足為憑；那麼第二則材料明確說明李叔同八九歲時就接觸佛經，喜愛它，並背誦它，這就不能不使他在一定程度上受到「說空、說苦、說無常、說無我」的佛教思想影響。第三則材料說的雖不是佛經，但在長輩的「人情冷暖、世態炎涼」的教育背後，也蘊含著與佛教思想一脈相承的「無常」觀念。

然而，促使李叔同接受這樣思想影響，並在自己腦子裡扎根的，還有另外更重要的個人際遇的原因。李叔同在兄弟中排行第三。他的長兄李文錦，早年夭亡。他五歲時，父親李筱樓又患病而死。不久，他的一個堂侄又相繼逝世，留下寡妻。目睹耳聞大家族中的親人一個接著一個死去，他對「人生無常」的思想自然就有了更直接更實際的體驗和感受。同時，由於他的生母王鳳玲是李筱樓的側室，他是庶出，母子兩人難免在這個封建大家族中受到明明暗暗的歧視，尤其在他的父親死後，他們的處境更為艱難，這是李叔同後來扶母攜妻離津去滬定居的重要緣由之一。這一特殊經歷，也使李叔同容易與佛經中空、苦、無常等教義產生共鳴，在思想上過早地蒙上傷感主義陰影。他後來對弟子蔡冠洛就說過：「年七八歲時，即有無常、空苦之感」。（見蔡著〈戒珠苑一夕談〉）前面那兩個殘句，便是他這種心情與感觸，在詩歌創作中的反映。

由於李叔同的優越家庭環境，他很早就開始攻讀和寫作古詩。據李芳遠《弘一大師年譜》稱：「八九歲，從常雲莊某先生就業，讀《毛詩》、《唐詩》、《千家詩》諸類」，因而他在十餘歲時即能「兼事吟詠」，寫作詩詞，就不足為怪了。但對寫作〈斷句〉的時間，目前論者尚說法不一，胡宅梵籠統地說「為其幼時所作」；而有的年譜，如陳星《天心月圓——弘一大師》（山東畫報出版社一九九四年版）所附年表，則稱：「十五歲即有『人生猶似西山日，富貴終如草上霜』之句」。不管怎麼說，李叔同幼年所寫詩詞作品，留下來的只有這樣兩個斷句，其他都已佚失。

這兩個「斷句」雖只十四個字，確能從一個側面反映了李叔同當時的心態和意緒。但是有人對此作了過高的評估，如胡宅梵說：「謂其為代表師（李叔同）當時之思想可，即視為萌出世之心，亦無不可」；甚至有人以此兩句詩作為李叔同出家是出於「慧根夙因」的根據之一。沒有其他有力的佐證材料，僅憑這兩句詩，就認為李叔同早在「十五歲」或「幼年」，就「萌出世之心」，未免失之於武斷。

一八九九年

詠山茶花

瑟瑟寒風剪剪❶催，幾枝花放水雲隈❷。淡妝❸寫出無雙品，芳信❹傳來第二回。
春色鮮鮮勝似錦，粉痕艷艷瘦於梅。本來桃李羞同調，故向百花頭上開❺。

右余近作山茶花詩也，格效東瀛❻詩體，愧鮮形貌之似；近讀東瀛山根立庵❼先生佳作，而拙作益覺如土飯塵羹矣。先生〈詠山茶花〉詩云：「前身嘗住建溪❽濱，國色❾由來幽意貧。凌雪知非青女❿匹，耐寒或與水仙親。豐腴坡老詩中相⓫，明艷涪翁賦裡人⓬。莫被渡江梅柳妒，群芳凋日早回春。」己亥歲暮之月⓭，惜霜仙史成蹊⓮。

注：

❶剪剪：形容風寒削面。唐韓偓〈寒食夜〉詩：「惻惻輕寒剪剪風，小梅飄雪杏花紅。」❷隈：山水彎曲處。《淮南子・覽冥》：「田者不侵畔，漁者不爭隈。」注：「隈，曲深處。」❸淡妝：山茶花有紅、粉紅、白三種，李叔同看到的大概是白色或粉紅色。❹芳信：春天的訊息。宋晏幾道〈玉樓春〉之八：「梅花未足憑芳信，弦語豈堪傳素恨。」❺「故向百花」句：因山茶在秋花已凋殘，而春花未綻放的冬季開花，故有此說。❻

東瀛：原指東海，此處作為日本國的代稱。❼山根立庵：日本近代著名漢詩人，曾與中國清末維新派唐才常交好，並時有詩詞唱和，發表於當時中國《東亞時報》。❽建溪：水名，閩江北源，也叫東溪。其地產茶，因以為茶的異名。作者可能誤認山茶由茶演化、衍變而來，故云。❾國色：指姿容極其美麗的女子。《公羊傳・僖十年》：「驪姬者，國色也」，此處喻指山茶花。❿青女：神話傳說中的霜雪之神。《淮南子・天文訓》：「青女乃出，以降霜雪。」高誘注：「青女，天神，青霄玉女，主霜雪也。」⓫「豐腴坡老」句：坡老，即北宋文學家蘇軾（一〇三七—一一〇一），因他號東坡，故尊稱他為坡老。他曾作詠山茶花詩多首。如「誰憐兒女花，散入冰雪中。堂中調丹砂，染此鶴頂紅」；又如「長明燈下石闌干，常共松杉鬥歲寒。葉厚有稜犀角健，花深少態鶴頭丹。久陪方丈曼陀雨，羞對先生苜蓿盤。雪裡盛開知有意，明年歸後竟誰看」等等，極寫山茶花的風采。⓬「明艷涪翁」句：涪翁，即北宋詩人黃庭堅（一〇四五—一一〇五），涪翁是他的號。他出於蘇軾門下，而與蘇軾齊名，世稱「蘇黃」。他曾作〈白山茶賦〉：「稟金天之正氣，非木果之匹亞。乃得骨於崑閬，非乞靈於中夏。造物之手，執丹青而無所用；析薪之斤，雖睥睨而常見赦。高潔皓白，清修閑暇。」生動地描畫山茶花的芳姿和品格。⓭己亥歲暮之月：即光緒二十五年（一八九九年）十二月。⓮成蹊：李叔同幼名文濤、廣侯，又名成蹊，取「桃李不言，下自成蹊」之意。

解：

該詩作於一八九九年李叔同遷居上海的第二年。上鈐「江東少年」、「惜霜」、「時年二十」印鑑。天津徐廣中先生收藏。最早見於一九八八年天津古籍出版社版《李叔同——弘一法師》。原詩無題。福建人民出版社一九九一年出版《弘一大師全集》第七冊收入此詩時，取題為〈詠山茶花〉，但無詩後跋語。

據徐廣中作於一九八八年的〈我收藏的李叔同早年幾件文物〉一文稱：它「是一張七十乘三十八公分的字幅，用蘇體書寫」，是李叔同當年寄贈他祖父徐耀廷的。由他收藏多年，現已「璧還」李叔同次子李端，「願他們能作紀念品，永保長存」。

徐耀廷（一八五七－一九四六），名恩煜，字耀廷，又字藥庭、月亭。他的長兄徐子明有國學根柢，並擅長書畫，是當時天津著名的畫家。他受兄長影響，平生也以研習書畫和篆刻為樂事，在當地有一定影響，鄉人因其排行第五，稱他為「徐五爺」。徐耀廷與李叔同家是近鄰，與李叔同父親李筱樓相熟，受到李筱樓賞識，在李家任賬房先生多年，並曾一度出任李筱樓經營的桐興茂錢鋪會計。

徐耀廷雖長李叔同二十三歲，但由於他工書畫篆刻，深得自幼愛好文藝的李叔同的仰慕，經常就近向他請教，得到他的細心指點。兩人由於志趣相投，感情融洽，結成了亦師亦友的忘年之交。

從現在留存下來的李叔同給徐耀廷的十九封信中，可以想見他們之間的密切關係。在這些信裡，李叔同親昵地稱徐耀廷為「五哥」或「老哥」。李叔同不僅在天津經常給因事外出的徐耀廷寫信；即便在他遷居上海以後，兩人之間還是書信不斷；信的內容除了一般問候和告知家庭近事、親友行蹤之外，主要是向徐耀廷問字問刻，求徐耀廷購帖購筆、買刻刀買石頭等等；並且還常將自己的詩詞、篆刻、書畫作品寄給徐耀廷，向徐請教。直至一九〇五年他到日本留學，仍與徐耀廷有書信來往。如該年農曆十一月，李叔同還從日本寄來「用西洋水彩畫寫生」的沼津風景畫一幅給徐耀廷，顯然也帶有「候教」的意思。

這首寫於上海的〈詠山茶花〉詩，也可能就是寄贈徐耀廷聽取意見的，惜乎有關信件現已佚失；否則，我們可以從中進一步了解李叔同寫作此詩的某些背景材料。

山茶花，屬綠色灌木或小喬木。據《本草綱目・本部・山茶》稱：「山茶產南方，深冬開花，紅瓣黃蕊。」李叔同從天津遷到上海，才第一次看到產於南方的山茶花，對它自然有一種新鮮的感覺。尤其在北風刺骨的寒冬，山茶花居然綻開鮮艷花朵，更給李叔同留下深刻的印象。於是他寫了這首詠山茶花的詩，描畫了它的芳姿，謳歌了它在「寒風」凜冽中，為人間帶來錦繡的「春色」，在一年之間傳遞了第二回春天的訊息。特別在這首詩的最後兩句，詩人還讚美了它羞於與桃李爭奇鬥艷，因而搶在百花的前頭率先開放，一逞自己的風采。宋王之望在〈好事近〉詞中，曾有詠山茶花佳句：「獨占嚴寒天氣，正群芳休息。」李叔同的這兩句正表達了相同的意境。

李叔同的這首詩是在從津抵滬的第二年暮冬所作。這時，他才二十歲，正參加城南文社活動，每月會課，詩文俱佳，常名列第一，深得與會者的嘉許。城南草堂女主人宋夢仙曾作詩讚他「李也文名大如斗」；他自己後來賦詞，亦自稱：「二十文章驚海內」。這就是說，李叔同寫這首詩，正值他在上海文壇上嶄露頭角的時候。在這首詩中，詩人借花言志，通過對山茶花的讚頌，抒發了自己當年那種敢爭天下先的志向。儘管從藝術上說，李叔同自己對這首詩並不滿意，他在詩後的跋語中說，與日本詩人「山根立庵先生佳作」相比，「益覺如土飯塵羹」，不足掛齒。但是這首詩畢竟反映了李叔同走出閉塞的封建大家庭，來到上海這個全新世界，如魚得水，大展身手的那種舒暢心境；象徵著他在創作歷程中的一大跨越。因此這首詩應當引起研究李叔同及其作品的人們的重視。

一九〇〇年

清平樂

贈許幻園

陽春常駐

城南❶小住，情適〈閑居賦〉❷。文采風流合傾慕，閉戶著書自足。

山家❸，金樽酒進胡麻❹，籬畔菊花未老，嶺頭又放梅花。

注：

❶城南：指城南草堂。李叔同譜兄許幻園於一八九七年在上海大南門外青龍橋（或稱金洞橋）畔建屋，稱為「城南草堂」。❷閑居賦：《晉書．潘岳傳》：潘岳曾任縣令多年，終以親疾辭官，作〈閑居賦〉，寫他閑居故里，孝養親人，並寄寓失意之感。後人遂用此典詠去官閑居或閑居未仕。❸山家：山裡人家。因「城南草堂」遠離市囂，當地「男婦皆樸重，有古風存焉」，故云。❹胡麻：植物名，即芝麻，相傳漢張騫得其種於西域，故也稱胡麻。此處指胡麻飯。據《幽明錄》、《太平御覽．地部．天台山》載：漢明帝永平五年，剡縣人劉晨、阮肇入天台山採藥，迷不得返，食桃止饑。後下山以杯取水，見蕪青葉流下甚鮮，復有一杯胡麻飯流出。二人謂去人不遠，乃渡水過一山，見二女容顏妙絕，呼劉阮二人姓名，問何來晚也，因相款待，行酒作樂，食中有胡麻飯甚美。被留半年，求歸至家，子孫已七世矣。白居易〈宿張雲舉院〉：「不食胡麻飯，杯中自得仙」，即用此典。此處用「胡麻」，有許幻園當時所過生活似在仙境的含意。

解：

此詞約作於一九〇〇年至一九〇一年間，最初見於作者自編並在一九〇一年出版的《辛丑北征淚墨》，同時見於許幻園著《城南草堂筆記》。

許幻園（一八七八—一九二八），名鏻，李叔同譜兄，江蘇婁縣（即上海松江縣，或稱雲間縣）望族。一八九七年因「性耽靜僻，厭棄喧嘩」，遂於是年春間在上海大南門青龍橋（或稱金洞橋）畔建屋，名為「城南草堂」。據稱，此處「雞犬桑麻，又是一番世界」，「人家多臨水居，男婦皆樸重，蓋猶有古風存焉」。城南草堂「庭植雜花，當盛開時，幽香滿室，頗得佳趣。北臨青龍橋，岸旁遍栽楊柳，東望帆檣，歷歷在目」（見許幻園《城南草堂題記》），確是養心修性好去處。許幻園攜妻在此閑居，發起創辦「城南文社」，還特僻草堂一角邀李叔同一家同住。平日賦詩著文，悠然自得，其《城南草堂筆記》一書，即作於此。

閑散逍遙，本是古代文人的生活憧憬。它既體現為一種遠離塵囂的清靜無為的生活方式，即林語堂所說的「無事老人」式的田園生活（見林語堂《吾國與吾民》）；也指一種虛靜超逸的心靈方式，使人從世間角逐名利中擺脫出來，進入精神自由舒卷的境界。這種生活方式和心靈方式，具有一種人格自勵的道德意味，而更重要的，可以使人們藝術化地品嘗生命情趣。因此，千百年來，成為歷代中國文人孜孜以求的生活境界。如晉代陶淵明的「結廬在人境，而無車馬喧」，「採菊東籬下，悠然見南山」（見〈飲酒〉）；唐代柳宗元的「孤舟蓑笠翁，獨釣寒江雪」（見〈江雪〉）；宋代蘇東坡的「何處無夜月，何處無竹柏，但少閑人如吾兩人耳」（見〈記承天寺夜遊〉）；明代張岱的「幸生勝地，鞋靸下饒有山川；喜作閑人，酒席間只談風月」（見《西湖夢尋》）；以至清代鄭板橋的「扁舟來往無牽掛」，「醉醺醺小徑歸來」（見〈道情十首〉）……等等，無不表現他們對這種閑適逍遙生活方式的傾慕和謳歌。

李叔同長期受到中國古代文化的熏陶，自然也繼承了這種文人的氣質。他對閑適的田園生活一直「雖不能至，心嚮往之」；因此，當他一旦接觸到許幻園閑居城南草堂的生活方式，不能不由衷地表示讚嘆。他在這首詞與寫於同一時期的〈和宋貞題城南草堂原韻〉中，都體現了這種心情。即使在十餘年以後，儘管人事已非，他在所作的〈題夢仙花卉橫幅〉中，仍抒發了對城南草堂生活方式的留戀。

這首詞的上片，雖用白描手法寫了短短二十二個字，但卻對許幻園的氣質（「文采風流合傾慕」）、心境（「情適〈閑居賦〉」）和生活方式（即「城南小住」，「閉戶著書」），作了生動的概括。要附帶說明的是，許幻園的「著書」並不是「都為稻粱謀」，而是他消遣生活的一種手段，閑情逸致的一種表現。上片所概括的這三點，並非彼此孤立，而是互為因果的。正因為許幻園具有前兩點主觀的優越條件，才會有第三點，過上令人傾慕的田園式的生活。李叔同在同年所寫的《城南草堂筆記・跋》中，曾說：「雲間許幻園譜兄，風流文采，傾動一時。庚子初夏，余寄居城南草堂，由是促膝論文，迄無虛夕。今春渠養疴多暇，數日間著有《筆記》三卷，將付欹劂。」這段短文，正是對該詞上片四句所作的具體注釋。

下片四句，雖是寫景，但作為上片的延伸，對許幻園田園生活的內容進行生動的補充。這四句詩在藝術手法上頗有獨到之處，一句一景，分別抓住各個季節最具特色的景物，通過畫面的不斷變換，依次遞進，點出春、夏、秋、冬四個季節的演變，以此顯現許幻園一年四季始終與風花雪月作伴，以山光水色為鄰，看不盡的花開花落，賞不完的月缺月圓，把自己的渺小生命投身於大自然的懷抱之中。這是何等瀟灑和超脫！

通過疊印具有特徵意義的畫面，對時間或空間進行全景式的形象概括，這是歷代詩人常用的手法。

元代馬致遠那首〈天淨沙・秋思〉：「枯藤、老樹、昏鴉，小橋、流水、人家，古道、西風、瘦馬。夕陽西下，腸斷人在天涯」，就是一例。在這闋小令中，馬致遠抓住秋天裡幾個很有典型意味的景物，將它們集於尺幅之中，造成蒼涼的意境，最終點出淪落天涯，愁腸寸斷的旅客，寫景、抒情水乳交融。李叔同在這首詞中，學習前人的這種寫作技巧，並取得一定成就，反映了他在詩歌創作中的潛在才華。

最後要說一點的是，時代畢竟不同了。許幻園在城南草堂所過的那種逍遙的生活，如果在陶淵明、蘇東坡時代尚有可能長久維持，但在進入二十世紀的中國社會，這只是烏托邦式的空想。事實正是這樣，許幻園逍遙了幾年，最後還是「閑適」不下去，不得不「納粟出仕」，忙碌俗務。不久由於生活拮据，連城南草堂都賣給了他人，換了屋主。李叔同一九一四年春天尋訪城南草堂舊址，發出了「明月下南樓」的沉重感嘆，這正反映了詩人對閑適生活方式的憧憬破滅以後，既戀戀不捨，又無可奈何的複雜心情。

和宋貞題城南草堂原韻

門外風花各自春，空中樓閣❶畫中身。而今得結烟霞侶❷，休管人生幻與真。

庚子❸初夏，余寄居草堂，得與幻園朝夕聚首。曩❹幻園於丁酉❺冬作二十歲自述詩，張蒲友孝廉❻為題詞云：「無真非幻，無幻非真。」可謂深知幻園者矣。

注：

❶空中樓閣：空中所見亭臺樓閣，即海市蜃樓，與後文的「畫中身」都是比喻宋貞與許幻園過著人間罕見的美好的生活。❷烟霞侶：烟霞，原指山水勝景。烟霞侶，即指嗜遊山水之伴侶。白居易〈與王質夫同遊秋山偶題三韻〉：「平生烟霞侶，此地重徘徊。」❸庚子：即光緒二十六年，公元一九〇〇年。當年李叔同一家遷居城南草堂。❹曩：以往，過去。❺丁酉：即光緒二十三年，公元一八九七年。許幻園長李叔同兩歲。❻張蒲友孝廉：孝廉，本為漢代選舉官吏的科目，後用作舉人的俗稱。張蒲友曾在科舉中考取舉人，故有此稱。他受邀在許幻園主辦的城南文社裡，擔任指導、教習之職。城南文社每月會課的試卷，由他批閱評分。

解：

這首七絕作於一九〇〇年至一九〇一年間，收入李叔同著《辛丑北征淚墨》和許幻園著《城南草堂筆記》中。現據中國佛教協會編《弘一法師》一九八四年版。

宋貞（一八七七—一九〇二），號夢仙，頗有文藝才華，工篆刻，善書畫，並能作詩賦詞，著有《天籟閣詩稿》。一八九四年，即她十八歲時，嫁許幻園為妻。許幻園，李叔同譜兄，亦當時一才士，時人因稱兩人結合為「雙璧」。

一八九七年，宋貞與許幻園遷入上海大南門青龍橋「城南草堂」。一九〇〇年舊曆七月，宋貞為城南草堂作圖一幅，並題詩七絕一首：「花落花開春復春，城南小築寄閑身。研前寫畫心猶壯，莫為繁華失本真。」許幻園將此畫在友人中廣泛徵求題句。以後將這些題句匯集成冊出版，題為《城南草堂圖偶和集》。他還為此集寫有〈城南草堂圖記〉一文，記此圖的來龍去脈頗詳，原文如下：

> 滬濱繁華，雞犬麻桑，又是一番世界。人家多臨水居，男婦皆樸重，蓋猶有古風存焉。余性耽靜僻，厭棄喧嘩，於丁酉之春，築草堂於此。庭植雜花，當盛開時，幽香滿室，頗得佳趣。北臨青龍橋，岸旁遍栽楊柳；東望南浦，來往帆檣，歷歷在目。庚子孟秋，內子夢仙，為畫草堂圖。蒙海內大雅題句甚夥，因付欹劂，以志墨緣，並附此圖於集中，為記其緣起如此。雲間幻園居士。

一九〇一年，李叔同正承許幻園之邀，全家住在城南草堂，便也應徵寫了這首和詩。

這首七絕為酬酢之作，又因步宋貞上詩原韻，受到許多限制，故該詩可圈可點之處不多，但詩的最後一句：「休管人生幻與真」，提出了一個重要問題，即如何認識人生的本質。它觸及李叔同的宇宙觀和人生觀，因此值得引起人們的注意。

本來世界上發生的一切現象，如人的生老病死，盛衰枯榮等等，歸根結底，都有其不以人的意志為轉移的客觀規律。但是由於人們的科學、思想水平的局限，一時不能對此作出正確的解釋；就是科學技術相當發達的今天，有些問題也仍然得不到解答，這正是真理相對性的一個表現。於是，人們常常對現世和人生產生虛幻、無常的錯覺，從而在歷代文人筆下，發出諸如「浮生若夢」（李白）、「幻世春如夢，浮生水上漚」（白居易）、「浮生暫寄夢中夢，世事如聞花裡花」（李群玉）等浩嘆。李叔同譜兄許鏻，取號為「幻園」，就含有這樣一種意義。長期以來人生的幻和真，虛和實，就這樣地成為人們，尤其是比較敏感的文人們思考、探討的一個重大哲學命題。

佛教在中國的傳佈和同化，對這種思考施加了很大影響。佛教認為一切現象皆是因緣所生，剎那生滅，沒有質的規定性和獨立實體，故稱「一切皆空」；客觀物質世界既是空的，那麼人們感知的一切，無非是它們在人的主觀認識上的幻化產物，故稱「萬法皆幻」。在佛教看來，人身、人心，以至人們生活在其中的塵俗社會都是虛幻的。《摩訶般若波羅蜜經・序品》對這一點說得很明確：「幻不異色，色不異幻；幻即是色，色即是幻。」這裡所說的「色」，就是指所有物質現象。從前的文人對人生虛幻的感慨，很大程度上也接受了佛教這些教義的熏陶。

李叔同生於當時那個社會環境中，在思考人生本質問題時，不可能不受到這些觀念的影響；但是他當時對這個問題尚未想得十分透徹，因此他沒有贊同在該詩跋語中所作的「無真非幻，無幻非真」的結論，而是採取了模棱兩可或不置可否的態度。在詩的最後一句，他寫道：「休管人生幻與真」，即表示自己一時沒有搞清這個問題，那就灑脫一些，「由它去吧！」

但到一九一四年，李叔同在杭州任教時，許幻園又一次以宋貞遺畫花卉橫幅請他題詠時，情況就有所不同。由於那時宋貞已經亡故，李叔同母親也隨之逝世，他自己的處境又較為坎坷，因而在題詩的第一句就感嘆：「人生如夢耳」，說明他當時對人生本質的認識，已與十年前相異了。

特別在他出家以後，即距寫上詩三十五年後的一九三六年，他在這個問題上的態度和認識，就變得更加明確了。據夏丏尊在〈懷晚晴老人〉一文中回憶，上海發生八一三事變的那一年，正當大場陷落的前幾天，弘一法師從青島講律完畢後返回廈門時，途經上海；夏丏尊到弘一法師所住的旅舍裡拜謁，弘一法師見他因當時境遇不順而有愁苦的神情，便笑著對他說道：「世間一切，本來都是假的，不可認真，前回我不是替你寫過一幅《金剛經》的四句偈了嗎？『一切有為法，如夢幻泡影，如露亦如電，應作如是觀』。——你現在正可覺悟這真理了。」

用夏丏尊回憶中提到的李叔同所說的那番話，與李叔同這首詩中的「休管人生幻與真」詩句相比，李叔同這時已不再是「模棱兩可」的「由它去吧」的態度，而是確切認為「世間一切，本來都是假的」，而且把它視為應當「覺悟」的「真理」。這中間的思想差距多大，可想而知。當時正是李叔同出家十八年以後，經過對佛教典籍的深入研究，他的思想認識上的這個變化，自然是完全可以理解的。

從一九〇一年，到一九一四年，再到一九三六年，前後三段時間，李叔同對人生「虛幻性」的認識，經歷了一個不斷昇華的過程：從不置可否，到有所感悟，到最後視為真理。這正從某個重要的側面，記錄著李叔同走近佛教的一個個腳印。

老少年曲

梧桐樹

梧桐樹，西風黃葉飄，日夕疏林杪❶。花事匆匆❷，零落憑誰弔？朱顏鏡裡凋，白髮愁邊繞。一霎❸光陰，底❹是催人老。有千金，也難買韶華❺好。

注：

❶杪：樹梢。❷花事匆匆：語出宋劉克莊〈晚春〉詩：「花事匆匆了，人家割麥初。」此指暮春落花的情景。❸霎：形容時間之短。❹底：副詞，終究、畢竟的意思。❺韶華：美好的年華，指人的青春。唐李賀〈嘲

少年〉詩：「莫道韶華鎮長在，髮白面皺專相待。」

解：

這首詞作於一九〇〇年，最初見於作者自編的《辛丑北征淚墨》詩文集，後又轉載於一九二六年《小說世界》第八期。此據《弘一大師全集》第七冊，福建人民出版社一九九一年版。

一九〇〇年，李叔同長子李準出生，他由為人子、為人夫，到為人父，步入了人生的新的階段。按常規來說，他當年才二十歲，風華正茂；而又早得貴子，宗祧後繼有人，本應為之歡欣鼓舞，額手稱慶；但是李叔同卻因此感到青春速逝，人生易老，心情反而顯得有些頹唐和沮喪。這首〈老少年曲〉詞，正是他的這種心情的形象反映。

他的這一情緒，由來已久，早在十五歲所寫的斷句中，已有所流露。在同一年所寫的〈二十自述詩序〉中，也得到又一次印證。他在這篇短文中說：「墮地苦晚，又攖塵勞。木替花榮，駒隙一瞬。俯仰之間，歲已弱冠。回思曩事，恍如昨晨。欣戚無端，抑鬱誰語？」可見，年齡的增長，即文中所說的「歲已弱冠」，在他的心靈上引起多大的負面影響！

面對時光消逝，年齒漸增這一極為平常的自然現象，李叔同為何會產生如此大的心靈騷動？筆者認為，歸根結底，這與李叔同特殊的生活經歷有關。由於目睹耳聞親族中人如長兄、父親、堂侄等等相繼死亡，自己也自幼身體孱弱，李叔同對生命的脆弱，有著遠比常人強烈的感受。人生的短暫感就像幽靈那樣，時刻在他心頭徘徊；一有機會，就要表露出來。

正是出於這個原因，我們在他的筆下常常發現這樣一個現象，即他的心理年齡遠遠超過他的生理年齡；他的感情傾向遠比他的實際年紀蒼老。詩人在詩文中採用超越年齡的立意、語句，以至署名、印鈐，屢見不鮮。除了這篇作於二十歲而有「朱顏鏡裡凋，白髮愁邊繞」、「一霎光陰，底是催人老」等句的〈老少年曲〉以外，我們還可以舉出一些其他事例。如作於一九〇一年的〈和補園居士韻，又贈蘋香〉的第四首七絕中，就有「歲月驚心鬢已絲」之句，當時他才二十二歲。又如寫於一九一七年，即三十七歲時贈孔爽仁弟的大字聯上，就押有白文印章：「息翁晚年之作」。以三十七歲虛齡，而自稱為「翁」，並言其書法為「晚年之作」，都是就他當時心態而言的。

到了一九一八年李叔同出家前後，這種對「生命無常，世壽短暫」的感悟，發展到了一個新的層面。最能說明這一點的是李叔同出家的當年歲暮，寫贈楊白民的古德訓言題記。這雖是對楊白民的勸誡，其實也正是李叔同本人的一種理念。題記中說：

> 古人以除夕當死日。蓋歲盡處，猶一生盡處。昔黃檗禪師云：預先若不打徹，臘月三十日到來，管教你腳忙手亂。然則正月初一便領會除夕不為早，初識人事時便領會死日事不為早。哪堪荏荏苒苒，悠悠揚揚，不覺少而壯，壯而老，老而死；況更有不及壯且老者，豈不重可哀哉!?故須將除夕無常，時時警惕，自誓自要，不可依舊蹉跎去也。

這時，他對「生命無常」的思考，已從原來的「匆匆老去」，發展到「瞬息死日」，其間有著明顯的不同。倘若說，前者僅與「老」聯繫，還只是生命的量變；那麼後者則直接觸及「死」，已經是生命的質變了。佛教，可以解決生命面對死亡遇到的難題。因此有人說：李叔同最終披上袈裟，走進佛門，重要的原因之一，就是深刻感悟「人生無常」，期望徹底解決「生死大事」（見陳慧劍〈弘一大師生命終結的哲學〉）。這種說法是合於李叔同後來思想發展實際的。

當然，李叔同的出家畢竟是十八年以後的事。他這首〈老少年曲〉所反映的對生命的感悟，還是淺層次的；而且在一定程度上帶有「少年不識愁滋味，為賦新詞強說愁」的意味。如果沒有後來對這種感悟的逐步積累和深化，沒有其他主客觀因素的加入，他最終是不是會走上奉佛的道路，還很難說；至少在這個時候還不能作出這樣的結論。

戲贈蔡小香四絕

眉間愁語燭邊情，素手摻摻❶一握❷盈。豔福者般❸真羨煞，佳人個個喚先生❹。

雲髻蓬鬆粉薄施❺，看來西子捧心❻時。自從一病懨懨❼後，瘦了春山❽幾道眉。

輕減腰圍比柳姿，劉楨平視故遲遲❾。佯羞半吐丁香舌❿，一段濃芳是口脂。

願將天上長生藥⓫，醫盡人間短命花。自是中郎⓬精妙術，大名傳遍滬江涯⓭。

注：

❶素手摻摻：素手，指女性潔白的手；摻摻，纖細貌，也作纖纖。《詩・魏風・葛屨》：「摻摻女手，可以縫裳。」❷一握：即拳手、曲手。此指醫生執女病人素腕，曲手切脈。❸者般：即這般。❹先生：原為對老師的尊稱；但江南一帶為表示對醫生的恭敬，常稱醫生為先生，猶北方稱醫生為大夫。❺「雲髻」句：雲髻，女

人頭上所挽的髮髻，曹子建〈洛神賦〉：「雲髻峨峨，修眉聯娟。」全句是對前來診病的婦女容貌的描寫。❻西子捧心：舊時用以形容女子的病態美。春秋戰國時的越國美女西施患心痛病，發作時作捧心狀，更增其妍態。《莊子・天運》：「故西施病心而顰其里。其里之醜人見而美之，歸亦捧心而顰其里。」❼懨懨：病後精神不振貌。歐陽脩《六一詞・定風波》：「年年三月病懨懨。」❽春山：原指春色點染之山容，因其色黛青，後人多以形容婦女之眉色，後又作為女性雙眉的代稱。《西廂記》：「春山低翠，秋水凝眸。」❾「劉楨平視」句：劉楨，漢末文人，建安七子之一。平視，對面直看。劉楨曾參與曹丕宴飲，曹丕命夫人甄氏出拜，劉楨因平視甄氏，以不敬得罪。此處借指蔡小香有意對著女性病人注目直視。❿丁香舌：丁香，植物名，因其子葉形似雞舌，常用以喻指女性口舌，稱丁香舌。此處指女性病人伸出口舌，讓醫生察看舌苔。⓫長生藥：《太平御覽・天問》稱：月中有玉兔，捧長生不老之藥，人食而長壽。此處借指治病的良藥。⓬中郎：東漢蔡邕，被靈帝拜為議郎，與楊賜等奏定「六經」文字，立於太學門外。後以事免官，被董卓徵召為祭酒，又拜中郎將。邕少博學，好辭章，精音律，善鼓瑟，又工書畫，後人輯其文為《蔡中郎集》。因蔡小香和蔡邕同姓，又博學多才，故此處以中郎喻指蔡小香。⓭滬江涯：指蔡小香當時行醫的上海。

解：

這四首七絕寫於一八九八年至一九〇〇年間，係作者戲贈蔡小香之作。後收入詩人自編的《辛丑北征淚墨》。此據中國佛教協會編《弘一法師》一九八四年版。

蔡小香（一八六二—一九一二），江蘇寶山縣（今屬上海市）人，名鍾駿，號軼鷗，以字行。光緒甲申（一八八四年）科諸生。一生以中醫為業，對婦科造詣尤深。他喜愛文學，擅長詩詞書畫。曾聯絡上海醫學界人士，建立上海醫務總會。一九〇七年接任中國醫學會會長，並任《醫學報》主編，一九一〇年又與唐乃安主編《醫學雜誌》。曾創立中國醫院，並自任院長。

一八九八年，李叔同扶母攜妻離津至滬定居，不久即入許幻園創辦的城南文社。此時，蔡小香正在上海行醫，也參加城南文社的活動。兩人開始相識。在城南文社中，蔡小香、李叔同，還有許幻園、寶山人袁希濂、江陰人張小樓等，逐漸成為「莫逆」。一九〇〇年，五人結為金蘭之誼，「誓同甘苦」；還在上海寶記像室合拍照片一張，李叔同特在此照的上首，用隸體題寫了「天涯五友圖」五字。這五人中，蔡小香生於一八六二年，年紀最長；其次是袁希濂，生於一八七四年；第三為張小樓，生於一八七七年；第四為許幻園，生於一八七八年；李叔同最年幼，生於一八八〇年。

一九〇一年以後，五人情況發生了變化。李叔同考取了南洋公學特班（備將來經濟特科之選）就讀；袁希濂「入廣方言館」；張小樓赴揚州東文學堂任教；許幻園「納粟出仕」，碌碌仕途；蔡小香雖然仍在上海行醫，由於聲譽日著，醫務更忙，也無暇兼顧文藝活動。這樣一來，城南文社便無形解散。李叔同與四位譜兄定期聚首，互相探討、交流詩文心得，也就因此告一段落。

儘管如此，李叔同與四位譜兄之間的感情聯結一直沒有中斷。「城南文社」解體後，李叔同與許幻園書信往來仍較頻繁。在福建人民出版社出版的《弘一大師全集》第八冊書信卷中就收有他於一九〇一年、一九〇三年、一九〇六年、一九一三年、一九一八年寫給許幻園的信六封。其中寫於一九〇三年秋的那一封信，還寫到：「小樓兄在南京甚得意，應三江師範學堂日文教習之選，束金頗豐，今秋亦應南闈鄉試，聞二場甚佳，當可高攀巍科也。」此處所說的「小樓」，即天涯五友之一的「張小樓」，從這裡可以看出李叔同對這位譜兄行蹤的關注和對他的良好祝願。不僅如此，據李端《家事雜記》稱：李叔同在一九一一年從日本留學返國，任直隸模範工業學堂圖畫教員期間，曾在天津接待過許幻園的來訪。又據袁希濂〈余與大師之關係〉一文稱：他此時也正在天津任「法曹」之職，李叔同亦時與他晤面。

特別值得一提的是，直至一九二七年，李叔同出家後，雲遊至滬，住在江灣豐子愷家；許幻園、袁希濂和張小樓聞訊相約數次來豐家探望。其時，蔡小香早已去世，大家「相與嘆息，不勝今昔之感」。並在當年拍「天涯五友圖」的寶記像室，又一次攝影留念，李叔同親筆在照片上題跋，回顧了當年五人締結金蘭之誼的往事：「余來滬上，明年歲在庚子，共寶山蔡小香、袁仲（希）濂、江陰張小樓、雲間許幻園諸子，結為天涯五友。」還記敘了這一次會面的經過：「爾來二十有八年矣。重遊申瀆，小居江灣緣緣堂。蔡子時已殂化，惟袁、張、許子猶數過談，樂說往事。」字裡行間透露了他對蔡小香去世的黯然神傷。由此可以看出，李叔同是個看重友情的人，即使在他遁入空門之後，對二十八年前結成的這段金蘭之誼，仍然眷戀至深。

這四首七絕是李叔同在與蔡小香結為「天涯五友」前後，寫贈這位婦科名醫的。李叔同的詩詞創作風格多樣，他寫過大量悱惻纏綿的詩詞，如〈書贈李蘋香〉、〈送別〉；也寫過不少憂憤沉鬱的作品，如〈春風〉、〈醉時〉；還作過一些慷慨高昂的詞賦，如〈金縷曲．將之日本，留別祖國，并呈同學諸子〉、〈滿江紅．民國肇造誌感〉等等，但像〈戲贈蔡小香〉這樣詼諧戲謔之作，在他的全部詩詞作品中，僅此一首，從中可以窺見他對此類題材、風格的詩詞創作，也很有一手，李叔同卓越的詩詞才華於此可見一斑。

詼諧作品，在中國歷代詩詞中並不少見。詩人筆下的「戲贈」、「戲呈」、「戲題」、「戲詠」等一類作品，大都屬於詼諧之作。這類作品常用戲謔、俏皮的筆墨，對自己周圍的親朋至友進行善意的調侃，以追求一種高雅的趣味，並營造親密友善的氛圍；也常寄寓詩人本身的一定懷抱。當然，也有採用這種形式，進行自嘲，或冷嘲對手的，那當另作別論。李叔同這首戲贈蔡小香四絕，當屬於前一類作品。

辛亥革命前的中國，奉行「男女授受不親」的封建道德，對男女間的來往，禁忌頗多。如距作此詩幾年後的一九〇七年七月二十日《大公報》上，載有〈萬牲園遊覽規則〉，其中還規定男女不同遊，每週一、三、五日對男性開放，二、四、六日對女性開放，「以昭嚴肅」，便是一例。但蔡小香作為婦科醫生，由於治病的需要，望、聞、問、切之間，不僅可以對女病人放膽直視，而且還能嗅到她們的口香，觸握她們的纖手。「艷福者般真羨煞」，李叔同對蔡小香這種機遇深為羨慕。這是符合於年僅二十來歲，生性風流倜儻，而又初具民主思想萌芽的李叔同當時心態的。於是他寫了以上四絕，對蔡小香進行了親昵的嘲弄。但李叔同並沒有只是停留在戲謔與揶揄上，在最後一首四句詩中，抒發了自己對蔡小香精湛醫術的信賴和期望：「願將天上長生藥，醫盡人間短命花」，把全詩的意境，提到了新的層次。

李叔同寫這四首詩，不僅從一個側面反映了他對「嚴男女之大防」的封建禮教的叛逆心理，而且他敢於在比他年長十八歲的譜兄面前，進行如此放肆的調侃，又寄予誠摯的祝願，也正是他們之間親密情誼的生動而又真實的寫照。

一九〇一年

〈辛丑北征淚墨〉

南浦月❶

將北行矣，留別海上同人。

楊柳❷無情，絲絲化作愁千縷。惺忪❸如許，縈起❹心頭緒。誰道銷魂❺，盡是無憑據。離亭❻外，一帆風雨，只有人歸去。

注：

❶此詞初見於李叔同一九〇一年夏自編的《辛丑北征淚墨》一書中的〈辛丑北征淚墨〉一文。詞前有說明文字如下：「光緒二十七年春正月，擬赴豫省仲兄，將啟行矣。填〈南浦月〉一闋海上留別。」「光緒二十七年春正月」，正是公元一九〇一年二、三月間。「仲兄」即二哥李文熙，又字桐岡，是李叔同同父異母兄弟。當時李桐岡避八國聯軍之亂，全家遷河南內黃縣。李叔同此行計劃先至天津，再轉赴河南探望桐岡。後來因故未果。據李叔同在〈辛丑北征淚墨〉中說：「居津數日，擬赴豫中，聞土寇蠭起，虎踞海隅，屢傷洋兵，行人惴惴，余自是無赴豫之志矣。小住二旬，仍歸棹海上。」此詞寫成手卷後，在一九二六年《小說世界》發表時，副題為「將北行矣，留別海上同人」。本書據此。❷楊柳：古人有折柳贈別的風習。此處的「楊柳」，既指北行時間

在春季，又形象地點明離別之意。❸惺忪：蘇醒貌，如睡眼惺忪。❹縈起：牽起、引起。❺銷魂：亦作「消魂」，多用以形容因離別引起的悲傷愁苦的情狀。江淹〈別賦〉：「黯然銷魂者，惟別而已矣。」❻離亭：古時設在路旁的亭舍，常用作餞別處所。北宋張先〈離亭宴〉：「隨處是離亭別宴。」

夜泊塘沽❶

杜宇聲聲歸去好❷，天涯何處無芳草❸。春來春去奈愁何，流光一霎❹催人老。
新鬼故鬼鳴喧嘩，野火磷磷❺樹影遮。月似解人離別苦，清光減作一鉤斜❻。

注：

❶此詩初見於〈辛丑北征淚墨〉文中。詩前有以下文字說明：「途經大沽口，沿岸殘壘敗竈，不堪極目。」塘沽，與大沽口同在海河沿岸，隔河相對。❷「杜宇」句：杜宇，即杜鵑，也名子規。杜宇原為古代蜀帝名，傳說死後魂魄化為杜鵑鳥。見《成都紀》、《蜀王本紀》。杜鵑至春晝夜啼鳴不止，鳴聲近似「不知歸去」，故云。❸「天涯」句：原為蘇軾〈蝶戀花〉描寫春景的名句。此處用以比喻普天之下都有親人、知己。❹霎：形容時間之短。❺野火磷磷：即磷火，野墓間發出的忽隱忽現的青色火焰。❻「清光」句：清光，清亮的光輝，隨所指而異，此處指月光。因作者到津在清明前，為上弦月，故稱「一鉤斜」。

遇風愁不成寐❶

到津次夜，大風怒吼，金鐵皆鳴，愁不成寐。

世界魚龍混❷，天心何不平？豈因時事感，偏作怒號聲。燭盡❸難尋夢，春寒況五更❹。馬嘶殘月墮，笳鼓❺萬軍營。

注：

❶此詩見於〈辛丑北征淚墨〉文中，原無題，惟詩前有「到津次夜，大風怒吼，金鐵皆鳴，愁不成寐」等文字。據林子青《弘一大師年譜》一九四四年版一九〇一年條下載：李叔同在撰寫上文前，曾於當年寒食（即清明前一日），將此詩書扇贈世交華伯銓，詩後署「俗同錄近作」。故李芳遠一九四六年編《弘一大師文鈔》，收入此詩時，題為〈書示伯銓〉。後中國佛教協會一九八四年編《弘一法師》亦收入此詩，但改題為〈遇風愁不成寐〉，並將〈辛丑北征淚墨〉文中有關說明文字，作為詩前短序。本書據中國佛教協會編《弘一法師》。❷魚龍混：即魚龍混雜，語出唐羅隱〈西塞山〉詩：「波瀾魚龍應混雜，壁危猨狖正奸頑。」後以比喻品質良莠不齊的人，混雜一起，如《紅樓夢》第九十四回：「現在人多手亂，魚龍混雜。」此處借指乾坤顛倒、黑白不分等意思。❸燭盡：用以照明的燭火，已經點盡，喻指夜深。❹「春寒」句：語出李煜〈浪淘沙令〉：「羅衾難耐五更寒」。五更，舊時計時制度，分一夜為五更，也稱五鼓、五夜，這是一晝夜之間氣溫最低的時節。❺笳鼓：舊時軍內使用的樂器。李芳遠《弘一大師文鈔》亦作「金鼓」。金鼓，據《呂氏春秋》高誘注：「金，鐘也。擊

金則退，擊鼓則進。」古時軍隊習戰、作戰時，常以金鼓助威，以壯聲勢。

感時❶

杜宇啼殘故國愁，虛名況敢望千秋❷。男兒若論收場好，不是將軍也斷頭❸。

注：

❶本詩原無題，最初見於〈辛丑北征淚墨〉文中，詩前有說明文字如下：「晤日本上岡君，名岩太，字白電，別號九十九洋生，赤十字社中人，今在病院。筆談竟夕，極為契合。蒙勉以『盡忠報國』等語，感愧殊甚，因成七絕一章以當詩云。」可見，此詩是由日本上岡君勉勵作者「盡忠報國」而引發的一番感慨。中國佛教協會一九八四年編《弘一法師》，收入此詩時，改為上題。本書據此。❷「虛名」句：千秋，形容歲月長久。全句意謂：名既是虛的，豈敢企望千古留芳。❸「不是將軍」句：典出《三國志．蜀志．張飛傳》。東漢末年，張飛攻克巴郡，俘虜太守嚴顏，飛要其投降，嚴說：「我州唯有斷頭將軍，而無有降將軍也。」文天祥〈正氣歌〉中稱頌「時窮節乃見，一一垂丹青」時，曾舉「為嚴將軍頭」作例。全句意即：面對帝國主義列強的侵犯，男兒若要贏得一個好聲名，即便不上戰場，不是將軍，也應不怕殺頭，保持民族氣節。

津門清明❶

一杯濁酒過清明，腸斷❷樽前百感生。辜負江南好風景❸，杏花時節在邊城❹。

注：

❶本詩原載〈辛丑北征淚墨〉文中。詩前有以下文字：「北方當仲春天氣，猶凝陰積寒，撫事感時，增人煩惱。……既而風雪交加，嚴寒砭骨，身著重裘，猶起栗也。」從中可以窺見詩人作上詩時的主客觀背景。❷腸斷：在中國佛教協會編《弘一法師》中作「觴斷」，當為「腸斷」之誤。❸「辜負」句：化用杜甫〈江南逢李龜年〉詩「正是江南好風景」句。❹「杏花」句：清明前後，正是江南杏花盛開時節。元代虞集任翰林學士時，厭倦仕宦生活，思返江南故鄉，曾作〈風入松〉詞，以「杏花春雨江南」，描寫清明前後的江南春景。邊城，因天津位於渤海之濱，故稱。

示津中同人❶

千秋功罪公評在，我本紅羊劫外身❷。自分聰明原有限，羞從事後論旁人❸。

注：

❶此詩為李叔同赴津居留二十日之間所作，見於〈辛丑北征淚墨〉一文，詩前有說明文字如下：「世人每好作感時詩文，余雅不喜此事，曾有詩以示同人。」這就是說，此詩是有所指而發的。中國佛教協會編《弘一法師》一九八四年版發表此詩時，題為〈贈津中同人〉；本書按〈辛丑北征淚墨〉文，將題中「贈」改為「示」。

❷「紅羊」句：古人有讖緯之說，以丁未年為國家發生災禍的年分。「丁」屬火，色紅；「未」屬羊，故丁未亦稱「紅羊」。此處借指一九〇〇年帝國主義八國聯軍侵占天津、北京，國家遭受重大災難。詩人當時正寓居上海，故自稱「劫外身」。❸「羞從」句：即對作者本人為什麼不喜作「感時詩文」的回答；並對「同人」有所勸諭。這是本詩的點題之筆。《弘一大師全集》第七冊文藝卷，福建人民出版社一九九一年版，「羞從」作「羞將」。

日夕登輪❶

感慨滄桑❷變，天邊極目❸時。晚帆輕似箭，落日大如箕❹。風捲旌旗走，野平車馬馳❺。河山悲故國，不禁淚雙垂。

注：

❶一九〇一年春，詩人在津居留二十日後返滬，到塘沽轉船時作此。見於〈辛丑北征淚墨〉一文。中國佛教協會編《弘一法師》一九八四年版收入此詩時，題為〈登輪感賦〉，現題按〈辛丑北征淚墨〉文改。❷滄桑：滄海桑田縮寫。晉葛洪《神仙傳・王遠》：「麻姑自說云，接待以來，已見東海三為桑田。」後以「滄海桑田」比喻世事變化之大。❸極目：盡目力之所及。王粲〈登樓賦〉：「平原遠而極目兮」。❹箕：揚米去糠的器具，形容落日之圓。❺「風捲旌旗走」二句：描寫帝國主義侵略軍在我國領土上肆無忌憚，橫衝直撞的情景。

西江月

宿塘沽旅館❶

誰說殘漏❷驚人夢裡，孤燈對景❸成雙。前塵❹渺渺幾思量，只道人歸是謊。

春宵苦短❺，算來竟比年長。海風吹起夜潮狂，怎把新愁吹漲？

注：

❶這首詞見於〈辛丑北征淚墨〉文中。李叔同在天津小住二十日後返滬，在塘沽等待上船時作此。詞前原有說明文字如下：「二月杪，整裝南下，第一夜宿塘沽旅館。長夜漫漫，孤燈如豆，填〈西江月〉一闋。」原無副題，此為中國佛教協會編《弘一法師》轉載時所加。本書據此。❷殘漏：漏，計時器具，古時以漏壺滴水計時，故稱。殘漏，意即天將破曉。戎昱〈杭州臘夜〉：「曉角分殘漏，孤燈落碎花。」❸景：為「影」的本字。❹前塵：佛教稱色、香、聲、味、觸、法為六塵；謂當前境界為六塵所成，都非真實，故稱前塵。後凡往事也泛稱前塵。❺春宵苦短：語出白居易〈長恨歌〉：「春宵苦短日高起」。白詩係借喻，此處為實指。

舟泊燕台❶

澄澄一水碧琉璃❷，長鳴海鳥如兒啼。晨日掩山白無色，□□□□❸青天低。

注：

❶此詩見於〈辛丑北征淚墨〉文中。蕪台，地名，在今河北易縣東南。據作者在詩前文字中稱：「舟泊蕪臺，山勢環拱，帆檣雲集。海水瑩然，作深碧色，往來漁舟，清可見底。登高眺遠，幽懷頓開。」但河北易縣係山區，不可能有如此景觀。以作者乘輪由津返滬之航線，「蕪台」疑為「烟台」之筆誤。該詩未為李叔同各種文集，包括福建人民出版社出版的《弘一大師全集》所收。原無題，現題為本書所加。❷碧琉璃：指藍色透明的天然寶石。此處形容海水的顏色和它的清澈晶瑩。❸此四字因原書漫漶付闕。

輪中枕上聞歌口占❶

子夜新聲碧玉環❷，可憐腸斷〈念家山〉❸。勸君莫把愁顏破，西望長安人未還❹。

注：

❶古人將作詩不打草稿，隨口念出，稱為「口占」；此詩作於詩人由津返滬的輪上，見於〈辛丑北征淚墨〉文中，據該文稱：「開輪後，入夜管絃嘈雜，突驚幽夢，倚枕靜聽，音節斐靡，颯颯動人。」次日「午餐後，同人又各奏樂器，笙琴笛管，無美不臻；迭奏未已，繼以清歌。愁人當此雖可差解寂寥；然〈河滿〉一聲奈何空喚，適足增我回腸盪氣耳。」原無題，此題為中國佛教協會編《弘一法師》所加，本書據此。❷「子夜」句：子夜，即半夜、深夜；碧玉，形容新聲的美妙。全句指入夜後，作者耳邊迴繞著動聽的樂曲。❸念家山：曲名，

即〈念家山破〉，為南唐後主李煜自度曲。此處為雙關語，既指作者輪上所聞之歌，又指思念家鄉。❹「西望長安」句：語出李白詩：「西望長安不見家」。此處借指作者尚在旅途。

解：

一九〇〇年（即庚子年）六月初，英、德、俄、法、美、日、意、奧等帝國主義八國聯軍發動大規模侵華戰爭。當月中旬攻陷大沽口炮臺，下旬攻占天津東站，七月十四日占領天津。八月初，八國聯軍由天津向北京大舉進犯，又於十四日攻陷北京。這就是史稱的「庚子事變」。

因躲避此次戰亂，李叔同二兄李桐岡攜全家從天津逃難至河南省內黃縣。次年（即辛丑年）春，李叔同聞訊去河南探望二兄，取道天津。後因路途不寧，取消原計劃，在津「小住二旬」後，仍返上海。這十首詩詞就是寫於這段時間，後輯入自編的《辛丑北征淚墨》出版。

此次帝國主義八國聯軍攻占天津前後，燒殺擄掠，無惡不作，使天津蒙受重大損失和破壞。史籍載：在天津戰事中，戰死者及無辜被殺者不計其數，「死者山積」，「死者如風驅草」（見《拳亂紀聞》）；被聯軍掠去的財物至鉅，「據日本某將軍之報告，天津一處搶劫所得者，就有二百萬兩之多。」（見《拳亂筆記》）當時天津幾成一座荒城，連聯軍統帥瓦德西都供認：聯軍占據天津後，「從大沽到天津之間，以及天津重要部分，已成一種不可描寫之荒蕪破碎。據余在津沽路上所見，所有沿途之村鎮，皆成頹垣廢址。塘沽係五萬居民之地方，現已無華人足跡。」（《拳亂筆記》）這段出自侵略軍頭目之口的描述，已夠觸目驚心的了；而實際情況可能比這要嚴重得多。

八國聯軍攻下天津便組成都統衙門，取代清政府的管轄權，頒布各種禁令，嚴治當地市民。生活在帝國主義鐵蹄之下的天津百姓，自然更苦不堪言。直至一九〇一年九月，清政府屈膝求和，簽訂喪權辱國的辛丑條約之後，侵略軍才從天津撤離。

李叔同是在一九〇一年舊曆二月上旬從上海乘船起程，於二月初十左右到達塘沽，再轉車赴天津。當時正是八國聯軍攻陷天津八個月後，天津仍在聯軍都統衙門的統治之下。李叔同抵津先住城東姚氏家，即其二兄桐岡的岳家；後又遷居天津旅館。在津二十日陸續會晤了留津的師友，如詩人趙幼梅、王吟笙，畫家馬家桐、徐士珍，書法家孟廣慧、華世奎，金石家王襄、王釗以及醫師朱易諳等多人（見金梅《悲欣交集——弘一法師傳》）；還和服務於紅十字會的上岡岩太等日本友人有過交往。

李叔同耳聞這些親友向他轉述的關於八國聯軍侵犯天津的種種罪行，特別是親眼看到劫後天津斷垣殘壁、新墳壘壘等等慘象，在感情上掀起巨瀾大波，於是便發而為詩、為文。正如他自己所說：「耳目所接，輒志簡編，零句斷章，積焉成帙。」這便是〈辛丑北征淚墨〉一文產生的由來。以上十首詩詞就見於這篇文章之中，構成它的重要部分。趙幼梅後來讀了這篇〈辛丑北征淚墨〉文稿，曾題詩一首：「與子期年長別離，亂後握手心神怡。又從郵筒寄此詞，是淚是墨何淋漓。」可見，這篇文章在留津經歷劫難的親友間所引起的強烈思想共鳴。

這十首詩詞，按時序，除了寫於出發前的第一首詞和作於歸途中的最後兩首詩外，其他七首詩詞都撰於小住天津期間；而且都是以「庚子事變」作為背景的。大抵可以分為兩類：

一類是抒情詩。這些詩詞情景交融，或情由景生，或景因情異，傾訴了詩人憂國憂民的心情。十首詩詞中所寫的「景」，既有自然的，如「月色」（〈夜泊塘沽〉）、「大風」（〈遇風愁不成寐〉）、「春寒」（〈津門清明〉）、「夜潮」（〈西江月〉）等；更有人間的：其中有詩人親眼看見的劫後慘景，如「新鬼故鬼鳴喧嘩，野火磷磷樹影遮」（〈夜泊塘沽〉），也有他聽了親友轉述而遙想的當年戰事情景，如「風捲旌旗走，野平車馬馳」，「馬嘶殘月墮，笳鼓萬軍營」等等。與這些「景」交織一起的詩人之「情」，就更為複雜和深刻：有悲（「河山悲故國，不禁淚雙垂」）；有愁（「海風吹起夜潮狂，怎把新愁吹漲？」）；也有怒（「世界魚龍混，天心何不平？豈因時事感，偏作怒號聲。」）。這就是說，李叔同在這十首詩詞中所抒發的感情，內容非常豐富，包括為家鄉的山河破碎而悲傷，為今後祖國的前途、人民的命運而憂慮，也為帝國主義的侵略暴行而憤慨。

另一類是議論詩。如〈感時〉、〈示津中同人〉，這種形式的詩在李叔同詩詞創作中較為罕見。這兩首詩表現了作者面對劫後的天津而產生的自慚（「虛名況敢望千秋」，「羞從事後論旁人」）、自責（「千秋功罪公評在，我本紅羊劫外身」）和自勉（「男兒若論收場好，不是將軍也斷頭」）的心情。

以上十首詩詞，不論是抒情的，或議論的，都體現了作者強烈的愛國主義情懷。當時身處祖國生死存亡之秋的中國廣大知識分子，一般表現為三種心態：一種是醉生夢死，我行我素；一種是奮袂而起，投身革命；人數較多的一種則是對國家和民族的命運雖然憂心忡忡，憤然不平，也覺得「國家興亡，匹夫有責」；但由於種種原因，還缺乏實際行動。李叔同顯然屬於最後一種。因此我們儘管從這些詩中聽到詩人憂國憂民的沉重而激越的心聲，但卻缺少像秋瑾烈士詩歌那種「拚將十萬頭顱血，須把乾坤力挽回」的獻身革命的豪邁氣概。

但不管怎麼說，這十首詩詞表明了李叔同詩詞創作中的新的里程碑。此後他的詩風起了轉折性的變化，從個人身世之感和朋友酬答之誼的狹隘天地裡走了出來，逐漸強化對國家對民族的憂患意識。在一九〇一年以後他寫的不少詩篇，或悲哀於祖國的滿目瘡痍，或憤慨於清政府的顢頇無能，或痛恨於帝國主義的貪婪兇殘，或惋惜於同胞的麻木不仁等等，思想境界比以前要闊大、深刻得多了；尤其值得注意的是，即便是在以後與歌郎、女伶和藝妓酬答的詩詞中，也一再出現「只今多少興亡感，不獨隋堤有暮鴉」，「眼界大千皆淚海，為誰惆悵為誰顰？」等等「憤世感時」的詩句。

書贈蘋香

滄海狂瀾聒地流❶，新聲❷怕聽四絃❸秋。如何十里章臺❹路，只有花枝不解愁。

最高樓上月初斜，慘綠愁紅掩映遮。我欲當筵拚一哭，那堪重聽〈後庭花〉❺。

殘山剩水說南朝❻，黃浦東風夜捲潮。〈河滿〉❼一聲驚掩面，可憐腸斷玉人❽簫。

注：

❶「滄海」句：滄海，大海；狂瀾，巨浪；聒，喧囂、吵嘈。全句指當時全國時局動盪不定。❷新聲：新製樂曲。❸四絃：又稱四胡，一種拉絃樂器，胡琴的一種，因有四絃，故名，常用以伴奏大鼓等曲藝。❹章臺：章臺，原為漢代長安章臺下街名。《漢書・張敞傳》：「時罷朝會，走馬過章臺街。」舊時用為妓院等地的代稱。周邦彥〈瑞龍吟〉詞，有「章臺路，還見褪粉梅梢，試花桃樹」句。❺後庭花：曲名，即〈玉樹後庭花〉簡稱。歌詞綺艷，男女唱和，為南朝陳後主所作。據《舊唐書・音樂志》稱：「陳將亡也，為〈玉樹後庭花〉。……行路聞之，莫不悲泣，所謂亡國之音也。」唐教坊常唱此曲。杜牧〈泊秦淮〉有「商女不知亡國恨，隔江猶唱〈後庭花〉」之句。❻「殘山」句：殘山剩水，即殘破的山河，指淪亡或經過變亂後的國土。清吳梅〈風洞山・刺焦〉：

「血濺乾坤，殺氣滿關，對著這殘山剩水空長嘆。」南朝，東晉以後，中國分裂為兩部分，據有南方的為宋、齊、梁、陳，都以建康（今南京）為國都，統稱南朝。此句化用明王璲〈題趙仲穆畫〉：「南朝無限傷心事，都在殘山剩水中」句，抒發詩人對當時中國遭帝國主義列強瓜分，山河四分五裂的悲痛之情。❼河滿：即〈河滿子〉或〈何滿子〉，唐樂曲名。據稱，何滿子，唐開元中滄州歌者，臨刑進此曲以贖死，竟不得免。唐白居易〈何滿子〉詩：「世傳滿子是人名，臨就刑時曲始成。一曲四詞歌入疊，從頭便是腸斷聲。」❽玉人：喻人容貌如玉之美，此處指歌妓。

解：

此三首詩作於一九〇一年，即光緒二十七年六月十六日。原署名惜霜仙史。最早刊於蒙化編譯社出版、鑠鏤十一郎著的《李蘋香》。

蘋香，即李蘋香。原姓黃，字碧漪，小字梅寶。原籍安徽徽州，為當地望族，至其父時家道中落，舉家遷至嘉興。蘋香於光緒六年（一八八〇年）生於嘉興，自幼天資聰穎，八歲即解排比聲律之學，後能作詩賦詞，有「才女」之稱。年十八誤嫁無賴潘氏為妾。光緒二十七年（一九〇一年）春，因生活無著，被迫入上海為妓。初在棋盤街雙富堂為「么二妓」，改名李金蓮。後又遷至六馬路仁壽里，拔為「長三妓」，易名李蘋香，並稱其所居為「天韻閣」。李蘋香色藝平平，但以詩文結知音，居然名噪一時。據龐獨笑《紅脂識小錄》（一九二五年國學書室印行）稱：當時滬上文壇名人如海上漱石生、南亭亭長、沈悅庵等皆為天韻閣「座上客」，「一時香譽鵲起，不特結駟其門者，有闐巷之概，而出入亦蜂蝶多隨，其盛可想。」至光緒二十九年（一九〇三年）春，李蘋香決意以書畫自給，改名謝文漪，在《春江花月報》

上刊出「書畫潤例」，從此退出賣笑生涯。

李叔同結識李蘋香，正當她一九〇一年在天韻閣以詩書結客，名聲大噪之時。兩人交往之中互有詩書酬和。在林子青《弘一法師年譜》一九〇一年（光緒二十七年）條下，載有李蘋香於「天韻閣南窗下」錄舊作書箑奉贈李叔同的七絕六首。此六首七絕大都為詠景抒情之作。如「潮落江村客棹稀，紅桃吹滿釣魚磯。不知青帝心何忍，任爾飄零到處飛」，「風送殘紅浸碧溪，呢喃燕語畫梁西。流鶯也惜春歸早，深坐濃蔭不住啼」。其餘幾首也大抵類似，立意、辭采均甚平平。

那麼，李叔同有否贈詩給她，如有，又是哪些詩？過去在李叔同研究界均無交代。近年發現鑠鏤十一郎所著《李蘋香》一書中，錄有李叔同贈李蘋香詩七首。以上便是其中的三首。

《李蘋香》一書是文言體的傳記小說，作者鑠鏤十一郎，據金梅考證為章士釗的筆名（見《書城雜誌》一九九五年第三期）。全書共十二章，於光緒三十、三十一年（一九〇四、〇五年）間由蒙化編譯社出版；一九〇五年十月，上海科學會社再版。以上三首詩載於該書第六章「李蘋香之交際」。書前還載有李叔同應作者之邀，所寫的文言體「序言」。

長期以來，人們對李叔同結交藝妓、女伶、歌郎，並有詩詞酬答，頗多微詞；某些李叔同作品集，考慮到維護詩人的「聖潔」形象，對他酬答藝妓歌郎的詩詞之作避而不收，這也許是以上三詩長期被湮沒的重要原因之一。

筆者認為，青春年少、風流倜儻的李叔同，身處十里洋場的上海，對聲色犬馬、燈紅酒綠的綺靡生活產生一定興趣，不足為怪，也大可不必諱言。況且，李叔同當時對樂籍生活有自己獨特的認識。他撰寫的那篇《李蘋香》序言，就針對龔自珍的「樂籍禍人家國」的觀點（見龔自珍〈京師樂籍說〉文，載

《龔自珍全集》第一輯，人民出版社一九七五年版），認為「樂籍之進步與文明之發達關係綦切，故考其文明之程度，觀於樂籍可知也」。這就是說，一個國家的樂籍是否發展，是檢驗這個國家文明程度的標尺。對那些否定樂籍的言論，他舉巴黎為例反問：「曷觀歐洲之法蘭西京師巴黎，樂籍之盛為全球冠，宜其民族沉溺於茲，無復高曠之思想矣，乃何以歐洲猶有『欲鑄活腦力，當作巴黎遊』之諺？」他最後指出：中國「樂籍之名，魁儒勿道」，「上海一埠，號稱繁華，以視法之小邑，猶莫逮其萬一，遑論巴黎。」他在探究其原因時，認為這是中國固有的「野蠻之現象」的表現；或者可能因為「提倡之者無其人」。李叔同以上對樂籍的觀點，我們不能苟同；但聯繫這篇序言，他當時與藝妓李蘋香之流保持頻繁來往，其出發點是不是以樂籍「提倡」者自任，希冀借此對發展中國的文明有所幫助呢？這確是一個值得探討的問題。

以上三首詩雖然都是寫贈李蘋香的，但重要的問題不在於寫什麼，而在於怎樣寫。李叔同寫這三首詩的一九〇一年，正是帝國主義八國聯軍侵華不久，腐敗的清政府被迫簽訂割地賠款、喪權辱國的辛丑條約，他耳聞目睹國事日非，悲憤莫名，在這三首七絕中就分明抒發了他的這種沉痛心情。

第一首七絕，一開頭就把國內局勢的動盪不安，作了形象的描繪：「滄海狂瀾聒地流」。接下去他便描寫了自己當時的沉重心境：「新聲怕聽四弦秋」。這就是說，由於害怕觸動滿懷愁緒，就連妓院裡彈奏的新譜樂曲，也不忍卒聽。但是，「如何十里章臺路，只有花枝不解愁」，他對妓女們依然打扮得花枝招展，過著無憂無慮的奢靡生活，不禁感到深深的疑惑。這一句點出了他對國人醉生夢死的不滿，正是全詩的要害所在。

第二首寫得更為直白。詩的第一句化用了後唐李煜〈相見歡〉的首句：「無言獨上西樓，月如鉤」。這原為李後主降宋幽囚時所作，表明詩人寫此詩時也懷著同樣的喪國之痛。但是此時此刻出現在詩人面前的卻是隱隱約約的穿紅著綠的歌妓們的身影。「慘紅愁綠」在這裡不單指顏色，而是作為歌妓的代稱。「紅」、「綠」兩色之前冠之以「慘」和「愁」兩字，正是詩人當時心緒的反映。接著詩人由視覺轉向聽覺，妓女們歌唱的靡靡亡國之音〈後庭花〉，忽然從遠處傳到他的耳裡。他再也控制不住自己，真想「當筵拚一哭」，以宣洩心中鬱積的憤懣。

第三首的第一句，也是對瀕臨滅亡的祖國命運的深沉感慨：「殘山剩水說南朝」，既有縱向的對中國歷史的緬懷，更有橫向的對國土現狀的憂慮。第二句「黃浦東風夜捲潮」，古人云：「春潮帶雨晚來急」，詩中的「夜潮」不僅是描繪黃浦江的自然景觀，而且象徵當時詩人心中洶湧澎湃的感情波瀾。最後兩句援引何滿子臨刑作詩的典故，以「驚掩面」、「腸斷聲」這樣的詩句，把詩人在訴說亡國之痛時所引起的感情波動，進一步作了形象的渲染。

這三首詩依次抒寫了詩人在天韻閣的所見、所聞、所感，儘管時間有前後，行為有不同，但都傾訴了詩人對國家現狀的悲憤和對祖國前途的憂慮。這樣的詩篇，與古代那些艷情詩中的打情罵俏，以至色情、淫穢的描寫，豈可同日而語。

值得一提的，這三首詩是光緒二十七年（一九〇一年）六月十六日，應富春山民（即嚴詩庵）之邀，赴李蘋香天韻閣飲宴時，席上所賦。同席鐵鶴璱廔、冷鉢齋主、補園居士紛紛步其詩韻酬和。

鐵鶴璱廔的和詩是：「名士翩翩第一流，海天高詠氣橫秋。傷心不道滄桑事，只為閑花續四愁。」「一天涼露月痕斜，簾捲秋光夜來遮。風景依稀人事改，銷魂空怨玉蘭花。」「海上繁華已累朝，悠悠人事去如潮。何當一洗箏琶耳，天韻閣中聽玉簫。」

冷鉢齋主的和詩是：「金樽檀板說風流，感我飄蓬兩度秋。省識〈後庭花〉一曲，傷心天子號無愁。」

「綠蔭門巷畫樓斜，月下焚香繡幕遮。對鏡一時人比玉，小名瑞合喚梅花。」「酒綠燈紅記勝朝，青楓江上漲新潮。而今六代風流歇，怕聽吳娘吹暮簫。」

補園居士的和詩是：「回首年華似水流，歌場酒陣幾經秋。座中李子風流盡，醉把新詩贈莫愁。」「燕子樓高日易斜，酒酣人去繡簾遮。年來載酒江湖上，哪有閑情問落花。」「冉冉花枝迎六朝，新涼如水晚來潮。傷心今夜紅樓月，廿四橋頭正弄簫。」

把鐵鶴瑤廔等三人的和詩，與李叔同原詩兩相比較，其藝術水平優劣，暫且不說；僅就思想境界的高下而論，鐵鶴瑤廔三人的和詩，雖然也有「傷心」，也有「愁怨」，也有情緒的起伏；但還只是停留在對世道人心沒落、對昔日繁華消逝等一般性的感嘆，與前人所吟的類似詩篇，沒有什麼太多的超越。而李叔同的原詩就不同了，詩人的情感與當時國家的緊急局勢緊密貼合，字裡行間反映出一種強烈的憂國憂民情思，深深地打上了時代烙痕。兩者的差異，是判然分明的。

和補園居士韻，又贈蘋香

慢將別恨怨離居❶，一幅新愁和淚書。夢醒揚州狂杜牧❷，風塵辜負女相如❸。
馬纓一樹個儂家❹，窗外珠簾映碧紗。解道傷心有司馬，不將幽怨訴琵琶❺。
伊誰情種說神仙，恨海茫茫本孽緣。笑我風懷❻半消卻，年來參透斷腸禪❼。
閑愁檢點付新詩，歲月驚心鬢已絲❽。取次花叢懶回顧，休將薄幸怨微之❾。

注：

❶離居：離家而居。指李叔同原居天津，一八九八年攜眷奉母遷來上海，寓居城南草堂；或指李蘋香原住嘉興，後為生計所迫，遷居上海為妓，兩解皆通。❷「夢醒」句：唐代詩人杜牧曾隨牛僧孺出鎮揚州，時常出入娼樓。後遷住洛陽，常追思揚州繁華生活，曾作〈遣懷〉詩，內有「十年一覺揚州夢，佔得青樓薄倖名」之句，故云。作者此處以杜牧自比。❸「風塵」句：風塵，指娼妓或社會地位卑下者的生活。如清《聊齋志異·鴉頭》：「妾委風塵，實非所願。」女相如，此處指李蘋香，她富有文學才華，猶如漢武帝時以寫賦著稱於世的文學家司馬相如。全句表示對李蘋香這樣的「女才子」竟淪落為娼妓的惋惜。❹「馬纓一樹」句：馬纓，植物名，葉似槐葉，至晚則合，故也稱合歡、合昏。夏季開花，花淡紅色。「馬纓一樹」，語出虞集〈水仙神〉詩：「錢塘江上是奴家，郎客閑時來吃茶。黃土築牆茅蓋屋，門前一樹馬纓花。」個儂，即今所謂「那人」。全詞即指李蘋香居所。❺「解道」二句：唐代詩人白居易〈琵琶行〉，抒寫對長安娼女不幸遭遇的同情，詩末最後兩句是：「座中泣下誰最多？江州司馬青衫濕。」白居易時任江州司馬，此處是白居易自指。此兩句意謂詩人十分理解李蘋香的痛苦，勸她不必再借助琵琶傾訴。❻風懷：即風情，舊指男女愛慕的情懷。❼參禪：佛教語。原指佛教禪宗的修行方法，即習禪者為求開悟，向各處禪師參學之意。後也泛指玄思冥想，探究事物真諦為「參禪」。此處為泛指。❽「歲月」句：詩人作此詩時僅二十二歲。此句非指年齡已老，僅就當時詩人的心情而言。❾「取次」二句：微之，即唐代詩人元稹（七七九—八三一），河南人，微之是他的字。他與白居易齊名，世稱「元白」，詩稱「元和體」，著有《元氏長慶集》一百卷。「取次花叢懶回顧」一句，即出於他寫的七絕〈離思〉，全詩為：「曾經滄海難為水，除卻巫山不是雲。取次花叢懶回顧，半緣修道半緣君。」取次，任意。

解：

此四首七絕最初見於鑠鏤十一郎著《李蘋香》，一九〇四年冬（或一九〇五年春）蒙化編譯社版。

一九〇一年，即光緒二十七年六月十六日，李叔同應富春山民之邀，赴李蘋香天韻閣參加宴會，與會者尚有冷鉢齋主、補園居士等人。酒闌各即席得句，書贈李蘋香。李叔同除作七絕三首贈蘋香（見前）之外，又步補園居士韻，另作四首七絕贈李蘋香。

清代末年，涉足文壇者，大都在本名、本號之外，另取名號，作為題詩撰文時署名之用，而且這些署名帶有較濃的文學色彩，如××山人，××仙史，××閣主，××居士之類。

此次天韻閣的宴會參加者，按《李蘋香》一書所記，皆為其別署。如「觴客」者，即此次宴請的主人，為「富春山民」。他本姓嚴，字詩庵，行五，桐廬縣人，為嚴子陵後裔。在《李蘋香》書中兩處稱他為嚴五，蘋香的侍兒還呼他為五少。據稱，富春山民「長身鶴立，儀表不凡，年少多才，善詩擅畫，胸有大志」，但「不事呫嗶，隱於商，往來甬滬間」。「被邀」者惜霜仙史，即李叔同。他在這個時期所作詩詞都以「惜霜仙史」或「惜霜」署名，如一八九九年所寫〈詠山茶花〉一詩，即署「乙亥歲暮之月，惜霜仙史成蹊」，上鈐「惜霜」印鑑。後在一九〇五年《醒獅》第二期上發表的〈為滬學會撰文野婚姻新戲冊既竟，繫之以詩〉四首及〈金縷曲·留別祖國，並呈同學諸子〉，也均署名「惜霜」。另兩位被邀者冷鉢齋主、補園居士，生平不詳。特別是補園居士在席上曾賦詩幾首，李叔同的四首七絕即和其韻而作，不知其生平，確為一大缺憾。

據一九八五年臺灣希代圖書出版有限公司發行、精美出版社出版的桑柔所著長篇傳記文學《李叔同靈性》一書稱：「李蘋香在光宣之間的上海社交界是頂尖的人物」。「在追求她的袞袞諸公中，以廉南湖、潘蘭史、章孤桐最具代表性」。「廉南湖是上海文明書局的主持人，曾為其出版《李蘋香詩集》，名重一時的文學家孫寒雲寫序，名畫家吳觀岱畫封面及插圖，廉南湖的夫人吳芝瑛為封面題寫書名」，等等。這裡所說的廉南湖、潘蘭史、章孤桐、孫寒雲、吳觀岱等，除「章孤桐」已知為《李蘋香》一書作者章士釗之外，其餘諸人與李蘋香有哪些較深的關係，尚無詳細材料。上文所說的冷鉢齋主、補園居士，與這些人是否存在某些蛛絲馬跡的聯繫呢？也有待進一步考證。

這四首七絕，雖然與前面的三首七絕，都是贈給李蘋香的詩作，但是就其格調說，與前三首並不相同。前三首明顯表露出李叔同的憂國憂民的情懷，「感時憤世，溢於言表」；而這四首似乎只是停留在對李蘋香才華的讚賞和對她不幸遭際的同情；並結合抒發自己某些感慨。不管是第一首中的「別恨」和「新愁」，第二首中的「傷心」和「幽怨」，還是第三、四首中的「斷腸」和「閑愁」，都沒有超越身世之感和兒女之情的範疇。這就是說，前三首和後四首七絕相比，其內含的思想傾向和感情因素是大不一樣的。那麼，為什麼寫於同一時間的詩篇，在思想感情上竟會有如此差異呢？這也許由於後面四首詩是作者的步韻之作，在構思時難免受到原詩作者補園居士思路和表述方式的局限和束縛，而至於此吧!?

一九〇二年

重遊小蘭亭口占

重遊小蘭亭❶，風景依稀，心緒殊惡，口占二十八字題壁。時壬寅九月望前一日❷也。

一夜西風驀地❸寒，吹將黃葉上欄干❹。春來秋去忙如許，未到晨鐘夢已闌❺。

注：

❶小蘭亭：蘭亭，原為浙江紹興西南約二十五華里的蘭渚山下一處名勝。此地風景秀麗，「有崇山峻嶺，茂林修竹；又有清流激湍，映帶左右」。晉代著名書法家王羲之在紹興任會稽內史時，曾在此修褉吟詩，並寫有《蘭亭集序》，成為我國歷史上書法名碑。該詩所稱「小蘭亭」，是上海一處園林，為浙江寧海人徐棣山所建，俗稱「徐家花園」。位於上海曹家渡小萬柳堂對岸。園內林竹繁茂，流水淙淙，雅似「蘭亭」，故得名。❷壬寅九月望前一日：壬寅即一九〇二年；望，古時稱每月初一日為朔，十五日為望。此指一九〇二年九月十四日。❸驀地：突然的意思。❹欄干：亦作「闌干」、「欄杆」，用竹、木或金屬製成的遮攔物。古代詩人常將它入詩。如裴夷直〈臨水〉詩：「江亭獨依欄干處，人亦無言水自流。」李璟〈攤破浣溪沙〉：「多少淚珠無限恨，倚闌干。」❺闌：殘、盡。

解：

此詩作於一九〇二年農曆九月十四日，曾發表於一九二六年《小說世界》第八期上，原以詩前短序為題，一九八四年收入中國佛教協會編《弘一法師》時，題為〈重遊小蘭亭口占〉。本書據此。

詩人在詩前短序中自稱：「心緒殊惡」。全詩借景寓情，用蕭瑟的「西風」，「枯黃」的「落葉」，寄託詩人鬱抑、淒苦的意緒。特別是最後一句：「未到晨鐘夢已闌」，抒寫了詩人寢食不寧，天尚未亮就已驚醒，再也不能入睡的情景，更是他「心緒殊惡」的真實寫照。

那麼，李叔同當時的心境為什麼如此惡劣呢？有一說認為這可能是李叔同對祖國前途無窮憂慮所致。我們並不排斥這一原因。寫此詩時正是八國聯軍侵華的第三年。就在前一年，即一九〇一年春天，詩人曾由滬赴津探親，一路上看到八國聯軍犯津留下的斷垣殘壁，斑斑血跡，感觸很深，寫下了〈辛丑北征淚墨〉一文，文中記錄了當時所作詩詞多首。憂國憂民的心情，溢於言表。當年七月，清政府與帝國主義列強簽訂喪權辱國的辛丑條約。此後，貪得無厭的帝國主義更借勢要挾，僅在一九〇二年和一九〇三年間，又簽訂了中英、中美、中日通商行船續約等一系列奴役中國的條約。李叔同目擊清政府如此腐敗黑暗，帝國主義如此殘暴侵凌，自然不免心急如焚，義憤填膺。「情緒殊惡」云云，是完全可以理解的。

但是，聯繫李叔同一九〇二年的個人經歷，我們認為這畢竟不是唯一原因，甚至並非直接原因。

一九〇二年，清政府下令各省補行庚子年鄉試；同時，慈禧太后和光緒皇帝因八國聯軍侵華，逃難西安，此年返駕北京，為表示慶祝，又加一次恩科，故稱庚子辛丑恩正並科。鄉試的地點仍是各省省城。李叔同當時正在上海南洋公學特班就讀。南洋公學督辦盛宣懷是很重視仕宦之途的，他創辦南洋公學特班，目的就是為政府培養輸送經濟人才。既然趕上鄉試這樣難得的好機會，他便特許南洋公學學生可以請假應試，因此南洋公學學生報名參加鄉試者不少，李叔同便是其中之一。他以嘉興府平湖縣監生的資格，赴浙江杭州報名應考。李叔同對這次應考是十分看重的，直至十五年後他寫〈贈王海帆先生〉詩時，對此還記憶猶新，詩中有「社盟稱後學，科第亦同年」二句，並自注：「歲壬寅，余與先生同應浙江鄉試，先生及第。」

據稱，當時鄉試的日程安排是舊曆八月八日考第一場，八月十二日考第二場，八月十八日考第三場，二十日收卷完畢散場。發榜時間是在九月中旬（見郭長海〈李叔同和一九〇二年浙江鄉試〉）。李叔同寫這首詩大約在發榜時間之後。李叔同看到自己名落孫山；而和他同時應試的南洋公學同學中考取的不少；如浙江籍的邵聞泰（即邵力子）和上海籍的黃炎培分別考中浙江和江蘇兩省的舉人，這對李叔同不會沒有刺激，因而在思想情緒上引起波動，出現詩前所說的「心緒殊惡」，在所難免。

李叔同在此次杭州鄉試落榜以後，並未就此停步；第二年他「又赴河南納監應鄉試」。也許有人會問：李叔同當時已接觸新學，受到新思潮熏陶，為何對科舉仍然如此熱衷，以致一再赴考？這是因為當時中國教育比較落後，新式學校很少。史載：一八九八年七月，清政府才創辦了第一所京師大學堂，第二年一度被迫停辦，直至一九〇二年才恢復。而地方呢？到一九〇一年十一月，山東大學才第一個遵旨開辦。而兩校入校學生，不過一兩百人。因此當時檢驗「學而優則仕」的「學」的優劣與否，主要通過不合理的科舉制度。這就是那時知識界普遍重視科舉功名，以致孜孜以求的原因所在。即便是許多傾向進步的傑出人士，也都未能免俗。如康有為中過進士，梁啟超是舉人出身，蔡元培也曾進士及第等等。在這個背景下，李叔同一再參加鄉試，務求博得一個科舉功名，也就不足為奇的了。況且，李叔同是天津名門望族的子弟，他的父親李筱樓中過同治四年乙丑科進士，並授吏部主事。據他的侄子李晉章所說，李叔同熱衷於科舉鄉試，還有借此「重振家聲」的動機（見林子青《弘一法師年譜》一九〇二年條）。

這一切情況說明，李叔同當時是很在乎科舉考試的成績的；他在杭州鄉試落榜後引起「心緒殊惡」，是完全順理成章的。

處於新舊觀念激烈碰撞、交替的清代末年，人們的思想狀況是複雜的、多元的，因此對李叔同於一九〇二、一九〇三年先後參加浙江、河南的兩次鄉試，無須大驚小怪；李叔同參加這兩次科舉考試都以失敗而告終，倒向人們提供了一個重要證明：李叔同雖富有文藝才華，「二十文章驚海內」；但對僵死的、呆滯的、教條的科舉考試和帖括之學，卻很不擅長。也許在他身上，拙於後者，正是善於前者的必然結果吧!?

47 為滬學會撰《文野婚姻新戲冊》既竟，繫之以詩

一九〇四年

為滬學會❶撰《文野婚姻新戲冊》既竟，繫❷之以詩

床笫❸之私健者恥，為氣任俠有奇女。鼠子❹膽裂國魂號，斷頭臺上血花紫。
東鄰有兒背佝僂❺，西鄰有女猶含羞。蟪蛄寧識春與秋❻，金蓮鞋子玉搔頭❼。
河南河北間❽桃李，點點落紅已盈咫❾。自由花開八千春❿，是真自由能不死。
誓度眾生成佛果⓫，為現歌臺說法身⓬。孟旃⓭不作吾道絕，中原滾地皆胡塵⓮。

注：

❶滬學會：這是一九〇四年在上海創辦的一個以宣傳精神文明為宗旨的文化社團組織。❷繫：原指詞賦末尾總結全文之詞；此處指寫完戲冊之後，以詩作結。❸床笫：床席，也泛指夫婦生活。《左傳・襄公二十七年》：「床笫之言不逾閾，況在野乎？」❹鼠子：猶言鼠輩，罵人語。《東觀漢記・城陽恭王祉》：「祉父敞怒叱太守曰：『鼠子何敢爾？』」此處指當時腐敗不堪的清王朝。❺佝僂：一種病症，多見於小兒，治療不癒，後遺有雞胸、彎腿等畸形。此處指東鄰兒曲腰駝背，形貌萎瑣。李芳遠《弘一大師文鈔》作岣嶁。岣嶁，山名，衡山七十二峰之一，誤。❻「蟪蛄」句：蟪蛄，蟬的一種，夏末自早至暮鳴聲不息。《莊子・逍遙遊》：「蟪蛄不知春秋」。此句由此演化而來，喻指東鄰兒的愚蠢昏昧。❼「金蓮鞋子」句：「金蓮」典出《南史・齊東昏侯記》：「又鑿金為蓮花以帖地，令潘妃行其上，曰：『此步步生蓮花也。』」後人因東昏侯故事，專以金蓮指女子纖足。

「玉搔頭」，女子的一種頭飾，即今所謂玉簪。全句喻指西鄰女子的盛裝、美貌。❽間：指桃李隔種，比喻救國救民之士遍佈各地。❾咫：古代長度名，周制八寸。此處指桃李的落花已堆積很厚，借喻為國犧牲烈士之多。❿八千春：言其生命之長也。《莊子．逍遙遊》：「上古有大椿者，以八千歲為春，八千歲為秋。」⓫成佛果：佛教謂學佛而得證悟者為「成佛果」。因「普度眾生」是佛教的宗旨之一，故云。此處為借用。⓬說法身：佛教稱佛道為法，故以講解佛道為「說法」。此處為借指，意即通過戲劇演出，宣傳救國救民的思想。⓭孟旃：即春秋戰國時代楚國和秦國的兩名劇人優孟和優旃，兩人都以諷喻干涉朝政。見「〈滑稽傳〉題詞」注❿、⓮。⓮「中原滾地」句：化用宋陸游詩：「遺民淚盡胡塵裡，北望王師又一年」，「王師北定中原日，家祭毋忘告乃翁」等句，指喻當時受帝國主義蹂躪，面臨滅亡危險的祖國。

解：

此四首七絕，作於一九〇四年年末。最初發表在中國留日學生刊物《醒獅》一九〇五年十月第二期上，署名「惜霜」。一九六〇年三月出版阿英編的《晚清文學叢鈔．小說戲曲研究卷》中，也刊有此詩。

李叔同出家前熱愛戲劇活動。早在少年時代，就曾在天津結識京劇名角孫處（即孫菊仙，藝名「老鄉親」）、楊小樓（藝名「小楊猴」）、劉永奎等人。他後來在上海、天津兩地又結識了活躍於當地的京劇演員金娃娃和秦腔女伶楊翠喜，對他（她）們的扮相與演技非常欣賞。他不僅欣賞別人演戲，而且自己也粉墨登場，扮演角色，直接進入戲劇實踐。一八九八年李叔同遷居上海以後，先後票演過京劇《虮蜡廟》和《白水灘》，分別扮演《虮》劇的黃天霸、褚彪和《白》劇的穆玉璣等角色。他扮演這幾個角色的劇照至今還流傳於世，他的英俊、威武的扮相令人為之傾倒。一九〇六年，李叔同到日本留學的第二年，春柳社演出《茶花女遺事》時，李叔同在劇中扮演女主角瑪格麗特，同年六月，春柳社公演《黑奴籲天錄》，李叔同在劇中又扮演愛米柳夫人和男角跛醉客。

李叔同除了演戲外，還自己動筆寫戲。本詩所說的《文野婚姻新戲冊》，就是目前見之於文字的他的一次戲劇創作活動。一九〇四年，他正在與友人在上海創辦滬學會。關於這個「滬學會」的實質及其活動內容，有三種說法：黃炎培在〈我也來談談李叔同先生〉中說：「叔同從南洋公學散學以後，經過一個時期，在上海集合一般思想先進分子，擇地租界以外——那是一九〇四、一九〇五年——創設一個滬學會，經常召開演說會，辦補習學校，也許是全國第一個補習學校。」朱信泉在〈穆藕初傳〉中也說：「一九〇四年，穆藕初和馬相伯等組織『滬學會』，練習槍操，提倡尚武精神；還參與辦義學，創音樂會，演文明新劇等資產階級改良主義活動。」熊尚厚在《李叔同傳》中也說：「一九〇四年李叔同與穆恕齋等在上海南市組織『滬學會』，宣傳講究衛生和移風易俗，廣開風氣等，並提倡辦學堂，培養人才，想以此使國家獨立富強。」以上三種說法雖然不盡相同，但有一點則是可以肯定的，即滬學會是一個在一九〇四年成立於上海的，通過宣傳和辦學等手段，傳播先進思想的文化團體。

參與創辦滬學會以後，李叔同作為一名愛國的知識分子，又具有如此全面的藝術才華，自然在這一群眾性的文化組織中，大顯身手，為滬學會做了大量的工作。根據現在留存下來的有限材料，除了他為滬學會補習科創作並教唱〈祖國歌〉(目前對此歌是否為李叔同所作，尚有爭議，但對教唱是一致肯定的)之外，便是一九〇五年為滬學會撰寫的這本《文野婚姻新戲冊》了。

由於這一戲冊已經佚失多年，現在很難窺見其真實面貌。但既稱之為「戲冊」，大概是由幾齣短戲組成。戲冊的內容、形式從所繫的四首詩可以推見以下兩點：一，這一戲冊中諸戲主要宣傳的是女子獨立

（如第一首所詠），婚姻自主（如第二首所詠），捨身報國（如第一首所詠），爭取自由（如第三首所詠）等等資產階級民主主義先進思想。有人認為，這是正面表現愛情婚姻問題的戲。作者設置了一文一野兩對婚姻故事情節，通過對照，一反傳統舊戲中才子佳人戲的模式，一改這類戲中「有情人終成眷屬」的套路；而著重歌頌了為追求自由不惜犧牲自己幸福，獻出個人生命的「健者」和「奇女」。這是兩位直接來自現代社會生活的人物，他們的思想和行為，與當時反清革命的社會現實是緊相適應的，從中透露了中國戲劇向現代性轉變的信息。（見黃愛華〈李叔同：二十世紀中國戲劇改革的先聲〉）筆者覺得，對《文野婚姻新戲冊》內容作這樣的詮釋，有一定道理。二，因為當時的京劇、崑曲、秦腔等戲曲大都扮演古老的故事，這一戲冊演繹的既然是新的思想內容，它必然採取「文明戲」的形式。文明戲減少了唱腔，增加了對白，對傳統戲劇進行了較多改造，為戲劇界接納話劇邁出了一大步。一九○○年南洋公學上演時事新戲《六君子》、《義和團》等三戲；一九○三年育才學堂演出《張汶祥刺馬》等四戲，都是採取這種形式。同時，這與上文朱信泉所說「演文明新劇」是滬學會經常活動的方式之一，也是吻合的。

這四首七絕，是李叔同寫完這一新戲冊後有感而發。第一至三首是作者對戲冊的劇情及其主題思想的闡明和弘揚。特別值得一提的是這組詩的第四首，著重揭示了作者積極提倡、參與戲劇活動，並動手撰寫戲劇的目的，成為這組詩的「畫龍點睛」之筆，應當引起人們的注意和重視。

聯繫李叔同以後從事戲劇、音樂、圖畫等多年文藝活動的實踐，他始終堅持文藝的社會功利目的。在他所寫的許多文字中，充分評價了戲劇、音樂、圖畫等文藝活動，對改造社會所產生的巨大作用。比如，一九○六年他在《醒獅》第二、三期連載的《圖畫修得法》第一章「圖畫之效力」中，批判了「圖畫者，娛樂的，非實用的」觀點，指出「雖然圖畫之範圍綦廣，非娛樂一端所能括也」。他強調指出圖畫對人們的美育、德育、智育、體育發展，對「社會之發達」的重大作用。

李叔同在同年為《音樂小雜誌》所寫的「序言」中，在說到音樂的社會效用時，也指出：「蓋琢磨道德，促社會之健全，陶冶性情，感精神之粹美，效用之力，寧有極焉。」

對戲劇的社會功利作用，李叔同說得更為透徹。一九〇六年他參與起草的《春柳社演藝部專章》中，把戲劇與其他宣傳形式進行比較，指出：「報章朝刊一言，夕成輿論，左右社會為效迅矣。然與目不識丁者接，而用以窮。濟其窮者，有演說，有圖畫，有幻燈（即近時流行影戲之一種）。第演說之事跡，有聲無形；圖畫之事跡，有形無聲。」而戲劇「兼茲二者，聲應形成」，從而申明了戲劇對「左右社會」的特殊重要的作用。

即使在他出家為僧以後，仍然十分重視文藝的社會功用。一九二八年，李叔同與李圓淨、豐子愷合編《護生畫集》時，在該書的跋語中，寫道：「李豐二居士發願流布《護生畫集》，蓋以藝術作方便，人道主義為宗趣。」這也就是說，「藝術」只是手段，對社會進行「人道主義」的宣傳和教育，培養人們愛護生命的意識，才是重要目的。

從現在留存下來的文字資料看，這組七絕的第四首，便是李叔同對戲劇，以致對整個文藝的社會作用的最早宣言。雖然在這首詩中，不像他後來發表的論文、專章、序言、跋語中說得那麼直白，但只要稍作分析，不難看出李叔同對戲劇的社會功利價值，給予充分肯定。詩的第一句：「誓度眾生成佛果」，就是說，戲劇應當以提高廣大群眾的思想覺悟，使他們從愚昧朦朧的狀態中解脫出來為目的。因此，「為現歌臺說法身」，演員必須通過在舞臺上扮演的各種藝術形象，現身「說法」，宣傳先進思想和道理。更關鍵的是緊隨其後的兩句：「孟旃不作吾道絕，中原滾地皆胡塵。」這就是說，如果我們今天不去繼承我國寓教於樂的優秀戲劇傳統，放棄通過戲劇這一有力的宣傳、教育武器，以喚醒民眾，振興中國；那麼，偉大的祖國將為帝國主義瓜分殆盡，難以逃脫滅亡的命運。在這裡，李叔同就是把戲劇的功效，提到救國救民這樣的高度上來評價和認識的。

二月望日❶歌筵賦此疊韻❷

莽莽風塵窣地遮❸，亂頭粗服❹走天涯。樽前絲竹銷魂曲，眼底歡嬉薄命花❺。濁世半生人漸老，中原一髮❻日西斜。只今多少興亡感，不獨隋堤❼有暮鴉。

注：

❶二月望日：指農曆甲辰年二月十五日，相當於公元一九〇四年三月三十一日。❷疊韻：賦詩重用前韻。❸「莽莽」句：「莽莽」，無邊無際。「風塵」，這裡比喻戰亂。杜甫〈贈別賀蘭銛〉詩：「國步初返正，乾坤尚風塵」。「窣地」，即突然地，或拂地，兩解皆通。作者作此詩時，八國聯軍侵華戰爭才過去三年；當年二月，日、俄帝國主義又在我國東北境內開戰，戰火彌漫中國北方，故云。❹亂頭粗服：指衣裝邋遢，不事修飾。周濟《介存齋論詞雜著》：「王嬙、西施，天下美婦人也。……粗頭亂服，不掩國色」。❺薄命花：舊時常稱命運不好的女子為「薄命」，洪希文〈書美人圖〉詩：「可憐前代汗青史，薄命佳人類如此。」此處所謂「薄命花」，泛指淪落烟花的歌妓。❻一髮：為「一髮千鈞」的簡寫。古時三十斤為一鈞，一髮吊千鈞，比喻情況萬分危急。❼隋堤：隋代開通濟渠，沿渠築堤，後稱隋堤，見《清一統志》。隋自煬帝繼位，大興土木，橫徵暴斂，各地農民

相繼起義，殺煬帝於江都。隋代僅歷兩帝，三十八年，即亡。此處影射清廷，步隋代後塵，把祖國拖向滅亡邊緣。

解：

此詩寫於一九〇四年農曆二月十五日，最初發表於一九一八年浙江第一師範學校《校友會會誌》第十六期上，一九二六年《小說世界》十五卷第九期又發表此詩的手卷。

歌筵，指有樂人歌唱的筵席。在二十世紀初，上海一帶有一種較高檔次的藝妓，擅長彈唱、說書等等，只賣藝不賣身。朋友間舉行宴會，常邀此類藝妓出局侍宴，由她們在席間表演各種彈拉說唱節目，以助酒興。這首七律的頷聯：「樽前絲竹銷魂曲，眼底歡嬉薄命花」，就是對陪席侑酒的歌妓的描寫。

本來參加歌筵可以尋歡作樂，排憂解悶；但是李叔同在歌筵上所作的這首七律，卻出於常情之外，自始至終貫穿著淒惶、悵惘與憂慮的情感氛圍。詩歌的首聯，詩人就向讀者傾訴了自己當時狼狽的處境：祖國到處彌漫著戰亂的烟塵；而自己走投無路，流落他鄉。這裡的「亂頭粗服」不是實指，而是對他當時精神狀態的一種比喻。詩人早在一九〇〇年《李廬詩鐘・自序》中就這樣寫道：「索居無俚，久不托音。短檠夜月，遂多羈緒。又值變亂，家國淪陷。山邱華屋，風聞聲咽。天地頓隘，啼笑皆胥。」這段文字正為首聯的兩句詩作出具體的注釋。其實，時隔四年之後，他仍然沒有從遭逢庚子之亂時那種壓抑、沈重的心態裡解脫出來。

也有人認為一八九八年八月「戊戌政變」宣告失敗，譚嗣同等六君子蒙難，康、梁亡命海外，「京津之士，有傳其為康、梁同黨者，遂攜眷奉母，避禍上海。」（見林子青《弘一法師年譜》一八九八年條）

本詩的首聯就是對詩人這段經歷的追敘。作這樣理解，也是可以說得通的。

詩的頸聯：「濁世半生人漸老，中原一髮日西斜」，這是詩人自抒當時的心情。詩人對年華易逝，青春不再一貫比較敏感。早在一九〇〇年，詩人才二十歲出頭，在他所寫的〈老少年曲〉中，就悲嘆「一霎光陰，底是催人老。有千金，也難買韶華好」，因而這時在詩裡嘆息自己的逐漸「老」去，也就不足為怪的了；值得注意的是他在緊接的下一句，由原來的惋惜「韶華難買」，昇華為今天為國家處於「千鈞一髮」的危急階段而焦慮不安，其思想境界顯然前跨了一大步。

尾聯從現實追溯到歷史，回顧中國千餘年的興亡歷程，揭示當時的清朝政府正在重蹈荒淫無恥的亡國之君隋煬帝的覆轍。這是全詩發聾振聵的一筆！

根據以上分析，全詩幾乎都是寫悲哀和憂愁的；但在第二聯卻插進了情調完全不同的兩句詩：「樽前絲竹銷魂曲，眼底歡嬉薄命花。」這既是詩人為了呼應詩題，對歌筵這一特定場景，向讀者所作的必要交代；但更重要的還從中顯示出詩人在藝術上的匠心獨運。

王夫之《姜齋詩話》卷一說：「以樂景寫哀，以哀景寫樂，一倍增其哀樂。」中國許多傳世的詩詞作品，都成功地運用了這種以樂景為哀情作反襯的藝術技巧。如司馬相如的〈長門賦〉，以「桂樹交而相紛兮」、「孔雀集而相存兮」等桂花飄香、眾鳥飛翔的歡樂自由的氣氛，襯托陳皇后的「懷鬱鬱其不可再更」的心情。元稹的〈行宮〉詩，用宮花盛開，一片嫣紅的熱鬧景觀，映照白頭宮女「閑坐說玄宗」的淒涼與寂寞，便是其中的兩例。

李叔同在這首七律中，也重視「以樂景寫哀」的藝術手法，抓住自己憂傷愁苦的心情和筵席上歌妓吹奏彈唱的歡樂氣氛的尖銳矛盾，以場景的氣氛反襯心理，利用兩者美感的差異性，來增強詩歌的審美效果。

李叔同在寫於同年的〈金縷曲・贈歌郎金娃娃〉中，曾經果斷表示：「愁萬斛，來收起」，「休怒罵，且遊戲」。但從這首詩看出，他即使參加如此熱鬧、歡樂的歌筵，也不能忘卻祖國岌岌可危的命運。看來，李叔同作為一個有良知的中國知識分子，擺脫不了對祖國和人民的眷戀和關懷，無法使自己醉生夢死，「遊戲」人間，在燈紅酒綠、歌舞昇平的生活濁流中沉淪下去。

前塵

七月七夕在謝秋雲❶妝閣❷重有感，詩以謝之。

風風雨雨憶前塵❸，悔煞歡場色相❹因。十日黃花❺愁見影，一彎眉月❻懶窺人。
冰蠶❼絲盡心先死，故國天寒夢不春。眼界大千❽皆淚海，為誰惆悵為誰顰❾？

注：

❶謝秋雲：當時上海藝妓，生平未詳。❷妝閣：舊時稱女子居住的內室。❸前塵：見〈西江月・宿塘沽旅館〉注❹。❹色相：佛教主張萬物皆空，以無相為歸。把人或物之一時呈現於外的形式，稱為色相。《華嚴經・一》：「諸色相海，無邊顯現。」後亦指女子的聲容相貌為「色相」。❺十日黃花：十日，即農曆九月初十日，重陽節後一天，亦稱「明日」。黃花，即菊花。全詞指即將凋零的菊花。蘇軾〈南鄉子〉詞：「萬事到頭都是夢，休休，明日黃花蝶也愁。」❻一彎眉月：新月，因其形似眉毛，故云。❼冰蠶：古代傳說中的一種蠶。晉王嘉

《拾遺記．十．員嶠山》載：「有冰蠶長七寸，黑色，有角有鱗，以霜雪覆之，然後作繭，長一尺，其色五彩，織為文錦，入水不濡，以之投火，經宿不燎。」❽大千：大千世界的略稱。大千世界，佛教語，指廣大無邊的世界。❾顰：皺眉，痛苦的表情。

解：

這首七律作於一九〇四年，最初發表於日本著名詩人森槐南、大久保等人主辦的《隨鷗集》一九〇六年第二十四編，題為〈前塵〉，署名李哀。一九一八年又載於浙江第一師範學校《校友會會誌》第十六期上，改題為〈七月七夕重有感〉。一九二六年《小說世界》十五卷第九期發表此詩手卷時，無題，詩前有以下文字：「七月七夕在謝秋雲妝閣重有感，詩以謝之」。並在此詩與其他四首詩詞之前寫有「以下皆甲辰」字樣，由此可推斷此詩作於何年。《弘一大師全集》福建人民出版社一九九一年版，收入此詩時以李叔同手卷的詩前文字為題；本書據《隨鷗集》，並保留手卷中所寫的詩前文字。

此詩在《隨鷗集》發表時，詩後有該刊的主編之一大久保的評介文字。大久保曰：「奇艷之至，其繡腸錦心，令人發妒。李君自謂：『此數年前舊作，格調卑弱，音節曼靡，殊自恧也』。夫然豈其然乎？」

此段評語引用了李叔同對這首詩所作的自我評價，值得人們注意。我們知道，李叔同對自己為《護生畫集》所寫的白話詩曾多次作過評價，如「此種白話詩多非出家人口氣」，「所作之詩，就藝術上而論，頗多遺憾」等等；但是他評價自己所寫的古體詩，見之於文字的，這還是第一次。評語中的所謂「卑弱」，即不高亢；所謂「曼靡」，即不激越。李叔同為這首〈前塵〉詩格調和音節的低沈和鬱抑，而深感「自恧」，正反映了他當時的審美價值取向。

這首〈前塵〉詩是為酬謝名妓謝秋雲而作的。李叔同在一八九八年到一九〇五年間結識了一些女伶和藝妓，據文字記載，除謝秋雲外，尚有朱慧百、李蘋香、楊翠喜、高翠娥、語心樓主等等。李叔同與她們的交往，固然有歷史的、社會的原因，但不能不看到也有他個人思想方面的原因。其一，他當時在認識上，把「樂籍」作為檢驗國家文明程度的標尺，認為中國樂籍遠不如法國巴黎的發達，這是中國「固有的野蠻之現象」的表現，也是「提倡之者無其人」的必然結果（見李叔同為《李蘋香》所寫的序言）。他當時與女伶藝妓經常往還，很可能與這個認識有關，企圖以「樂籍」的「提倡」者自任，以期對發展中國文明有所幫助。其二，他當時在感情上，由於目睹國事日非，個人前途也屢遭挫折，憂心如焚，愁緒萬千。為了擺脫這種感情的重負，他便採取「遊戲人生」的態度，希冀通過與女伶藝妓的交往，在燈紅酒綠、輕歌曼舞中，排遣和忘卻內心的痛苦。他在〈金縷曲・贈歌郎金娃娃〉一詞中，上片以「愁萬斛，來收起」作結，下片以「休怒罵，且遊戲」收尾，這六個字正道出他與女伶藝妓頻繁接觸的動機之一。

其實，不管從認識上或感情上說，李叔同當時都陷入了一個誤區，因此其結果必然背離他原來的動機。他與女伶與藝妓的密切交往，既無助於社會「文明」的發展，也不能緩和和消解他的愁緒和憤懣。他，作為一個有良知的憂國憂民的知識分子，廝磨金粉，走馬章臺，不但不能擺脫憂傷，反而加深了痛苦，這原是不足為怪的。發之於詩，也就難免「卑弱」的格調和「曼靡」的音節。他寫的這首〈前塵〉，就是一個有力的例證。

這首詩開頭四句中的「十日黃花」、「一彎眉月」是寫謝秋雲的形貌；而詩中的「憶」、「悔」、「愁」、「懶」，是寫謝秋雲的心態；如果這樣理解不錯的話，那麼緊接著的頸聯兩句無疑是抒發詩人自己的感情和意緒：「冰蠶絲盡心先死」一句，化用了唐李商隱〈無題〉詩中的名句：「春蠶到死絲方盡」，而在程度上有所發展，表明詩人自己「絲未盡」而「心已死」，心灰意冷到了極點。而接下去的一句：「故國天寒夢不春」，典出岑參〈春夢〉：「枕上片時春夢中，行盡江南數千里」，詩人反其意而用之，說明自己生活在這樣一個瀕臨滅亡的國家裡，就是做夢也夢不到春天，反映了他對祖國前途的悲觀、失望。詩的最後兩句，提出一個沈重的質問：眼中所見的大千世界，痛苦不堪，淚流成海，他們究竟為誰悲傷，為誰憂愁？詩人把問題留給讀者，讓讀者自己作出回答。其實，只要聯繫頸聯的兩句和詩人一貫的憂國憂民情懷，這個答案是不難找到的。此句詩的主詞，也可以由「他們」，解為「我們」或「我」，視角不同，答案還是一樣的。

當然，該詩在遣詞造句上確有許多成功之處，以致被大久保讚為「繡腸錦心」，「奇艷之至」。但是不可否認，這首詩充滿了太多的傷感和悵惘，太多的眼淚和嘆息。不論寫妓，還是寫己；寫個人，還是寫「大千」，幾乎全是「悔煞」、「淚海」、「惆悵」、「愁」、「懶」等一類灰色的詞彙，使全詩從頭到尾彌漫著一片沈重、悲涼的氣氛。這就難怪李叔同對此詩作出「格調卑弱，音節曼靡」的評價了。

李叔同在一九〇六年把〈前塵〉送給《隨鷗集》發表時，為此詩在格調和音節上的缺憾，感到「自恧」。這說明他這時已經認識到這個弱點，並在努力改進。事實上，他在去日本留學前後所寫的詩詞，特別是那闋〈金縷曲‧將之日本，留別祖國，並呈同學諸子〉，不正在逐漸矯正和擺脫「卑弱」、「曼靡」的詩風，重新走向高亢了嗎!?

金縷曲

贈歌郎金娃娃

秋老江南矣。忒❶匆匆、春餘夢影，樽前眉底。陶寫中年絲竹耳❷，走馬胭脂隊裡。怎到眼、都成餘子❸？片玉崑山❹神朗朗，紫櫻桃❺、慢把紅情繫。愁萬斛❻，來收起。泥❼他粉墨登場地。領略他、英雄氣宇，秋娘❽情味。雛鳳聲清清幾許❾，銷盡填胸盪氣❿。笑我亦、布衣⓫而已。奔走天涯無一事，問何如、聲色將情寄？休怒罵，且遊戲。

注：

❶忒：太，過甚。❷「陶寫」句：化用《晉書・王羲之傳》：「年在桑榆，須正賴絲竹陶寫。」「陶寫」，娛情養性，排遣憂悶。「桑榆」，比喻垂老之年，因李叔同當時才二十四歲，故改「桑榆」為「中年」。❸餘子：多餘的人，或平庸之輩。語出《後漢書・禰衡傳》：「餘子碌碌，莫足數也。」❹片玉崑山：崑山，崑崙山，相傳此山產玉。全詞在詩文中多用以贊美人才難得而可貴。如《晉書・郤詵傳》：「武帝問詵：『卿自以為如何？』詵答：『臣舉賢良對策，為天下第一，猶桂林之一枝，崑山之片玉。』」這裡也有比喻金娃娃的容貌如玉之美的含意。❺紫櫻桃：舊時比喻女子的口唇。白居易曾為善歌的姬人樊素、善舞的妓人小蠻作詩曰：「櫻桃樊素口，楊柳小蠻腰。」此處喻指金娃娃的歌喉。❻斛：古時以十斗為一斛，此處比喻愁緒之多。❼泥：迷戀、

留連。楊乘〈榜句〉：「伶傳乖拙兩何如，晝泥琴聲夜泥書。」❽秋娘：唐代歌妓、女伶多用秋娘為名。如唐李德裕家姬謝秋娘，唐李錡妾杜秋娘等等，後世用秋娘作為歌妓的通稱。此處形容金娃娃男扮女角的演技。❾「雛鳳」句：典出李商隱〈韓冬郎即席為詩相送……因成二絕寄酬，兼呈畏之員外〉：「雛鳳清於老鳳聲」。原指唐詩人韓偓（小名冬郎）之詩作，勝過其父韓瞻。此處比喻金娃娃的歌喉高出老角。❿盪氣：震動不安之氣。⓫布衣：《戰國策・趙二》：「天下之卿相人臣，乃至布衣之士，莫不高賢大王之行義」。後多以稱沒有官職的讀書人。

解：

這首詞一九〇四年作於上海，在一九二六年第九期《小說世界》上發表此詩手卷。金娃娃，清末上海的一名京劇演員，他生平不詳。但有人把他稱為當時津滬間「藝界女子」、「風塵女性」（見陳星《天心月圓──弘一大師》十九頁，山東畫報出版社一九九四年版）。筆者對這樣的性別界定，未敢苟同。金娃娃在此詞中被稱為「歌郎」；《南社叢刻》第五集刊載李叔同〈高陽臺・憶金娃娃〉時，則又稱他為「歌者金郎」。「郎」，在中國詞彙中，自漢魏以後，是作為男性青少年通稱的。如《三國志・吳書・周瑜傳》：「瑜時年二十四，吳中皆呼為周郎。」杜牧〈赤壁〉詩：「東風不與周郎便，銅雀春深鎖二喬」，均稱周瑜為周郎。又如《世說新語・雅量》：郗鑒擇婿，也稱少年王羲之為「坦腹郎」。除此兩例外，古時，以「郎」作為稱呼的，比比皆是。如秦漢時女子把少年情人昵稱為「郎」（見《樂府・古辭西洲曲》：「開門郎不至，出門採紅蓮」）。至今仍有人沿用這一稱呼。北朝人稱父為「郎」（見《北史・汲固傳》）。唐時僕人稱主人為「郎」（見《舊唐書・宋璟傳》）。明清時也稱姊妹之婿為「郎」（見《聊齋誌異・梅女》）等等，但以上被稱為「郎」者均為男性。當然，青年女子也有被稱為女「郎」的，如〈木蘭詩〉：「同行十二年，不知木蘭是女郎」，但此處「郎」和「女」連用，單獨以一「郎」字稱呼女性，尚未見到。可見，把歌郎金娃娃（或「歌者金郎」）視為「女性藝人」，似不正確。

在當年上海出版的報紙上，曾發現一些有關金娃娃戲劇活動的資料。據一九〇三年六月《新聞報》載：金娃娃曾作為「超級名角」，在上海春仙茶園演出京劇。又據一九〇四年七月《時報》載，金娃娃與小叫天、小蓮生、蘇洪祥、徐春發等「滬上名角」，在上海天仙茶園同臺演出京劇。當時上海京劇尚未實行男女演員同臺演出，小叫天、小蓮生等均為男角，因而金娃娃亦當為男性。可惜關於金娃娃詳細的生平材料，雖經刻意搜求，至今尚未找到；但上述見於上海報紙上的這些資料，應是確定金娃娃性別有力證據。

在這首贈金娃娃的詞中，詩人寫人，也寫己；寫對金娃娃的讚賞，也寫自己心緒的變化。兩者交織抒寫，互相映襯，加強了此詞的藝術效果。

對金娃娃的讚賞，上、下兩片側重點不同，上片著重寫金娃娃的丰姿，下片則主要寫金娃娃的技藝。令人注意的是，不論寫金娃娃的哪方面長處，詩人都採用了許多女性化的詞語，這也許是有人把金娃娃誤認為「女子」的根據之一吧。其實，上片的「片玉」中的「玉」，可用以描繪女性，也可以用來美化男性。如《世說新語・容止》稱：「裴楷粗頭亂服皆好，時人以為玉人」，裴楷即是男子。下片的「秋娘情味」，是指金娃娃扮演女角的逼真，非指扮演者本人的性別。至於「雛鳳聲清清如許」句，其中的「雛鳳」，也不是對少女的喻稱，而是典出李商隱送給韓偓的一首七絕，用來比喻金娃娃的歌喉高出老角一籌。當然，詩人在詞中也有多處把金娃娃等同於女性的描寫，如上片的「走馬胭脂隊裡，怎到眼都成餘子」句，拿金娃娃與女人進行比較，聲稱自己見過的美貌女子，沒有一個比得上他；在「紫櫻桃、慢把紅情繫」句中，又直接將形容女子小口的詞句，用在金娃娃的身上。筆者認為，這與舊時我國流行的審美標準有關；中國歷史上的美男子，如「傅粉何郎」、「蓮花六郎」等等，即以女性美作為衡量標準。看來，李叔同當時的審美情趣和審美價值取向，還沒有擺脫傳統的影響。

詞中與讚賞金娃娃平行的另一條線，就是詩人對自己愁緒變化的描寫。從上片「愁萬斛，來收起」，到下片的「銷盡填胸盪氣」，詩人正是以自己解憂消愁的過程為映襯，從一個側面烘托了金娃娃的不同凡響。詩人看到金娃娃的姿容，收起了「萬斛」愁緒；聽了金娃娃的歌聲，又使充塞心中的不平之氣，煙消雲散。這說明金娃娃具有何等的藝術魅力！

特別是詩人由此引申出來的最後幾句，是全詞的關鍵：「笑我亦、布衣而已。奔走天涯無一事，問何如、聲色將情寄？休怒罵，且遊戲。」這是詩人在當時的形勢下所作的一種無奈的人生選擇。其實，詩人從天津遷到上海以後並非無所事「事」，而是幹過不少有益的工作：如他在一八九九年編輯出版《漢甘林瓦硯題辭》二卷；一九〇〇年又出版《李廬印譜》、《詩鐘彙編初集》二書；一九〇一年寫成並出版《辛丑北征淚墨》一書；一九〇三年又翻譯、出版日本人所著《法學門徑書》、《國際私法》二書；一九〇五年從《詩經》、《楚辭》與古詩詞中選出十三篇，配以西洋及日本曲調，編輯、出版《國學唱歌集》一書等等，這一切都為收集和繼承中國的傳統文化，介紹和傳播西方的先進文化，作出了一定貢獻。尤其是他在一九〇二年冬南洋公學散學以後，曾與上海思想先進分子，擇地租界以外，創設「滬學會」。與李叔同初到上海時參與的「城南文社」、「上海書畫公會」等「以文會友」、「以畫會友」的組織相比，「滬學會」是具有資產階級改良主義性質的組織，而且面向社會，以提高社會青年知識覺悟為目的，兩者不可同日而語。

既然如此，李叔同為何又說自己「奔走天涯無一事」？只要聯繫前面一句：「笑我亦、布衣而已」，就不難找出對這個問題的詮釋。詩人在這裡惋惜自己僅是一個手無寸鐵的書生，雖有憂國憂民之心，救國救民之志，但無補天回天之力；只能發發牢騷，寫寫詩文，喊喊口號而已，即使創辦像「滬學會」之類向群眾傳佈改良主義思想的組織，但對抵禦帝國主義侵略，推翻清廷的黑暗統治，改變祖國衰敗的現狀，也起不到立竿見影的實際效用。正如他在一九〇五年去日本前所說：「二十文章驚海內，畢竟空談何有？」筆者認為，詩中所說的「無一事」正是從這個意義上說的。然而，李叔同畢竟不是一個在國家存亡生死之秋，甘於袖手旁觀，無所作為的人，因而他當時內心是非常不安、憂鬱和愁悶的。於是，他無可奈何地以寄情聲色，遊戲人生，來麻醉痛苦的神經，尋找心靈的安慰。由此可以看出李叔同的廝磨金粉、走馬章臺，其出發點與一般尋花問柳之輩不同，和古代的艷情詩人也並不完全一致。

遊戲人生的發展前景可以有二：一是從此沉淪下去，醉生夢死，了此一生；一是重新振作起來，直面慘淡人生，繼續奮鬥。李叔同顯然屬於後者。由於李叔同的「遊戲人生」出於一種較為嚴肅的動機，他沒有沈湎得太久，很快就擺脫了出來。第二年下半年，他去日本留學，在去國前夕寫下那闋留別同學諸子的〈金縷曲〉，充滿著對祖國對人民的強烈責任感：「長夜淒風眠不得，度群生、那惜心肝剖。是祖國，忍孤負。」哪裡還有半點「遊戲人生」的影子!?

〈滑稽傳〉❶題詞

斗酒亦醉石亦醉❷，到心惟作平等觀。此中消息有盈朒❸，春夢一覺秋風寒。

——淳于髡❹

中原一士多奇姿❺，縱橫宇合❻卑莎維❼。人言畢肖在鬚眉❽，茫茫心事疇❾誰知？

——優孟❿

嬰武⓫伺人工趣語，杜鵑望帝淒春心⓬。太平歌舞且拋卻，來向神州愾陸沈⓭。

——優旃⓮

南山豆苗肥復肥⓯，北山猿鶴飛復飛⓰。我欲蹈海乘風歸，瓊樓高處斜陽微⓱。

——東方朔⓲

注：

❶滑稽傳：即司馬遷《史記》卷一百二十六〈滑稽列傳第六十六〉的簡寫。該列傳記載了春秋戰國的滑稽家淳于髡、優孟、優旃的事跡。西漢東方朔的事跡，則為褚少孫附記。❷「斗酒亦醉」句：斗、石，均為容量單位，十斗為一石。據《史記．滑稽列傳》稱：齊威王一次宴請淳于髡，問他酒量如何。髡答：「臣飲一斗亦醉，一石亦醉」，並解釋說：「賜酒大王之前，執法在旁，御史在後，髡恐懼俯伏而飲，不過一斗徑醉矣」。倘若「日暮酒闌，合尊促坐，男女同席，履舄交錯，杯盤狼藉，堂上燭滅，主人留髡而送客，羅襦襟解，微聞薌

澤。當此之時，髡心最歡，能飲一石」。他並由此引申：「故曰酒極則亂，樂極則悲，萬事盡然。」齊王聞後，停止長夜之飲。❸盈朒：盈，有餘；朒，不足。此處指算計或計謀。❹淳于髡：戰國時齊國學者，以博學善辯著稱，被齊威王聘為大夫。他曾多次諷諫齊王改革內政。後到魏國，魏王擬任他為卿相，髡辭而不受。❺「中原一士」句：優孟為楚國人，楚國地處中國中部，故稱「中原一士」。據《史記》稱：他身「長八尺」，故謂「多奇姿」。❻宇合：即捭闔。捭闔，猶言開合，是戰國時策士游說諸侯的一種方法。《鬼谷子》有〈捭闔〉篇，其中有云：「捭之者，開也，言也，陽也；闔之者，閉也，默也，陰也。」「此天地陰陽之道，說人之法也。」❼莎維：作者在《醒獅》一九〇六年第四期發表此詩時，在此二字之後，注有「莎士比亞、維白新德」小字。莎士比亞(William Shakespeare, 1564–1616)，英國文藝復興時期的戲劇家、詩人。生於商人家庭，當過劇場雜役、演員和編劇。現存劇本三十七部，主要有喜劇《仲夏夜之夢》、《威尼斯商人》，悲劇《羅密歐與茱麗葉》、《哈姆雷特》、《奧賽羅》，歷史劇《理查三世》等，對歐洲文學、戲劇的發展有重要影響。維白新德，現通譯為韋伯斯特(John Webster, 1580–1625)，當過演員，劇作家。現存劇本八部，其中有《白魔》、《馬爾菲公爵夫人》等。他被公認是英國十七世紀除莎士比亞之外的重要悲劇作家。全句指優孟的才智，勝過英國文藝復興時期的著名劇作家莎士比亞、維新白德等人。❽「人言畢肖」句：據《史記》載：楚相孫叔敖死後，其子落拓，賣柴為生，求助於優孟。優孟化裝為孫叔敖，去見楚莊王。因鬚眉畢肖，莊王以為孫叔敖再生，欲續任他為相。優孟說：楚相不可當。孫叔敖盡心治楚，使楚得霸天下，死後兒子竟無立錐之地。「必為孫叔敖，不如自殺。」莊王聽後悔悟，召見孫叔敖兒子，封地四百戶。❾「茫茫心事」句：疇，語助詞，無義。全句指優孟化裝孫叔敖的心意，為他人所不知。作者借此表明當時自己寄情聲色，粉墨登場，也出於難言的苦衷。❿優孟：戰國時楚莊王的樂人，善言多辯，常常用談笑的方式，對帝王進行諷諫。⓫嬰武：即鸚鵡，經過訓練，能模仿人言。此處是指喻優旃像鸚鵡一樣，以談笑打諢，供統治者消閑解悶。⑫「杜鵑望帝」句：周代末年，杜宇在蜀稱帝，號曰「望帝」，後來歸隱。相傳死後化為杜鵑鳥，至春徹夜悲啼。此喻指優旃雖善為言笑，但心中十分淒楚。⑬「來向神州」句：為神州的危亡而憂慮憤恨。據《史記》載：秦始皇要擴大苑囿，供自己享樂，優旃說：「善，多縱禽獸於其中，寇從東方來，令麋鹿觸之足矣！」後來，秦二世又追求豪華，用漆塗城，優旃也說：「善，漆城蕩蕩，寇來不能上。」由於優旃以國家興亡進行反諷，秦王終於停止大興土木。⑭優旃：戰國時秦國的優伶，他身材矮小，被稱為侏儒，善說笑話，但「合於大道」。⑮「南山豆苗」句：語出晉陶淵明〈歸園田居詩之三〉：「種豆南山下，草盛豆苗稀。」這是陶淵明退隱以後所作田園詩。今作者改「豆苗稀」為「豆苗肥復肥」，意即退隱生活十分美好。⑯「北山猿鶴」句：北山，即鍾山。南齊時周顒隱於此。後應詔出任海鹽縣令。孔稚珪曾作〈北山移文〉，責其先隱後仕，中有句曰：「蕙帳空兮夜鶴怨，山人去兮曉猿驚。」作者對此典反其意而用之，改「鶴怨」、「猿驚」為「猿鶴飛復飛」，意即退隱者應不為塵世利祿所動，安於山中生活。⑰「我欲蹈海」二句：化用蘇軾〈水調歌頭〉：「我欲乘風歸去，又恐瓊樓玉宇，高處不勝寒。」據夏承燾在《唐宋詞欣賞》中解釋，這幾句也是指作者政治遭遇而言。蘇軾當時被貶為地方官，任密州（現在的山東諸城）太守，政治處境失意，想回到朝廷中去，但又怕黨爭激烈，難以容身。作者借此典以反諷東方朔安於朝廷生活。⑱東方朔：字曼倩，長於文辭，喜詼諧滑稽，漢武帝時待詔金馬門，後官至太中大夫。以奇計俳辭得親近武帝，為武帝弄臣。著有〈答客難〉、〈非有先生論〉、〈七諫〉等。

解：

滑稽，現在一般解釋為使人發笑的語言、行動和姿態。但古時對此則理解不同。據《史記・滑稽列傳》「索隱」釋：「滑，亂也；稽，同也。指辯捷之人，言非答是，言是答非，能亂異同也。」又引姚康解：「滑稽，猶俳諧也。」司馬遷的這篇列傳，原為三章，依次記載了淳于髡、優孟、優旃三人以俳諧的言辭，規勸帝王棄惡從善的事跡，並在最後的「太史公曰」中讚嘆此三人「豈不亦偉哉！」

〈滑稽列傳〉在司馬遷所作三章之後，附載褚少孫所作六章，依次記載了漢武帝時郭舍人、東方朔、東郭先生、王先生和戰國魏文侯時的西門豹等事跡。其中以「西門豹治鄴」一章最有影響。

此四首七絕，為李叔同一九〇四年作，最早發表於日本出版的中國赴日留學生刊物《醒獅》一九〇六年第四期，後又於浙江第一師範學校《校友會會誌》第十六期上發表。發表時，後一首即詠東方朔一首，另列。

這四首詩是目前發現的李叔同詩中僅有的詠史詩。當時正值中國多事之秋，帝國主義多次侵入中國，燒殺擄掠；清朝政府一再割地賠款，喪權辱國。李叔同耳聞目睹國事日非，憂心如焚；思圖有所作為，以救國救民。但一介書生，手無寸鐵，只能通過自己特有的方式如言論、文字等，非議當局，喚醒民眾，報效祖國。因此，他對〈滑稽列傳〉裡的淳于髡、優孟、優旃等人雖身為臣下或優伶，能用巧妙的語言，諷喻帝王，使之有所悔悟和收斂，作出一些有利於國家的決策，非常讚賞，引起共鳴，便寫了以上四絕，歌頌他們的行為和動機，也寄託自己的抱負。

特別對優孟和優旃，由於當時李叔同正熱衷於戲劇活動，更懷有特殊的好感。「優」，是古時對扮演雜劇者的稱呼。孟、旃是楚秦兩國的兩名雜劇演員，兩人名字之前那個「優」字，便是他們身分和職業的標記。李叔同在一九〇四年為滬學會撰寫《文野婚姻新戲冊》完畢後「繫之以詩」，最後點題的兩句便是「孟、旃不作吾道絕，中原滾地皆胡塵」，可見李叔同對這兩位古代的戲劇演員是給予很高的評價的，而其著眼點正在於他們能寓諷喻於娛樂，在嬉笑怒罵中關心著國家的盛衰興亡。李叔同就是把自己當時積極從事戲劇活動，視為是對孟、旃這一優秀傳統的繼承和發展，目的也在於拯救受帝國主義欺凌的祖國，避免出現「中原滾地皆胡塵」的可悲局面。

附帶要說的是，在這四首絕句中，李叔同對東方朔的感情取向顯然與另三人不同，因而詠東方朔的那首詩，格調也與另三人相異。對淳于髡等三人事跡，李叔同讚許有加，因而詩的語氣是肯定的、褒揚的、謳歌的。而作者對東方朔的作為有所保留，並且不無懷疑；因此那首詩用的是曲筆，是側寫；全詩語氣是揶揄的、反諷的，甚至是駁詰的。

據《史記・滑稽列傳》所附褚少孫後六章，在說到東方朔事跡時，這樣寫道：

> 朔行殿中，郎謂之曰：「人皆以先生為狂。」朔曰：「如朔等，所謂避世於朝廷間也。古之人，乃避世於深山中。」時坐席中，酒酣，據地歌曰：「陸沈於俗，避世金馬門。宮殿中可以避世全身，何必深山之中，蒿廬之下」。金馬門者，宦署門也，門傍有銅馬，故謂之曰「金馬門」。

這段文字中所記的東方朔關於退隱的這些見解，也就是後人所概括的「小隱隱陵藪，大隱隱朝市」（見《文選・王康琚反招隱詩》）。李叔同對此顯然並不贊同，在第四首七絕的最後兩句，他化用蘇東坡〈水調歌頭〉的詞句，意在說明「朝廷間」、「宮殿中」，矛盾複雜，鬥爭激烈，豈可安然「避世全身」?!還不如像「古之人」那樣，「避世於深山之中」（即詩中所說的「南山」和「北山」）去吧！從而在客觀上批評了東方朔這一主張的虛偽性，隱指他無非借此替自己留戀朝廷的高官厚祿，尋找一個動聽的藉口罷了。

唐代司馬貞在《史記・滑稽列傳》的「索隱」中，曾經批駁過仲長統的「遷為〈滑稽傳〉，序優旃事，不稱東方朔，非也」的說法，認為「朔之行事，豈直旃、孟之比哉！」這說明他早就看出：旃、孟與朔雖都善言強辯，詼諧滑稽，但兩者的品格是有高低上下之分的。前者為國家敢於正面諷諭帝王的劣跡；而後者裝瘋賣傻，以致迎合帝王旨意，只是為保全一己的功名利祿而已。李叔同在這組詠史詩中，對不同人物採取不同的態度，作出不同處理，正是延伸了前人對這四位滑稽家所作的不同價值判斷。

贈語心樓主人

天末斜陽淡不紅，蝦蟆陵❶下幾秋風。將軍已死圓圓❷老，都在書生倦眼中。
道左朱門誰痛哭❸？庭前柯木已成圍❹。只今蕉萃❺江南日，不似當年金縷衣❻。

注：

❶蝦蟆陵：古地名，即「下馬陵」，在長安城（即今西安市）東南。唐時為妓女聚處。白居易〈琵琶行〉：「自言本是京城女，家在蝦蟆陵下住」，詩中蝦蟆陵即指此。❷圓圓：即明末蘇州名妓陳圓圓，遼東總兵吳三桂納為妾，寵愛有加。一度被李自成部將所擄。後仍歸吳三桂。因察覺吳三桂有謀反意，藉口年老，出家為道士。「將軍」即指吳三桂。❸「道左朱門」句：「朱門」，紅漆大門，古代王侯貴族宅第大門漆成紅色，以示尊貴，後作為豪門的代稱。「道左」，即路旁，或路邊的意思。全句指被棄者在靠近豪門的路邊痛哭。❹「庭前柯木」

句：「柯」，指草木的枝莖。全句意即小枝已成為大樹，喻指時間流逝之快。❺蕉萃：同「憔悴」。❻金縷衣：飾以金縷的舞衣。梁劉孝威〈擬古應教〉：「瓊筵玉笥金縷衣。」後也借喻珍貴之物。《才調集・雜詞》詩：「勸君莫惜金縷衣，勸君惜取少年時。」

解：

這兩首七絕作於一九〇四年上海，最初發表於留日學生刊物《醒獅》一九〇六年第四期，題為〈天末〉。一九二六年《小說世界》第九期發表此詩手卷時，題為〈贈語心樓主人〉。本書據此。

「語心樓主人」，生平不詳。從詩中「蝦蟆陵」、「圓圓」、「金縷衣」等文字，可以推見似為藝妓之類人物。當時妓女常以所居室名作為本人代號，如與李叔同有過交往的藝妓朱慧百，又稱素馨吟館主，藝妓李蘋香，又名天韻閣女史等等，此藝妓也沿用此習，取名為「語心樓主人」。

從全詩看，這位語心樓主人當時的處境並不美妙，與李叔同曾在一九〇五年為其作詩的老妓高翠娥，屬於差不多層次的人物。

第一首詩中的「蝦蟆陵下幾秋風」句，說明語心樓主人操此賣藝（賣笑）生涯，時日已經不短；「將軍已死圓圓老」句，則進而喻指她也到了「年老色衰」的年齡。特別是第二首的四句詩，揭示了「語心樓主人」的不幸遭遇。「道左朱門誰痛哭？庭前柯木已成圍」，反映語心樓主人由於時光的流逝，「人老珠黃」，已失寵於豪門大族，像敝屣一樣被摒棄於「道左」而十分傷心。「只今蕉萃江南日，不似當年金縷衣」，指出語心樓主人現今身心憔悴，不能再有當年的豔麗風光了。

語心樓主人的遭際，幾乎是舊社會被侮辱、被損害的歌妓的共同命運。白居易在〈琵琶行〉中所寫的長安娼女就是一例。當她「十三學得琵琶成，名屬教坊第一部」時，「一曲紅綃不知數」，「秋月春風等閑度」，何等風流瀟灑！可是，好景不長，一旦到了「暮去朝來顏色故」，便出現「門前冷落車馬稀」的可憐處境；最後只能嫁給商人，孤守空船。這又是何等的淒涼！

李叔同的這兩首七絕，與〈琵琶行〉的主題一脈相承，也用對比的手法寫出語心樓主人昔日的繁華和今天的冷落。全詩寄同情於生活在社會底層的歌妓，深情地傾訴了她們的痛苦和不幸。當然，詩人借此也寄託自己的身世之感。這在〈為老妓高翠娥作〉的箋文中，將作重點剖析，此處就不贅述。

一九〇五年

菩薩蠻

憶楊翠喜❶

燕支山❷上花如雪，燕支山下人如月。額髮翠雲❸鋪，眉彎淡欲無。　夕陽微雨後，葉底秋痕瘦。生小❹怕言愁，言愁不耐羞。

曉風無力垂楊懶，情長忘卻遊絲短。酒醒月痕❺低，江南杜宇❻啼。　痴魂銷一捻❼，願化穿花蝶。簾外隔花陰，朝朝香夢沉。

注：

❶楊翠喜：清朝末年天津著名的兼有優、倡身分的坤伶。❷燕支山：一稱焉支山，因盛產胭脂，也稱胭脂山，位在甘肅省永昌縣西。這裡喻指歌妓居住的地方。❸翠雲：古人常以「翠鬟」、「雲鬟」之類詞句，形容女人頭髮之美。如南齊王融〈法壽樂歌〉：「金容函夕景，翠鬟佩晨光。」又如杜甫〈月夜〉：「香霧雲鬟濕，清輝玉臂寒」。「翠」喻指髮色，「雲」喻指髮形。作者以此形容楊翠喜額髮（即俗稱「劉海兒」）的美艷。❹生小：即幼小的時候。《古樂府・孔雀東南飛》：「昔作女兒時，生小出野里。」楊翠喜十四歲，即未成年時，就在天津演戲，嶄露頭角，故稱生小。❺月痕：月影。❻杜宇：見〈夜泊塘沽〉注❷。❼一捻：量詞，猶「一把」。宋毛滂〈粉蝶兒〉：「褪羅衣，楚腰一捻。」

解：

〈菩薩蠻・憶楊翠喜〉二闋，作於一九〇五年，最初見於《南社叢刻》第八集，一九一四年三月版，署名李凡。此據《弘一大師全集》第七冊文藝卷，福建人民出版社一九九一年版。

楊翠喜是清代末年馳譽北方的名伶。據《縱橫》一九八五年第一期刊登的葉祖孚〈京劇名伶楊翠喜〉一文稱：她是北京通縣人，生於一八八九年（光緒十五年）。十二歲時義和團起事，隨家遷至天津居住。父母迫於生計，把她賣給一個姓陳的土棍，陳某又把她轉賣給鄰居楊茂尊，這樣她就改姓楊。那時津沽一帶賣藝之風甚盛，其養父命其跟陳國壁的養女、以賣唱為生的翠鳳、翠紅學戲，遂取名為翠喜。

楊翠喜十四歲時（即一九〇三年），即在天津協盛茶園、大觀園及福仙、景春等戲園唱花旦戲，戲目有《拾玉鐲》、《買胭脂》、《青雲下書》等，漸露頭角。楊翠喜十六歲時，其養父攜她到哈爾濱演出，在那裡她開始賣笑生涯，兼有優、倡兩重身分。十八歲時（即一九〇七年）重回天津，在大觀園演出。由於結識了富商王益孫和直隸道員段芝貴，聲價於是大噪。

楊翠喜後被清慶親王奕劻之子戴振看中，段芝貴以一萬二千元買來送給戴為妾，段因此擬署理黑龍江巡撫。一九〇七年（光緒三十三年），此事受御史參奏，被朝廷查辦。為了替段芝貴開脫，楊翠喜遂由王益孫出面以三千五百元買去為婢，從此銷聲匿跡，不再出現在紅氍毹上。

著名文學家曹聚仁在他的自傳《我與我的世界》中，也說到楊翠喜，稱她是「天津最有名的歌妓」。

那麼，李叔同何時結識楊翠喜？目前至少有兩種說法，一種說法是陳星在《天心月圓——弘一大師》（山東畫報出版社一九九四年版）一書的「粉墨登場」章中所說：「早在少年時代，李叔同就是一位戲劇愛好者。在秦樓楚館、歌臺舞榭，經常可以看到他的身影。……對梆子坤伶楊翠喜的演藝更是欣賞，以致隔三差五必去捧場。」還有一種說法見於朱經畬《李叔同年譜》一九〇一年條，內載：李叔同「先後在上海的戲院粉墨登場……並與著名秦腔女演員楊翠喜，以藝事相往返」（刊於天津文史資料研究小組編《文史參考資料匯編》一九八三年第六輯），意即李叔同是從天津遷到上海之後，在上海認識楊翠喜的。

這兩種說法都未必準確。一九二六年《小說世界》十五卷第九期發表「李叔同未出家時所寫手卷之四」中，在此詞之前，注有「乙巳」兩字。這就是說，經李叔同本人認可，此詞應作於一九〇五年，即光緒乙巳年。該詞以「憶楊翠喜」為題，一個「憶」字，可以推見他的認識楊翠喜當在一九〇五年之前。據上引葉祖孚〈京劇名伶楊翠喜〉一文稱：楊翠喜生於北京，一九〇一年遷來天津；一九〇三年在天津各戲園演戲；一九〇五年去哈爾濱賣藝；一九〇七年又重返天津演戲。不久歸富商王益孫，從此絕跡劇壇。對照李叔同的經歷，他在一八九八年八月就自津遷滬，此時楊翠喜尚未至津，更不可能在天津演戲，因而陳星所說李叔同早在少年時代，就欣賞楊翠喜演藝，「隔三差五必去捧場」云云，顯然不符歷史事實，把李叔同結識楊翠喜的時間提前到了「少年時代」。而朱經畬認為李叔同交結楊翠喜應在他遷居上海之後，但據葉祖孚文所說，楊翠喜演戲活動的地盤僅限於天津、哈爾濱等北方一帶，並沒有到過上海，所謂李叔同「在上海與楊翠喜以藝事相往還」的說法也是缺乏事實根據的。

筆者分析，李叔同認識楊翠喜應在她一九〇三年至一九〇四年間，即她十四五歲在天津舞臺上初露頭角之時；詞中形容楊翠喜留有「額髮」，並稱楊翠喜「生小怕言愁」，也與她的這一年齡是吻合的。一九〇三、一九〇四年間，李叔同雖已定居上海，但偶然也回天津。這是有例在先的。如一九〇一年春，帝國主義八國聯軍侵華之後的第二年，他就曾乘船至津探訪，作有詩詞多首，收入《辛丑北征淚墨》。因此，此後二、三年間並不排除他返津的可能性，只是沒有文字記載罷了。如果這個分析站得住腳，那麼當他返津之時，聞知當時天津劇壇有楊翠喜其人，唱做俱佳，對戲劇一向愛好的李叔同前往欣賞，並與楊翠喜結識，都是順理成章的事。

看來，與楊翠喜的結識，給李叔同留下較為深刻的印象，以致以後還想起這位坤伶，並寫了兩闋〈菩薩蠻〉，寄託自己對她的懷念。

第一闋詞主要描寫楊翠喜的容貌和神態：那「額髮」，那「淡眉」，那「不言愁」，那「不耐羞」……所有這些描寫並沒有落於俗套，也不陷入一般化，而是緊緊扣住楊翠喜的「這一個」；因此用筆墨雖不多，但卻把這位年方十四五歲女伶的嬌小、稚嫩、忸怩、羞澀的形象和性格，活龍活現地塑造了出來。

第二闋詞則著重抒發作者對楊翠喜的深切思念。詩人在詞中甚至表示願將自己的一腔痴魂，化成穿花的蝴蝶，晝夜伴隨在他所欣賞的這位女伶的身邊。從詞裡可以看出，詩人並沒有對女性坤伶採取玩弄的態度，更沒有投以猥褻的目光；而是站在平等的地位，向她表達了自己真實、誠摯的傾慕之情。這與當時某些舊式文人的作為，顯然不可同日而語。

為老妓高翠娥作

殘山剩水❶可憐宵，慢把琴樽慰寂寥。頓老琵琶妥娘❷曲，紅樓❸暮雨夢南朝❹。

注：

❶殘山剩水：見〈書贈蘋香〉注❻。此處比喻高翠娥的年老色衰。❷妥娘：明代秦淮歌妓鄭如英的小名，與寇白門、卞瓊等均擅文翰，尤工詩、詞、曲。❸紅樓：泛指華麗的樓房，白居易〈秦中吟・議婚〉：「紅樓富家女，金縷繡羅襦」，此指高翠娥居所。❹南朝：見〈書贈蘋香〉注❻。此處借指昔日繁華歌樂的生活。

解：

此詩作於一九〇五年，最初發表於一九一八年九月浙江第一師範學校《校友會會誌》第六期上，題為〈無題〉。在一九二七年《小說世界》第十期上，發表此詩手卷時，改題為〈為老妓高翠娥作〉，本書據此。

李叔同在一年前寫過〈贈語心樓主人〉的詩，現今又寫此七絕〈為老妓高翠娥作〉。語心樓主人和高翠娥的生平，雖然至今未詳，但從詩的內容分析，她們是同一類型、同一檔次的人物，同屬於因年老色衰而受到冷遇和遺棄的歌妓。為什麼李叔同對此類題材特別感到興趣？這裡除了她們的悲慘境遇，引起詩人的特別同情和憐憫之外；更主要的，還因為詩人「借他人酒杯，澆自己塊壘」，在她們的身上，另有寄託和寓意。

美國學者Lawrence Lipking在他所寫的〈棄婦和詩歌傳統〉中，曾說到「棄婦」是古今中外一切詩歌中都喜歡用的一種形象。本來不管在中國還是在西方，古代被棄的往往是女子；但是，男子在官場和仕途受挫之後也往往產生一種「棄婦」的心理。由於男子比女子自尊心更強，絕不肯把被棄的境遇訴之於眾，博取同情，因而男性作者比女性更需要這種棄婦形象。（見葉嘉瑩〈從文本之潛能與讀者之詮釋，談令詞的美感特質〉，《文學遺產》一九九九年第一期。）

中國歷代的文壇詩苑，男性作者通過自己筆墨，塑造各種棄婦形象，並以此自比，曲折地訴說內心的不平和憤懣的事例，幾乎比比皆是。例如受到曹丕傾軋的曹植，他寫的〈七哀〉，就有「君懷良不開，賤妾當何依」之句，把自己比作被棄的「賤妾」。一生仕途不得意的溫庭筠，在他所寫的〈菩薩蠻〉中，也吟「懶起畫蛾眉」，同樣反映了他的「棄婦」心理。至於因遭官場排擠，被貶江州司馬的白居易，他寫的〈琵琶行〉，更是借棄婦形象，抒寫了自己的不幸。正如洪邁《容齋五筆》所說：這並非「為長安故倡所作」，「樂天之意，直欲攄寫天涯淪落之恨爾」；《唐宋詩醇》也稱：白居易「滿腔遷謫之感，借商婦以發之，有同病相憐之意焉。」

李叔同選中老妓高翠娥和語心樓主人，作為自己詠吟的對象，筆者認為，正是出於這種「棄婦」的心理。

李叔同寫這兩首詩時，本人曾先後參加一九〇二年杭州的浙江鄉試和一九〇三年開封的河南鄉試，最後均以「落榜」告終；而他就讀的南洋公學特班，也因抗議學校當局無理開除學生，在一九〇二年冬自動散學。李叔同這個有才華有抱負的知識分子，最終沒有找到實現自我價值的道路，一種被拋棄的感覺，不禁油然而生。因此，棄婦的形象，在他此時的思想中必然引起共鳴。而當時與他有所交往的老妓高翠娥和語心樓主人，正是十足意義上的這樣一種「棄婦」。舊社會女子，特別是妓女，以色事人，色衰則愛弛，她們由於青春逝去和容顏衰老，最終被冷落、被厭棄，其心中的憂傷是非常強烈的。李叔同這時的感情，在本質上，幾乎與高翠娥、語心樓主人一致。於是，他便為她們寫詩，憑藉她們的形象，宣洩他個人濃鬱的失落感。

我們讀這首詩，應當透過表層文字，看到李叔同當時對自己處境和前途的深刻失望和感傷，而不能簡單地以一般詠妓詩視之。

喝火令

故國今誰主

故國今誰主？胡❶天月已西。朝朝暮暮笑迷迷，記否天津橋上杜鵑啼❷？記否杜鵑聲裡幾色順民旗❸？

注：

❶胡：原為中國古代對北方和西方各少數民族的泛稱。此處借指中國東北和北方領土。❷天津橋上杜鵑啼：據《宋史》卷四二七載：北宋哲學家邵雍（一〇一一—一〇七七），宋共城人，居洛陽三十餘年。一次在洛陽天津橋上聽到杜鵑哀鳴，慨嘆：「北方原無此物，今地氣自南而北，天下將亂。」後人常借用此典比喻國家面臨大亂的局面，或抒寫感傷離亂的心情。如陳與義〈木蘭花慢・北歸人未老〉：「誰在天津橋上，杜鵑聲裡闌干。」

❸順民旗：指異族統治下百姓所舉降旗，表示歸順之意。

解：

此歌詞最初見於李叔同一九〇五年五月編印的《國學唱歌集》「摛詞」部分。後收入《李叔同——弘一法師歌曲全集》上海音樂出版社一九九〇年九月版，署名「李叔同作詞配曲」。

進入二十世紀以後，隨著維新思潮的普及，新式學堂不斷建立，我國音樂界也隨之崛起「學堂樂歌」形式，以西洋名曲為譜，填入新詞，作為新式學堂的音樂教材。一九〇四年，我國音樂界先驅曾志忞所編的《教育唱歌集》與沈心工所編的《學校唱歌初集》，分別由東京和上海出版，在當時新式學堂風行一時。

當時在上海「滬學會」補習科教唱的李叔同，看到這些歌集以後，稱讚曾、沈等人「紹介西樂於我學界」，但又感到這些歌集中的歌詞「僉出近人撰著，古義微言，匪所加意，余心恫焉！」（見《國學唱歌集・序言》）於是，他親自動手，從《詩經》、《楚辭》和古詩詞中選出十三篇，一一配以西洋和日本曲調，連同兩段崑曲的譯譜，合為一集，取名為《國學唱歌集》。這本歌集共分六個部分，一為「揚葩」，即以《詩經》為歌詞；二為「翼騷」，即以《楚辭》為歌詞；三為「修詩」，即以五言、七言古詩為歌詞；四為「摛詞」，即以〈菩薩蠻〉、〈蝶戀花〉等古詞或按古詞牌填詞為歌詞；五為「登崑」，即以「崑曲」為歌詞。最後為「附錄」，大抵為作者自己撰寫的歌詞，為以上這五個部分所不能歸納者，共十首。

〈喝火令〉為北宋黃庭堅首創的詞調。按照該詞的格律，上半闋為二十八字，三平韻；下半闋為三十七字，四平韻。李叔同寫的這首〈喝火令〉歌詞，三十七字，四平韻，當為下半闋。

這個詞調後人用者不多，就連黃庭堅自己，也只用這個詞牌寫過一首〈見晚晴如舊〉（見《全宋詞》）。但李叔同對它卻格外垂青。除了這半闋配曲的〈喝火令〉以外，還在一年以後，即一九〇六年，寫過一首完整的未曾配曲的〈喝火令・哀國民之心死也〉，發表在當年中國留日學生會主辦的《醒獅》上。

這首〈喝火令〉，比第二首早寫一年。從這首短詞，特別是最後點題的那句：「記否杜鵑聲裡幾色順民旗」中，可以看出李叔同對五年前的庚子之戰，帝國主義八國聯軍侵佔京津等地，燒殺搶掠，似乎記憶猶新。尤其是在八國聯軍侵華的次年春天，他曾到過天津，目睹劫後的種種慘景，自然更有切膚之痛。

這首詞的一開頭，就提出了「誰是當時中國主人？」這個尖銳的問題。詞的第二句「胡天月已西」，當然不是寫景，而是與第一句呼應，作為今日「誰主故國」的回答，揭示了帝國主義列強盤踞我國北方領土的嚴酷事實。

但是時隔五年，國人竟把這些奇恥大辱置之九霄雲外，苟且偷安，麻木不仁。「朝朝暮暮笑迷迷」一句，就是對這一精神狀態的形象寫照。這自然使李叔同感到十分痛心。

詩的最後兩句，詩人用兩個「記否」，提醒人們切莫忘記當年離亂的慘象，切莫忘記做帝國主義順民的卑賤處境和苦澀滋味，其用意是想在人們的心靈傷口上撒進一點「鹽」，希望他們有所警覺，有所醒悟。

李叔同寫的這首〈喝火令〉與一年後寫的〈喝火令〉，主題思想一致，手法也大體相同。看來，這首〈喝火令〉正是後一首〈喝火令〉的姊妹篇，或者說前者為後者的雛形和前奏。

哀祖國

小雅盡廢兮❶，出車採薇矣❷。豺狼當途兮，人類其非矣。鳳鳥兮，河圖兮，夢想為勞矣❸。冉冉老將至兮❹，甚矣吾衰矣❺。

注：

❶「小雅」句：《詩經》由風、雅、頌三個部分組成。〈小雅〉是《詩經》的組成部分之一，內容包括批評

當時朝政過失和抒發百姓怨憤的民間歌謠。此處是代指。全句意指當時政治黑暗，人民言論受到遏制，出現萬馬齊喑的局面。❷「出車採薇」句：薇，一種野菜。相傳殷朝的伯夷、叔齊二人，反對周武王伐紂。當武王克殷，二人不食周粟，逃避深山，採薇而食，饑極而死。全句意指當時許多有志之士，紛紛出走隱避。❸「鳳鳥兮」三句：鳳鳥為傳說中的吉祥之鳥。河圖，即八卦，相傳它的出現預示著聖人的到來。《易・繫辭》有「河出圖，洛出書，聖人則之」的說法。孔子在《論語》中把「鳳鳥」、「河圖」連用，說：「鳳鳥不至，河不出圖，吾已矣夫。」（見《論語・子罕》）全句借指當時清廷腐敗，社會衰落，期望國家興旺，政治清明，簡直是徒勞的夢想。❹「冉冉」句：語出《離騷》：「老冉冉其將至兮，恐修名之不立。」全句感嘆年華已逝，而一事無成。❺「甚矣」句：語出《論語・述而》：「甚矣吾衰也，久矣吾不復夢見周公。」此處作者借以慨嘆年華逝去，而理想不能實現。

解：

此歌詞最早見於一九〇五年五月李叔同編印的《國學唱歌集》中「附錄：雜歌十章」，配曲採用法國民歌《月光》的曲調。

由於《國學唱歌集》是李叔同為糾正曾、沈二人所編歌集「古義微言，非所加意」的弊端而作，因而這首歌詞中的不少詞句，都出自各種古籍，如《詩》、《易》、《論語》、《離騷》等等。全詩的中心內容，正如歌題〈哀祖國〉所揭示的那樣，抒發了詩人對祖國命運的憂慮和對自己理想不能實現的哀傷，從一個側面反映了詩人的愛國主義情懷。

近來有人考證認為此詞並非李叔同所作。據稱：一九〇四年七月二十五日《覺民》雜誌第九、十兩期合刊，載有《黃金世界》小說，署名懷舊子，篇末附詩一首：「小雅盡廢兮，出車採薇矣。我有中國兮，人類非矣。明主不興兮，吾誰與歸矣。抱春秋以沒世兮，甚矣吾衰矣。」由於李叔同所作的〈哀祖國〉歌詞第一、二句與最後一句，與此詩雷同，就據此認為這是「其他人的作品」，「前邊的書中出現了，後邊的書照樣抄錄，不免以訛傳訛」。（見郭長海〈祖國歌〉等詩非李叔同所作考〉，《長春師範學院學報》一九九八年第一期。）筆者不敢苟同這樣的結論。我們並不否認李在寫〈哀祖國〉歌詞前，或許讀過《黃金世界》小說的篇末詩，並得到一定啟發，甚至借用了其中幾句；但是歌詞的大部分詞句，還是李叔同另行撰寫的。如原詩的「我有中國兮」，李寫為「豺狼當途兮」；原詩的「明主不興兮，吾誰與歸矣」，李寫為「鳳鳥兮，河圖兮，夢想為勞矣」；原詩的「抱春秋以沒世兮」，李寫為「冉冉老將至兮」，等等。從這些文字差異中，可以看出李叔同所要強調的主題思想，與原詩並不相同。據郭文說：《黃金世界》開頭有一段議論，隱指清兵入關之事，後附的原詩與此有關聯。這就是說，原詩是針對外族入侵有感而發的。而李叔同的這首歌詞則主要是抨擊當時國內政治腐敗，使包括自己在內的許多有志之士「英雄無用武之地」；眼見青春消逝，卻不能實現抱負，徒喚奈何。看來，兩者思想內容差異甚大。

　　至於對別人詩作中個別詞句的借用，在中國古代詩人的筆下，屢見不鮮。隨手舉個例子，宋代林逋（和靖）的詠梅名句：「疏影橫斜水清淺，暗香浮動月黃昏」，受到歷代詩人的一致讚嘆：「自林和靖詩出，光前絕後矣」（宋汪莘〈滿江紅〉序），「前世詠梅者多矣，未有此句也」（宋歐陽脩《歸田錄》卷二）。其實，這兩句原為南唐詩人江為的詩：「竹影橫斜水清淺，桂香浮動月黃昏」，林和靖只改動了二字，將「竹影」改為「疏影」，「桂香」改為「暗香」，用以詠梅，竟成為千古絕調。林逋把江為這兩句詩中的十四個字，只改動了兩字，用在自己的「詠梅」詩中，從來未被認為是抄襲他人之作；為什麼李叔同把《黃金世界》的篇末詩，進行這樣大的改動，作為〈哀祖國〉的歌詞，就不能算是他本人的作品呢!?

愛

愛河萬年終不涸，來無源頭去無谷。滔滔聖賢與英雄，天地毀時無終窮。　願我愛國家，願國家愛我；願國家愛我，靈魂不死者我。

解：

此歌詞最早見於一九〇五年五月李叔同編印的《國學唱歌集》的「附錄：雜歌十章」，採用美國作曲家威廉·B·布拉德布里(William B. Bradbury)的讚美詩〈耶穌愛我〉(Jeshus Love Me)的曲調。

有人認為李叔同「不僅採用了這首讚美詩的曲調，連歌詞的主題『愛』也和這首讚美詩有聯繫。」(見錢仁康〈李叔同——弘一法師歌曲考〉，載《李叔同——弘一法師歌曲全集》，上海音樂出版社一九九〇年九月版）這個評估當然是正確的，但不夠完整。因為這首歌詞的主題雖然也是謳歌「愛」，但決不等同於「耶穌愛我」的「愛」。

詩人在歌詞的一、二兩句謳歌愛的河流永不乾涸，而且無始無終，一瀉千里。緊接著他在三、四兩句指出，在我國歷史上，聖賢和英雄也滔滔不絕，不斷出現；即使到了天毀地滅，亦不會窮盡。正所謂「天長地久有時盡，英豪輩出無絕期」。作者把涵義完全不同的一、二兩句和三、四兩句，連在一起，除了由於「愛河」與「聖賢英雄」具有「無終窮」的共同特點之外，更因為「聖賢英雄」正是家國之「愛」

的竭力追求者和身體力行者。這就為下面的四句歌詞作了有力的鋪墊。

「願我愛國家，願國家愛我；願國家愛我，靈魂不死者我」。這裡的四個「我」字，不是個體，而是群體；不是作者自指，而是「聖賢」、「英雄」（包括他們的一切追隨者和仰慕者）的自稱之詞。它體現了「聖賢」、「英雄」對國家的熱愛和為國家不惜捨身犧牲的願望。

「聞鼙鼓而思良將」。從這首歌詞看出：作者面對當時祖國山河淪喪，岌岌可危的緊急局勢，希冀能有英雄聖賢出來，力挽狂瀾，收拾殘局，拯救國家和人民。這是當時詩人的一個強烈的期望。就在《國學唱歌集》「附錄」裡所收的另一首「雜歌」〈哀祖國〉裡，詩人就為當時的有志之士「出車採薇」，紛紛走避而懊喪；因「河圖」不「出」、「聖人」不「至」而失望。值得注意的是，在詩人這一個時期所作的詩詞中，多次反覆謳歌「男兒」形象。如在一九〇五年所寫的題為〈男兒〉的歌詞裡，詩人企望中國「男兒」奮發圖強，「發大願作教皇，我當爐冶群賢。功被星球十方，贊無數年」。在次年寫於日本的〈東京十大名士追薦會即席賦詩〉中，詩人更是熱切地呼喚：「沉沉風雨雞鳴夜，可有男兒奮袂來？」特別在寫於中華民國宣告成立的一九一二年的〈滿江紅〉一詞中，詩人既深情地緬懷和歌頌為國捐軀的革命先烈：「算此生，不負是男兒，頭顱好」；又希冀民國肇造以後能夠湧現更多的重整山河、振興中國的男兒：「看從今，一擔好山河，英雄造」。這一切都說明詩人此時企盼「男兒」，即英雄豪傑，不斷在中國大地上湧現，就像久旱之望甘霖，是何等的急切、何等的緊迫啊！

這首「愛」的歌詞，除了表達詩人對英豪的滔滔湧現，寄予急切的期盼以外，著重從「英雄」和國家的感情聯結上，揭示了他們義無反顧、勇於獻身的思想契機和力量源泉。正是對祖國的「愛」，使他們勇往直前，前仆後繼，「天地毀時無終窮」；也正是對祖國的「愛」，使他們奉獻一切，九死不悔；即使肉體生命滅亡、消逝，但他們的靈魂卻因此永垂千古，正如歌中所唱：「靈魂不死者我」。

因此，這首歌的歌題雖為「愛」，但這裡所歌頌的不是男女之愛、兄弟之愛、親友之愛、鄉里之愛……而是超於這一切之上的對祖國之愛，這是最偉大、最神聖的愛，從中充分反映了作者的愛國主義情結。

詩人採用的配曲曲譜〈耶穌愛我〉，原歌詞作者為美國女作家安娜・沃納(A. B. Warner, 1824–1915)。歌詞分四段，每段的副歌均為「主耶穌愛我，主耶穌愛我，主耶穌愛我，聖書上告訴我」。四段歌詞分別傾訴了對主耶穌的虔誠膜拜，如把自己比為「小羊」，祈求主耶穌「白夜遇難能搭救」，「黑夜睡覺能看守」；「將我罪惡洗乾淨，天堂之門替我開」；「死後領我到他家」等等。李叔同這首歌詞主題雖也是對「愛」的歌頌，但由「耶穌愛我」到「願國家愛我」；由祈求耶穌拯救自己的靈魂，到在為國家獻身中實現「靈魂不死」。這是質的飛躍和昇華。儘管兩者都與「愛」有聯繫，但此「愛」非彼「愛」，二者豈可等量齊觀!?

化身

化身❶恒河沙數❷，發大音聲。爾時千佛出世，瑞靄氤氳❸。歡喜、歡喜人天❹，
夢醒兮不知年。翻倒四大海水❺，眾生皆仙。

注：

❶化身：佛教名詞，佛能變化為種種身，名為化身。佛經稱釋迦牟尼為「千百億化身」。❷恒河沙數：佛教

語。恒河，南亞著名大河。全句形容數量多到無法計數。《金剛經》：「但諸恒河尚多無數，何況其沙。」❸瑞靄氤氳：瑞靄，即祥雲。氤氳，氣或光色混和動盪貌。全句是形容千佛出世時的熱烈氛圍。❹人天：即人間與天上，或人心和天意，兩解皆通。❺四大海水：即四海，古以中國東南西北四境有海環繞，故稱。全詞猶言天下。

解：

此歌詞最早見於一九〇五年五月李叔同編印的《國學唱歌集》「附錄：雜歌十章」。配曲採用美國作曲家洛厄爾・梅森(Lowell Mason, 1792–1872)的讚美詩〈上帝・我靠近你〉的曲譜，為四部合唱。

有人把這首歌稱為李叔同第一首弘揚佛教的歌曲，認為它配的是基督教讚美詩的曲調，「這多少說明李叔同早就已具備寬廣的宗教胸懷」(見陳星《李叔同歌曲尋繹》，世界文物出版社一九九四年版)。

對這首歌詞作出這樣的評估，雖有一定根據，但畢竟不夠準確。筆者認為，李叔同當時作此歌詞的真正意圖，不是對佛法進行弘揚，而是借佛教的某些哲理，宣傳自己所主張的某些政治、文化觀念。

佛教自東漢傳入中國，至魏晉、南北朝、隋唐，盛極一時，以後逐漸衰落。到了清代末年，又重新崛起。「晚清所謂新學家，殆無一不與佛學有關係」(見梁啟超《清代學術概論》)。這是因為晚清中國淪為半封建半殖民地社會，列強入侵，內政腐敗，國家災難深重；再加上西學的東漸衝擊，打破了封建時代的「獨尊儒術」的文化局面。中國的志士仁人，在尋求救國救民真理，探索各種學說、理論時，又重新研究起佛學來。

由於佛學蘊含著深刻的哲理思想和辯證的思維方式，受到當時許多志士仁人的重視。當時許多革命家、思想家，如康有為、梁啟超、譚嗣同、夏曾佑、宋恕、章太炎等人，為了宣傳救國救民思想，從佛教哲理中，吸取了某些對現實政治鬥爭有借鑑作用的內容。如佛經中「未能自度，而先度人，是發菩薩心」的救世、救人思想；佛經中「一切眾生，本來成佛」的平等、慈悲觀念；佛經中「我不入地獄，誰入地獄」的不怕犧牲、勇於任事的精神；佛經中「自貴其心，不依他力」的獨立思考，自力更生，自己認定了的目標，不顧一切，努力去做的決心等等，都曾為當時的革命先驅者所接受和發揚，並成為他們從事革命的思想動力之一。至於康有為的《大同書》、譚嗣同的《仁學》，都汲收了佛教思想的大量精華，並受到佛學理論體系精緻縝密的分析方法的啟發，更是有目共睹的。章太炎自述本人的思想體系時，也說過自己是從儒學伸向佛學，又從佛學轉回儒學，「始則轉俗成真，終乃回真向俗」（見章太炎〈菿漢微言〉，《章太炎政論選集》中華書局一九七七年版）。

李叔同這首歌詞，正是在這樣的思想大背景下寫出來的。作者在歌詞中，與當時許多革命先驅者一樣，也借用了佛教的某些思想，鼓吹了救國救民的某些理念。

僅以歌詞的最後一句「眾生皆仙」為例吧，這是這首歌詞的「畫龍點睛」之筆。「眾生皆仙」，即「眾生皆佛」。這是佛經中一個極為重要的觀念。《涅槃經》云：「一切眾生，悉有佛性，如來常住，無有變易。」這就是說，一、在佛教看來，眾生皆有成佛的可能；佛與眾生，在於有無修證，並無根本差別；二、即使是斷絕善根的惡人，在證得「正覺」以後，亦會成佛。因此，「眾生皆仙」這句歌詞包含著一種平等的觀念，與從西方輸入的資產階級的平等博愛思想趨同。它對當時統治中國的根深蒂固的封建等級觀念，無疑是有力的衝擊。

李叔同的這首歌熱情鼓吹「翻倒四大海水，眾生皆仙」，筆者認為，這正說明他寄希望於人們奮起顛覆舊有的封建秩序，實現不分貧富貴賤的人人平等。根據他當時的政治思想狀況，做這樣詮釋，並不怎麼離譜。

如果說，李叔同在其一生的中、後期，特別是出家以後，把佛教作為一種宗教信仰，加以闡明和宣傳，並寫有〈清涼歌〉、〈三寶歌〉等弘法歌曲的話；那麼，至少在這個時候，他還沒有一頭紮進純宗教的「淨地」。寫這首歌詞，只是從佛教的哲理思想中汲取某些積極內容，為其救國救民的目標服務，決不能簡單地以「弘揚佛法歌曲」視之。我們不能停留在李叔同這首歌詞的表面，為作者引用的某些佛教詞句所惑；而應當聯繫李叔同當時的思想實際，透過現象把握它的本質。只有這樣，才能認識李叔同這首歌曲的真諦，也才能準確了解他當時的思想發展的軌跡。

男兒

男兒自有千古❶，莫等閒覷。孔、佛、耶、回精誼❷，道毋陂岐❸。發大願作教皇❹，我當爐冶❺群賢。功被星球十方❻，贊無數年。

注：

❶千古：原謂年代久遠。辛棄疾〈南鄉子·登京口北固亭有懷〉：「千古興亡多少事，悠悠，不盡長江滾滾流。」此處指遠大前程。❷孔、佛、耶、回精誼：孔，指「孔教」，亦即「儒教」，歷來封建統治者都把孔子神聖化，視他的學說為宗教，與佛教、道教等並列。儒家中的今文經學派，從董仲舒到康有為，看待孔子都如

同宗教的教主。康有為的《孔子改制考》，還提出「孔子創教」的學說。佛，即佛教；耶，即基督教；回，即伊斯蘭教，此三教並稱為世界三大宗教。精誼，「誼」通「義」，即精微奧妙的意蘊。唐權德輿〈郊居歲暮因書所懷〉：「清言核名理，開卷窮精義。」❸陂岐：陂，《楚辭》亦作「頗」，即傾斜。《離騷》：「舉賢而授能兮，修繩墨而不陂。」岐，通歧，岔道。全句意即差異、區別。❹教皇：西方教會尊羅馬主教為教皇，又譯作「教宗」。據稱，教皇擁有管理全教會的權力，是上帝在人間最高的代理。此處借指淩駕於諸種宗教之上的最高權威。❺爐冶：熔煉、鑄造。❻十方：指東、南、西、北、東南、西南、東北、西北、上、下等十個方向。《宋書・珂羅單國傳》：「眉間白豪，普照十方。」

解：

此歌詞最早見於一九〇五年五月李叔同編印的《國學唱歌集》中「附錄：雜歌十章」。配曲同〈化身〉。

中國是個多種宗教並存的國家。兩千年來，儒、道、佛三教，鼎足而立，影響和控制著一代又一代中國人的精神生活。發展到清代末年，情況有了變化。隨著諸子之學的重新興起，孔子學說的壟斷地位被打破，它的權威性受到了嚴重挑戰。但儒教，作為清王朝的思想、理論支柱，在各種宗教中仍佔主導地位。佛教，由於清末社會動亂頻繁，人們厭世思想滋長，紛紛要求從中找到安身立命之所；而一批著名學者這時出於挽救民族危亡的目的，也希圖從佛經中汲取精神力量，對佛教研究興趣也日益增加。於是一度「衰微」的佛教再次崛起。在清代末年，「學佛成為一種時代流行」（見梁啟超《清代學術概論》）。基督教早在唐、元兩代就從西方兩次傳入中國，後都中斷；明末再次傳入，也未成氣候。一八四〇年鴉片戰爭的烽火，轟開了閉關自守的中國大門，基督教緊隨炮艦之後，乘勢大規模湧進中國。在中國的沿海口岸城市，教堂密佈，信徒日眾。

諸種宗教在中國國土上並存，矛盾以致衝突在所難免。各種宗教信仰者只承認自己所信奉的是真的宗教，而其他宗教則屬於旁門邪道。即便有人承認所有宗教都包含神聖的因素，但認為自己所信奉的宗教具有最完善的神聖性等等。於是互相歧視、詆毀以致排擠的現象，屢見不鮮。李叔同堅決反對種種宗教「門戶之見」，主張對各個宗教應當一視同仁，兼收並蓄。

在李叔同看來，儘管當時中國流傳的「孔」、「佛」、「耶」、「回」諸種宗教，其產生的文化背景和具體教義差異很大，但在許多重要方面，如宇宙觀、人性觀、倫理觀等等，具有若干共同之處。這也就是歌詞中所說：「道毋陂歧」。這顯然是十分正確的認識。美國著名心理學家馬洛斯對北美一個印第安人部落進行詳細研究、考察以後，就得出這樣的結論：無論人類階段性的信仰與價值觀念如何千差萬別，但是人類作為宇宙間的萬物之靈，總有一個基本的、潛在的，而且是跨文化的價值標準：真、善、美、正義以及歡樂等等。它是人類內在的本性，是人類生理特徵的一個組成部分。事實正是如此。就以倫理觀為例，各種宗教都以「善」為最高倫理範疇，都將揚善抑惡作為構成自身倫理觀念的核心內容。各個宗教傳統的經籍中都有大量勸人行善的說教。如儒教宣傳「君子之善善也長，惡惡也短；惡惡止其身，善善及子孫」（《左傳》）；佛教始祖釋迦牟尼說：「諸惡莫作，眾善奉行，自淨其意，是諸佛教。」（《小止觀》）基督教的使徒聖保羅鼓吹：「我們行善，不可喪志。若不灰心，到了時候，就要收成。」（《聖經・加拉太書》）而回教的穆罕默德則認為：「至於信道而且行善的人，真主要使他們享受完全的報酬。」（《古蘭經》）具體說法雖然各不相同，但要求人們克服作惡的誘惑，履行神聖的「善」的原則，則是一致的。

基於「道毋陂歧」的認識，李叔同呼籲一切有志「男兒」，應當高瞻遠矚，「爐治群賢」，將各種宗教的精華融會貫通，為我所用。他還把這一舉措的偉大意義和作用，提升到「功被星球十方，贊無數年」的高度。筆者也認為，李叔同寫這首歌詞的用意，還不僅在此。二十世紀初的中國，古、今、中、外各種文化，正發生強烈的碰撞。這種碰撞，對他這樣一個既諳熟中國古典文化，又對西方先進文化懷有濃厚興趣的知識分子來說，面臨的震撼與困惑肯定是不小的。應當怎樣認識和處理這種文化新形勢？這首歌詞作了一定回答。從字面上看，歌詞說的雖然是各種宗教，實際上指的是範圍更加廣泛的各種文化。

李叔同寫這首歌時，正是一個具有先進思想、傾向改革的知識分子，被人們稱之為「新學中人」。持有這樣豁達、寬容的文化觀點，似乎不足為奇。問題是在此後的長期歲月中，特別是在他皈依佛教，直至走進佛門，披剃為僧以後，仍然堅持這種「一視同仁」的文化觀念，擁有廣闊的文化胸懷，那就極為難能可貴的了。

一九一七年，當時弘一法師「已開始茹素，看佛經，並供佛像了」（見林子青《弘一法師年譜》），但他給正在日本留學的劉質平的信中，勸說這位思想陷於苦悶的學生時，卻這樣寫道：「君心尚忐忑不定，可以習靜坐法。入手雖難，然行之有恒，自可入門。君如有崇信之宗教，信仰之尤善。佛、伊、耶皆可。」

一九二七年秋天，出家近十年的弘一法師雲遊經過上海，在豐子愷的江灣寓所小住一個月時，偶然發現一本謝頌羔所著的闡述基督教教義的《理想中人》，「臉上充滿著喜悅之色」，讚揚這本書「很好」，「很有益」，「讀了很感激」，「著者何等可敬」等等。他便把自己的書法作品送給作者，還約見了作者，與他共餐。豐子愷這樣寫道：「我在席上看見一個虔敬的佛徒和一個虔敬的基督教徒相對而坐著，談笑著。」（見豐子愷〈緣〉）

弘一法師不僅自己身體力行，而且對他人歧視、排擠其他宗教的行為，也堅決反對。如一九三五年

五、六月間，弘一法師駐錫福建省惠安縣淨峰寺，當地的錢山小學校長、基督教徒莊連福，慕名前往拜晤法師。誰知弘一的侍僧傳貫法師了解到來客的基督教徒身份以後，便把他擋在了門外。弘一法師知道此事非常生氣，嚴厲批評了傳貫；便要傳貫法師次日一早即去錢山小學請罪。當莊連福看到跪在教室門口的傳貫法師時，急忙將他扶起，請他到宿舍喝茶。傳貫硬是不肯，說道：「我是受師父之命，特地向你賠罪的，萬萬不可接受你的接待。」說著還從懷裡取出弘一法師手書的單條四幅及一本《華嚴經》送給莊校長。弘一法師的胸懷和氣度深深地感動了這位基督徒。從此以後，他經常召集其他教友前往淨峰寺聽法師講經（見莊連福〈光明磊落，海涵山容〉）。

弘一法師寬大的宗教胸懷，不僅表現為對異教的一視同仁，而且還在他處理佛教內部各宗派關係時，充分反映出來。他在關於「佛法宗派大概」的演講中，在羅列律宗、俱舍宗、成實宗、三論宗、法相宗、天台宗、華嚴宗、禪宗、密宗、淨土宗等十大佛法宗派後，指出：「就此十宗中，有大乘、小乘之別；而大乘之中，復有種種不同。吾人於此，萬不可固執己見，而妄生分別。因佛法本來平等無二，無可有說。」〈男兒〉這首歌詞說明：早在本世紀初，李叔同就對自己的「一視同仁」宗教觀以至文化觀，第一次作出了言簡意賅的表白。以後長期的實踐，正是這一光輝思想的印證和發揚！

婚姻祝辭

《詩》三百，〈關雎〉第一❶，倫理❷重婚姻。夫婦制定家族成，進化❸首人群。

天演界❹，雌雄淘汰，權力要平分。遮莫說男尊女卑，同是一般國民❺。

注：

❶「詩三百」二句：《詩經》共三百篇，而〈關雎〉為首篇之名。該詩描寫一個男子對河邊一個採荇菜的窈窕姑娘的思慕和追求，後用以指喻男女情愛，此處泛指男女婚姻。❷倫理：指人們結成的道德關係，如父子、夫婦、兄弟、朋友等關係。❸進化：是二十世紀初，西方輸入中國的一個新概念。十九世紀英國著名生物學家達爾文著《物種起源》，提出進化論的理論，認為生物的生長繁衍都有一個演進過程。生物之間通過競爭，強者生存下來，弱者被淘汰。生物物種中有些因素退化，有些新因素萌生並遺傳下代，成為新物種。從而有力地批判了神造論、物種不變論等唯心主義理論。❹天演界：即生物界，是嚴復的一種譯法。❺同是一般國民：李叔同《國學唱歌集》原作此；錢仁康編《李叔同——弘一法師歌曲全集》，將簡譜改成五線譜時，作「一般是國民」。以後多處刊載此歌時，均誤作「一般是國民」。

解：

此歌詞最早見於一九〇五年五月李叔同編印的《國學唱歌集》「附錄：雜歌十章」。

倘若說，「雜歌十章」中的〈化身〉，從政治上宣傳君與民的平等；〈男兒〉從宗教上宣傳儒教與佛、耶、回等諸教的平等；那麼，〈婚姻祝辭〉則從倫理上宣傳男女的平等。

提高婦女的地位，是當時的革命家和思想家，在反對封建主義思想體系中，努力實現的目標之一。封建社會重男輕女，婦女與男子沒有平等；尤其在婚姻上，這一點表現得更加突出。婦女必須遵從「三從四德」，自己的終身大事只能聽憑「父母之命，媒妁之言」，從一而終；稍有越軌，即被目為淫亂，群起責難。如一九〇四年九月七日《大公報》載：廣東順德女子梁保屏，曾為未婚亡夫守節八年。後結識一男子，雙方父母拘於舊俗，不予允准，遂雙雙赴香港登記結婚，又引起家鄉紳士的激烈反對，便是其中一例。

針對這種弊習，當時中國的許多先進知識分子，鼓吹男女平等，主張婚姻自主。如維新派代表人物之一譚嗣同，就在他的著名論著《仁學》中，在提出「中外通」、「上下通」、「人我通」的同時，號召「男女內外通」，通過破除封建禮教，達到男女平等。他說：「男女同為天地之菁英，同有無量之盛德大業」，因此他認為婦女要有做人的正當權利，婚姻必須自主，夫妻之間應像朋友一樣，關係平等。金一在一九〇三年出版的《女界鐘》中更正面的呼籲：「二十世紀專制國之民，無日不以奪自由為目的。曾以區區之婚姻自由而不能奪，而乃對萬眾以言革命，吾知其必無成。」「吾今敢昌言以告我女子曰：婚姻自由。」

李叔同當時正積極追隨維新思想，倡導精神文明，傾向改良、革新，因而他反對落後、野蠻的封建禮教，主張男女平等，提倡婚姻自主，是完全順理成章的事。他在這首〈婚姻祝辭〉中能那麼旗幟鮮明地謳歌：「遮莫說男尊女卑，同是一般國民」，也就不足為怪。

李叔同在這首歌詞中，不僅一開頭就闡明男歡女愛，是早在幾千年前中國傳統的經典中就開宗明義肯定的命題；而且，尤其令人注意的是，他還在歌詞中，特為引進西方先進的「進化論」觀念，作為自己的立論根據。這個觀念是維新派人士嚴復首先系統地介紹到中國來的。一八九八年，嚴復把英國哲學家赫胥黎所著的《進化論與倫理學》一書的前兩章譯成《天演論》，在中國正式出版。嚴復在該書的每節每段之後加入本人的案語和注釋。他的基本觀點是世界上一切生物都處在「天演」即進化的過程中，沒有亙古不變的事物。「物競天擇」是萬物進化的基本規律，動植物和人類社會概莫能外。所謂「物競」就是「生存競爭」，所謂「天擇」，就是自然淘汰。在這種適者生存、劣者淘汰過程中，人們不應「任天之治」，無所作為，而應「與天爭勝」。這個理論在當時中國思想界，引起很大震動，一切先進的知識分子，紛紛表示認同。

李叔同在這首歌詞中，就是以這一觀點，解釋了男女婚姻平等的合理性和重要性。他按照嚴復的「物競天擇，適者生存」的進化規律，認為男和女儘管性別不同，但作為同樣的自然「人群」，都要參與人與人之間的自然競爭，都面臨著強者得以生存、弱者必遭淘汰的同樣命運；因此男女應當享有同等權力，也就是歌詞中所唱的「權力要平分」。作者在歌詞中從進化論的高度，批判了男尊女卑的封建主義思想，就使他所提倡的「男女婚姻平等」的觀念，具有更大的力度和深度。

追悼李節母❶之哀辭

松柏兮翠姿❷，涼風生德闈❸。母胡❹棄兒輩，長逝竟不歸！　兒寒復誰恤？兒饑復誰思？哀哀復哀哀，魂兮歸乎來！

注：

❶李節母：對母親王鳳玲的稱呼。因李叔同父親李筱樓早在一八八四年（光緒十年）去世，王氏長期寡居，為夫守節，直至病逝，故稱李節母。❷「松柏」句：松柏，即松樹與柏樹，枝葉繁茂，長年翠綠，經冬不凋。

《論語・子罕》：「歲寒然後知松柏之後凋也。」此處是以「松柏翠姿」作為李母德操堅貞的象徵。《近代中國社會文化變遷錄》（浙江人民出版社一九九八年版）發表這首哀辭時，「翠姿」作「翠蕤」。❸「涼風」句：涼風，即北風。「德闈」，舊時謂循守封建禮教之內室，此處指李母之居所。全句意謂不幸降臨到母親身上。❹胡：何，為什麼。

解：

此歌詞作於一九〇五年七月李叔同在天津為其母王氏舉行追悼會之時。李叔同生母王氏，在一九〇五年（即光緒三十年）舊曆二月初五日病逝於上海。同年七月，李叔同扶柩回津安葬。七月二十九日在天津舉行追悼會。李叔同勇於對舊式喪儀進行革新，推行了一系列新儀。據其侄女李孟娟在〈弘一法師的俗家〉中回憶：「喪儀為西式。有人致悼詞（不是孝子跪地讀祭文）。叔祖父（指李叔同）彈鋼琴，唱悼歌。待客是吃中西餐兩種。全家穿黑色衣裳送葬（未穿白色孝袍）。」等等。

這一革新喪儀舉措，不僅在親戚朋友中反應強烈，說：「李三爺辦了一件奇事」，而且在天津社會上也引起較大轟動。天津《大公報》一九〇五年七月二十三日，以〈文明喪禮〉為題，發表消息，讚揚李叔同「在追悼會上盡除一切繁文縟節，別定儀式」，並因此稱他為「新世界之傑士」。

七月二十四日，《大公報》又以〈天津追悼會之儀式及哀歌〉為題，發表了此次追悼會的〈哀啟〉，內開「新儀」三項：如「倘願致敬，或撰詩文，或書輓句，或送花圈花牌，請勿饋以呢緞軸幛，紙箱紮彩，銀錢洋圓等物」；「諸君光臨，概免弔唁舊儀，倘須致敬，請於開會時行鞠躬禮」。其第三項為「追悼會儀式」：「一、開會。二、家人致哀辭。三、家人獻花。四、家人行鞠躬禮。五、來賓行鞠躬禮。

六、家人致謝，向來賓行鞠躬禮。七、散會。」可見此次追悼會，摒棄了舊喪禮的很多陳規陋俗。在〈哀啟〉之後，還附「哀歌」二首，一首為〈上海義務小學學生追悼李節母歌〉，另一首就是這首〈追悼李節母之哀辭〉。歌曲都用簡譜記調。

時隔八十餘年以後的一九八八年四月二十日，在《天津日報．文藝副刊》上，還發表金圖、寒科所作的〈李叔同史料的新發現〉一文，對此次追悼會舊事重提，文中稱「〈哀啟〉雖署同人謹白」，但「可大致推定乃是出於叔同手筆」。還說「喪禮後數日，八月三日、四日的報上，又連續刊載了〈西國喪服制考〉，顯然是李叔同改革的餘波。十來天中，共刊有關材料五篇，足見叔同此舉造成的社會影響之深廣了」。

〈哀啟〉可以推定為李叔同所作，那麼，作為這次喪儀改革的重要組成部分的兩首「哀歌」，發表時沒有署名，究竟出於誰人之手？

據林子青編《弘一法師年譜》（宗教文化出版社一九九五年版）一九〇五年條注❼中稱：「詞中有『母胡棄兒輩』，『痛節母之長逝兮，祝子孫其永昌』等語，令人想到這兩首歌也可能出自李叔同之手」。

筆者認為，李叔同具有深湛的詩詞功底，他在此前曾撰寫過歌詞多首。如在一九〇五年五月出版他編的《國學唱歌集》中，就收有他創作的〈喝火令〉、〈哀祖國〉、〈愛〉等六首歌曲；歌詞均出於李叔同筆下，分別採用民間樂曲或外國的歌曲配曲。因此李叔同對母親喪儀上的悼歌，親自動手撰詞製曲，完全是有可能的。

但這兩首「哀歌」相比，〈追悼李節母之哀辭〉更有可能出於李叔同之手，因為其一，歌詞採用「兒」這個第一人稱來寫，詞中用語除「母胡棄兒輩」之外，尚有「兒寒復誰卹」，「兒饑復誰思」等句，這完全符合作為王氏唯一兒子李叔同的身分；其二，全詞情緒悲切、沈痛，不是一般的客面應酬，只知堆砌一些不痛不癢的套話可比；其三，以李叔同對母親的感情和他對音樂、詩詞的一定修養，不會將追悼會上以個人名義悼念母親的幾句「哀歌」，委託他人代勞；何況，此時距母亡已有五、六個月，他逐漸從巨大的悲痛中擺脫出來，可以坐下來寫點東西。因此林子青推測為李叔同所寫的一首「哀歌」中，〈追悼李節母之哀辭〉一首尤為可信。

最近出版的《近代中國社會文化變遷錄》（浙江人民出版社一九九八年版）第二卷，在「現代訃告出現與喪葬改革」條下，又一次援引了《大公報》一九〇五年七月二十四日那則報導，並稱：「近代著名音樂家李叔同為其母所開的追悼會，尤為別開生面」，「其中，由李叔同親撰之哀歌（指〈追悼李節母之哀辭〉），是中國近代最早用於追悼會上的哀歌」（見該書三四一頁）。

根據以上分析，我們將這首歌詞，作為李叔同作品，收入本書。從中也可證明李叔同對母親的深摯感情和他對舊禮儀勇於改革精神之一斑。

金縷曲

將之日本，留別祖國，並呈同學諸子。

披髮佯狂❶走。莽中原❷、暮鴉啼徹，幾株衰柳。破碎河山誰收拾？零落西風依舊。便惹得、離人消瘦。行矣臨流重太息❸，說相思、刻骨雙紅豆❹。愁黯黯❺，濃於酒。

漾情不斷淞波溜❻。恨年來、絮飄萍泊，遮❼難回首。二十文章驚海內，畢竟空談何有？聽匣底、蒼龍狂吼❽。長夜淒風眠不得，度群生、那惜心肝剖。是祖國，忍孤負！？

注：

❶披髮佯狂：語出《吳越春秋・王僚使公子光傳》：春秋戰國時，楚人伍子胥，父兄皆被楚平王所殺，倉皇出逃。他「乃披髮佯狂，跣足塗面，行乞於市」。後逃至吳國，與孫武共佐吳王滅楚，掘平王墓，鞭尸五百，以報父兄之仇。此處作者以伍子胥自比，表明此次赴日，懷抱一片報國之心。❷莽中原：豐子愷所書《前塵影事集》作「莽天涯」。莽，無邊無際；中原，泛指中國國土。❸「行矣臨流」句：太息，即嘆息。見《離騷》：「長太息以淹涕兮，哀民生之多艱。」全句化用馬君武作於一九〇三年〈去國辭〉第一章末聯：「行矣臨流復一嘆」句。❹紅豆：唐李匡義《資暇集》卷下：「豆有圓而紅，其首烏者，舉世呼為「相思子」，即紅豆之異名者。」因其別名為「相思子」，後人常以此抒寫相思懷念之情。唐王維〈相思〉詩：「紅豆生南國，春來發幾枝。願君多採擷，此物最相思。」❺黯黯：失色貌。❻淞波溜：淞，指上海的吳淞江，溜，水瀉注狀。全句指作者當時的情緒就像吳淞江的水波一樣翻騰激蕩。❼遮：這。《文苑英華》白居易〈祭元相公〉文引元稹詩：「自識君來三度別，遮回白盡老髭鬚。」浙江省立第一師範學校《校友會會誌》刊載此詩時作「邈」，即遙遠的意思，也通。❽「聽匣底」句：典出晉王嘉《拾遺記》卷一：帝顓頊高陽氏「有曳影之劍，騰空而舒。若四方有兵，此劍則飛起指其方，則剋伐；未用之時，常於匣裡，如龍虎之吟。」後世多以此典比喻懷才待用。陸游〈長歌行〉：「國仇未報壯士老，匣中寶劍夜有聲。」

解：

此詞為李叔同在一九〇五年八月東渡日本留學前夕所作，曾載於浙江第一師範學校《校友會會誌》一九一八年第十六期；後在《小說世界》一九二六年第十期上發表過此詞的手卷。

一九〇〇年以來，李叔同作為一個愛國的知識分子，目睹清廷腐敗，國事日非的危急形勢，不免憂心如焚，愁緒萬千。他早就在探索救國之策。例如，一九〇四年，他曾在上海與穆恕齋等人組織過「滬學會」。此會開展的種種活動，雖對提高社會青年覺悟，改進社會文明面貌有益，但畢竟不是拯救祖國的治本之法。因此，李叔同對此並不滿意，也不滿足，他要採取更大的救國救民行動。

正在這時，中國知識界許多有志之士爭相到鄰國日本留學。這起因於一八九四年—一八九五年的那場中日甲午之戰。在戰爭中，小小島國的日本，竟打敗了以老大自居的中國，使中國人意識到在近代化方面已經大為落後，必須急起直追，否則，國將不保，滅亡在即。但是日本的進步是從西洋學來的，而中國人很少去西洋留學，卻對日本情有獨鍾，這又為何？其中原因很多，首先由於「西書甚繁，凡西學不切要者，東人已刪改之」（張之洞〈勸學篇〉）。向「去蕪存菁」的日本學習，比直接向「本家」——西洋學習，簡便而有利得多。其次由於中日兩國都使用漢字，所謂「同文」之國，中國留學生對日文較易通曉，更有利於從中吸收先進的東西。與此相關聯的是，中日兩國風俗習慣也頗多相似，使留學生在生活上也易於適應。第三，兩國地理距離較近，在中國留學生中，有不少身負革命重任的人，祖國一旦有事，可以立作歸計。第四，留日的學習費用比起西洋便宜得多。根據當時匯兌行情，在中國國內學校就讀的費用，有時可以足夠作留學日本之用。（以上分析，見於日本實藤惠秀《中國人留學日本史》第一章

第七節，三聯書店一九八三年版。）

由於以上種種原因，自一八九六年舊曆三月底十三名中國學生首批赴日留學以後，留日學生年年增加。開始大都是公派的，後來公派與自費兼而有之；至一九〇四年年初，已有三四千中國學生在日本留學。（見寺田勇吉在當年一月《中央公論》第二十卷第一號上發表的〈清國留學生問題〉）。至一九〇五年，達萬名之多（見青柳篤恒一九〇五年七月十七日在《東京朝日新聞》發表的〈中國留學生問題〉）。同年十一月，因抗議日本政府文部省公布〈取締清韓留學生規則〉，一大批學生憤而歸國，中國留日學生一度減少。但後經清廷派員調停，重返留學者相繼增多；加上中國新來留學的學生，至一九〇六年，留日學生又再攀高峰。

中國知識分子紛紛湧向日本留學，形成當時的一股潮流，自然使李叔同受到很大觸動。為了探求救國救民之道，他在一九〇五年八月也自費到日本東京留學。根據李叔同當時的思想狀況和家庭經濟實力，他都應該是赴日留學的捷足先登者，為何遲至一九〇五年才去日本？這可能與他的母親有關。他是母親的獨子，五歲喪父，與母親相依為命；一八九八年離開天津老家，攜妻奉母遷居上海以後，更靠他獨力支撐門戶，奉養老母；他的母親又體弱多病，對母親感情深厚的李叔同，更不能不親侍湯藥，以盡孝道。李叔同既有這些牽掛與負擔，當母親在世時，他自然不可能不顧一切，遠遊日本。因此，當一九〇五年二月初五日，母親病逝上海，他即挈眷扶柩乘輪回津葬母，待喪禮一完畢，儘管按照中國傳統的禮儀，他仍在居喪期間，還是在同年八月毅然東渡日本留學。這說明他當時對赴日留學，已經到了迫不及待的程度，以致不顧一切繁文縟節的束縛，慨然前往。

前面這首〈金縷曲〉，就是李叔同寫在離國前夕的一闋抒情之作。

上片著重抒寫詩人的惜別心境。詞的一開頭，詩人用伍子胥出逃的典故自比，說明他此時此刻的倉皇心緒。第二、三句，他用「暮鴉」和「衰柳」一對形象，從聽覺和視覺兩個側面，烘托出當時中國的一片衰敗景象。接下去，他寫道：就是因為祖國山河如此破碎，「西風依舊」，而「收拾」乏人，才使他臨別時牽腸掛肚，一步三嘆，甚至焦思苦慮，為之「消瘦」。這反映了李叔同對祖國愛之切、憂之深。這首詞雖與一般惜別詩詞一樣，也寫到刻骨的「相思」，寫到濃郁的「離愁」，但已跳出了兒女情長的範疇，而以祖國作為自己寄託感情的對象，其思想境界自然較為恢宏和深邃。

詞的下片主要抒寫詩人此行的志願。「漾情不斷淞波溜」，詩人說自己臨走時的感情，就像吳淞江的波濤一樣，翻騰不已。他以批判的眼光，想起了自己的許多往事：「恨年來、絮飄萍泊，遮難回首」。這就是說，他為幾年來東遊西蕩，無所成就，而深感羞愧和後悔。即使他在到上海後，參加「城南文社」，才華橫溢，嶄露頭角，詩詞俱佳，名列第一，「二十文章驚海內」；但在他看來，這些「畢竟」也只是書生「空談」，於國無補，於民無益。在回首往事基礎上，詩人運用了「匣底蒼龍」的典故，表示自己正在懷才待用。那麼，他願為誰而用呢？詞的最後幾句，對此作了嚴肅的回答：「度群生、那惜心肝剖。是祖國，忍孤負。」這就是說，為了拯救人民，哪怕披肝露膽，嘔心瀝血，也在所不惜。對祖國，決意捨身相報，豈能忍心辜負!?這最後幾句正是全詞的「畫龍點睛」之筆，概括了詩人此次離國赴日留學的動機和目的，跳動著一個愛國知識分子的救國救民的耿耿忠心。讀到這裡，不由得使人想起昔日荊軻刺秦離別燕國時的「風蕭蕭兮易水寒，壯士一去兮不復還」的壯烈情懷。

把這首〈金縷曲〉與寫於一年之前的贈歌郎金娃娃的另一首〈金縷曲〉作比，同是〈金縷曲〉，而內含的感情因素卻完全不同。前者反映了作者眼見國事蜩螗，而又無能為力的苦悶，採取了消極的遊戲人生的態度：「奔走天涯無一事，問何如、聲色將情寄？休怒罵，且遊戲！」但此首〈金縷曲〉則說明作者開始擺脫彷徨與困惑的處境，勇敢地跨出國門，尋找救國之路：「度群生、那惜心肝剖。是祖國，忍孤負。」兩首〈金縷曲〉，相隔雖僅一年，從消極轉為積極，由彷徨進入行動，標誌著作者的思想感情經歷了一次質的飛躍。

李叔同詩詞風格，多種多樣，五彩繽紛，除了纏綿悱惻一類之外，他也寫過不少慷慨激昂，令人熱血沸騰的詩篇。這首〈金縷曲〉便是這一風格的代表性作品之一。

題手繪山茶花

回闌❶欲轉，低弄雙翹❷紅暈❸淺。記得兒家，記得山茶一樹花。

乙巳❹冬夜，息霜寫於日京小迷樓

注：

❶回闌：即迴闌，曲折的欄干。王士熙〈題阮芳亭〉：「亂鶯穿舞幛，輕蝶立迴闌。」此處比喻畫面中山茶花的枝幹，如迴欄一般盤屈、彎曲。❷雙翹：古時稱女子受纏後的小腳。這裡喻指畫面中山茶花花枝上的兩片綠葉。❸紅暈：形容畫面中山茶花花瓣的顏色。❹乙巳：即一九〇五年，李叔同離國留學日本的當年。

解：

這是李叔同為自繪水彩畫「山茶花」的題詞，作於李叔同赴日本留學的當年，即一九〇五年冬。此幅山茶花水彩畫，連同畫上的題詞，最初發表於一九二六年《小說世界》第六期上。原無題，現題為筆者所加。

李叔同赴日留學時，中國的留學生人數已達八千六百餘名。（據實藤惠秀所著《中國人留學日本史》稱：「關於一九〇五年後半年留學生人數，《太陽》雜誌所稱的八千六百餘名一說，當最確實。」）但是，當時絕大部分留學生到日本學習軍事、教育（師範）、醫學、警務、商業、法政、路礦、農業……等等比較實用的學問，以期回國以後對振興中國起到立竿見影的作用；但是李叔同卻把自己留學的專攻方向定位在美術和音樂上，這在當時留日的中國學生中只佔很小的比例。

李叔同作出這樣的選擇，這固然是因為他個人的愛好和特長。早在一九〇〇年三月，他曾與袁希濂、許幻園等人，在上海福州路楊柳樓臺舊址組織「海上書畫公會」，作為同人品茶讀畫之所。每週還出《書畫報》二張。但更主要的還因為他對美術的功用，能有比較高瞻遠矚的考慮。這一點，他在一九〇六年所寫的〈圖畫修得法〉一文第一章〈圖畫之效力〉中，說得十分明白：

「圖畫者，為物至簡單，為狀至明確。舉人世至複雜之思想感情，可以一覽得之。輓近以還，若書籍、若報章、若講義，非不佐以圖畫，匡文字語言之不逮。效力所及，蓋有如此。」

「人有恒言曰：言語之發達，與社會之發達相關係，今請易其說曰：圖畫之發達，與社會之發達相關係，蔑不可也。人有恒言曰：詩為無形之畫，畫為無聲之詩。今請易其說曰：語言者無形之圖畫，圖畫者無聲之語言，蔑不可也。若以專門技能言之，圖畫者美術工藝之根本。」

「圖畫者，可以養成綿密之注意，確實之知識，強健之記憶，著實之想像，健全之判斷，高尚之審美心。此圖畫之效力，關係於智育者也。若夫發攄審美之情操，圖畫有最大之偉力。工圖畫者其嗜好必高尚，其品性必高潔，凡卑污陋劣之欲望，靡不掃除而淘汰之，其利用於宗教、教育、道德上為尤著。此圖畫之效力，關係於德育者也。又若為戶外寫生，旅行郊野，吸新鮮之空氣，覽山水之佳境，運動肢體，疏瀹精氣，手揮目送，神為之怡，此又圖畫之效力，關係於體育者也。」

我們從中看出，作者留學日本，專攻美術，就是因為他不把圖畫看成是一種單純的「娛樂」，而是肯定圖畫對培養人們智育、德育、體育的鉅大功用，認識到「圖畫之發達與社會之發達」，關係密切；這也就是說，他的學美術，歸根結柢，還是出於他一貫堅持的救國救民的偉大抱負。李叔同在一九〇六年七月間考取東京上野美術學校西畫科（正式開學在九月下旬）。這所學校是日本明治維新以後，仿照西洋美術學校方式，於一八八八年創立。正木直彥任當時校長；留法的日本著名油畫家黑田清輝，任西畫科主任。李叔同從東渡日本到考取這所學校，相隔八九個月。這段時間，除認真進修日語，為以後就讀日本美術學校進行語言準備以外，他還就「耳目所接」，「間以已意」，編寫了兩篇美術論文，先後發表在高天梅主編的留日學生刊物《醒獅》上：一篇就是前面提及的〈圖畫修得法〉，另一篇是〈水彩畫法說略〉。倘若說第一篇文章是從宏觀上論述「圖畫」的「效力」和「種類」，那麼，第二篇則是具體介紹西方圖畫的一種形式和方法。

值得思考的是，西方繪畫的方法多種多樣，如油畫、版畫、木炭畫、玻璃畫等等，李叔同為何特別對水彩畫感到興趣，率先撰文為之介紹呢？李叔同在這篇文章的一開頭，就對此作了回答：「西洋畫凡十數種，與我國舊畫法稍近者，唯水彩畫。爰編纂其畫法大略，凡十章。以淺近切實為的，或可為吾國自修者之一助焉。」由此可見，他把自己的視線緊緊瞄準中國繪畫，率先介紹水彩畫，就是期望對改革、振興中國美術很快有所裨益。這也從一個側面反映李叔同留學日本專攻美術音樂的目的所在。

這幅〈山茶花〉就是他對水彩畫法的一次創作實驗。他選山茶花為題材並非偶然。早在一八九九年，他就在上海寫過一首讚頌山茶花的詩，作者不僅為它的色彩所傾倒：「春色鮮鮮勝似錦，粉痕艷艷瘦於梅」，也為它的品格所折服：「本來桃李羞同調，故向百花頭上開」。這幅畫大概是憶作，但也不排除寫生的可能，因為他去日本不久即值冬季，正是山茶花盛開的季節。但不管哪種情況，這幅畫中的形象，配以畫上的那首小詞，都反映了作者對山茶花的傾慕之情。

與畫這幅山茶花同時，作者還在當年有另一次關於水彩畫的創作實驗。那就是一九〇五年舊曆十一月自東京寄給徐耀庭的那幅沼津風景畫。他為該畫寫的「題記」說：「沼津，日本東海道之名勝地。郊外多松柏，因名其地曰『千本松原』。有山聳於前，曰『愛鷹』。山崗中黃綠色為稻田之將熟者，田與山之間有白光一線，即海之一部分也。乙巳（即一九〇五年）十一月，用西洋水彩畫法寫生。」

李叔同在很短一段時間裡，連續繪製了〈山茶花〉和〈沼津風景〉兩幅水彩畫，有力地表明了他就是這樣一個能把自己的主張付之於行動的言行一致的人。以後他的許多重大行動，如斷食、出家等等，都將陸續印證他的這一風格。

一九〇六年

東京十大名士追薦會❶即席賦詩

蒼茫獨立欲無言，落日昏昏虎狼蹲❷。剩卻窮途兩行淚❸，且來瀛海❹弔詩魂❺。
故國荒涼劇可哀，千年舊學❻半塵埃。沉沉風雨雞鳴夜❼，可有男兒奮袂❽來!?

注：

❶追薦會：佛教以誦經拜懺超度死者的一種集會。❷虎狼蹲：虎狼，比喻貪婪的帝國主義列強。蹲，即踞，似坐而臀不著地。全詞喻指當時帝國主義霸占著中國。❸窮途兩行淚：即窮途之哭。典出《晉書・阮籍傳》：「〔籍〕時率意獨駕，不由徑路，車跡所窮，輒慟哭而返。」唐王勃《滕王閣序》也有「阮籍猖狂，豈效窮途之哭」之句。後形容因身處困境而悲傷者為「窮途之哭」。❹瀛海：原指浩瀚海洋。漢王充《論衡》：「九州之外，更有瀛海。」此借指島國日本。❺詩魂：因追薦的東京十大名士，都是日本當時的漢詩人，故云。❻舊學：中國舊時的學問，與從外國輸入的資本主義文化，即「新學」或「西學」相對。有人把中國舊時的學問，分為義理、考據、詞章三類，此特指中國的詞章之學。❼「沉沉風雨」句：典出《詩・風雨》：「風雨如晦，雞鳴不已。」全句意指風雨交加，天色昏暗，比喻當時中國社會的黑暗。❽奮袂：揮動衣袖或衣襟，形容情緒激動。

解：

此兩首七絕最初發表於一九〇六年日本出版的《隨鷗集》第二十二編。此據《弘一大師全集》第七冊，福建人民出版社一九九一年版。

一九〇六年，即李叔同留學東京第二年的六月，他加入了由日本著名漢詩人森槐南、大久保湘南等人領導的日本漢詩社團「隨鷗吟社」。按〈隨鷗吟社社規〉，這個社團的宗旨是「研鑽詩道，且期振作之」，每月召開例會一次，每年召開年會一次。每月出版《隨鷗集》一期，選登社員的詩詞作品和發言紀錄。同年七月一日，隨鷗吟社在東京神田八堀町的偕樂園舉行「副島蒼海以下十名士追薦會」。據《日本近代文學大事典》載：副島蒼海（一八二八－一九〇五），是日本明治時代的政治家、漢詩人，生於佐賀縣，名種臣，就讀於鍋島藩的弘道館，曾任藩校教授。明治維新後，參加議會，任外務卿。明治十二年前後，與清朝駐日公使開始文學交往，其詩作曾得到他們好評。蒼海詩風雄峻宏大，他的〈弔項羽〉一詩，曾與森春濤的〈高山竹枝〉、種竹的〈美人山下口占〉，被合稱為「明治三絕」。他對森槐南為發展日本漢詩事業所作的努力，給予鼎力相助。除蒼海之外，其他九位名士，也都在當時日本詩壇上享有一定聲譽。

李叔同以李哀之名參加了這次追薦會，這是他第一次參加隨鷗吟社活動。與會者多有賦詩，他也即席作七絕二首。

對以上兩首詩，人們通常理解為李叔同痛心於祖國國土淪喪，政治腐敗，社會黑暗；期待著有志之士，奮起抗爭，拯救祖國於危難之中。如金梅就這樣說：「在悲嘆故國的『荒涼可哀』中，期望卻弊振衰的英雄出現。」（見《悲欣交集——弘一法師傳》）其實，這兩首詩還有另外一層十分重要的意思，也許這正是李叔同寫此詩的初衷。但過去往往被人們忽視。

正如詩人在第一首絕詩的最後一句所說，他這次參加十大名士追薦會，目的是「且來瀛海弔詩魂」。副島蒼海等日本名士熱愛漢詩，學習漢詩，並在創作漢詩上達到一定造詣，對他必有所觸動；回顧祖國文化界的當時狀況，不禁發出「千年舊學半塵埃」的浩嘆。

這個詩句抨擊的是一種什麼現象呢？詩人究竟針對什麼有感而發呢？只要讀過李叔同在五個月前發表在《音樂小雜誌》上的〈嗚呼，詞章！〉一文，就會找到注腳。文章不長，照抄於下：

> 予到東後，稍涉獵日本唱歌，其詞意襲用我古詩者，約十之九五。（日本作歌大家，大半善漢詩。）我國近世以來，士習帖括，詞章之學，僉蔑視之。晚近西學輸入，風靡一時，詞章之名辭，幾有消滅之勢。不學之徒，習為蔽冒，詆諆故典，廢棄雅言。迨見日本唱歌，反嘖嘖稱其理想之奇妙。凡吾古詩之唾餘，皆認為島夷所固有。既齒冷於大雅，亦貽笑於外人矣。（日本學者，皆通《史記》、《漢書》。昔有日本人，舉《史》《漢》事迹，質諸吾國留學生，而留學生茫然不解所謂，且不知《史記》、《漢書》為何物，致使日本人傳為笑柄。）

從這段文字看出，當時中國由於「士習帖括」和「西學輸入」等等原因，固有的「詞章之學」，被某些國人「詆諆」、「廢棄」，逐漸衰微、沒落，幾呈「消滅之勢」；一些中國留學生甚至連《史記》、《漢書》等祖國重要史籍，都毫無所知，授人笑柄。「千年國學半塵埃」，國人對祖國文化遺產如此鄙薄和蔑視的狀況，很使李叔同感到痛心。因此，他在詩中所嘆息的「故國荒涼劇可哀」，這「荒涼」的現象也包括文化的領域。他最後召喚的「男兒奮袂來」，固然希望能夠振興中國政治、經濟；但也期待能夠振興中國文化，努力繼承和發揚源遠流長的「國學」，即中華民族優秀的文化遺產。

李叔同在我國近代文化史上，是以積極吸收西洋文化的精華著稱於世的。他是中國最早一批到國外進修西洋藝術，然後又積極地把西洋音樂、繪畫、戲劇輸入中國的先驅者之一。但他沒有忘「本」，沒有蔑視中國傳統文化，堅決反對文化上形形色色的西崽意識。他早在一九〇五年赴日留學前，針對曾志忞、沈心工二人所編歌集「古義微言，匪所加意」，從《詩經》、《楚辭》和古詩詞中選出十三篇，配以西洋、日本曲調，連同兩段崑曲譯譜，合為一集，取名《國學唱歌集》出版。但在第二年赴日本留學以後，他又認為編《國學唱歌集》是自己「第一疚心之事」，並從日本函囑友人，「毋再發售，毀板以謝吾過」；那只是因為「唱歌者當先練習音階與音程」，而該歌集用的是「簡譜」，「皆不注強弱緩急等記號，而教員復因陋就簡，信口開河，致使原曲所有之精神皆失」（見《昨非錄》）。他在此對以古詩詞作為歌詞，沒有半句微辭。相反，在他以後的歌曲創作中，仍然堅持這種做法。發表在一九〇六年的〈隋堤柳〉，曲譜雖以五線譜代替簡譜，但歌詞卻是一首意味十足的古體詞，他將其稱為「仿詞體」。這說明李叔同在吸收外來文化的同時，毫不鬆懈地弘揚本民族的傳統文化，並嘗試著把這兩種文化加以拼接、糅合和協調。

前面兩首七絕，又一次生動地證明：李叔同努力維護中國文化遺產，堅決反對鄙薄以致摒棄本國傳統文化。這正是他的愛國主義思想的一個重要方面。

朝遊不忍池

鳳泊鸞飄❶有所思，出門悵惘欲何之？曉星三五明到眼，殘月一痕纖似眉。秋草黃枯菡萏國❷，紫薇❸紅濕水仙祠❹。小橋獨立了無語，瞥見林梢升曙曦❺。

注：

❶鳳泊鸞飄：典出黃景仁《兩當軒集》十一〈失題〉詩：「神清骨冷何由俗，鳳泊鸞飄信可哀。」指人不如意，飄泊無定所。❷菡萏國：菡萏，荷花的別稱。因中國盛產荷花，故詩中以此代稱。❸紫薇：落葉小喬木，夏季開花，色有紅、紫、白各色，亦稱「百日紅」。❹水仙祠：春秋戰國時，楚國屈原因哀楚王無道，自沈汨羅江而死。後人傳說他死後為水仙，建祠祭祀。❺曙曦：黎明時的陽光。

解：

不忍池，東京上野公園西部的一個池塘名。李叔同初到日本時，在東京一所學校補習日文，租住不忍池畔一座小白樓中。一次晨起，漫遊不忍池有所感而作此詩。

此首七律作於一九〇六年，最初見於一九〇六年《隨鷗集》第二十七編，署名「息霜・李哀・清國」。《隨鷗集》刊載此詩時，該集主編之一大久保曾評曰：「如怨如慕，如泣如訴，真是血性所發，故沈痛若此。」

對這首七律作如此評價，還只是觸及該詩思想和藝術價值的一個方面，而且是並不重要的一個方面。我們並不否認，此詩與詩人這一時期所寫的其他幾首詩一樣，充滿了濃郁的鄉愁和深長的故國之思，一種孤獨感和寂寞感撲面而來。詩的首聯便直白地道出了李叔同當時憂鬱的心情。「有所思」和「欲何之」六個字，把飄泊異國的詩人那種精神恍惚，忐忑不安，茫然無主、躑躅徘徊的心態，作了生動的描繪。

曹丕〈雜詩〉曰：「展轉不能寐，披衣起彷徨」，李叔同當時情境，與此極為相似。

接下去的第二聯，雖是寫景：漫漫長空，唯見「曉星三五」，零零落落；「殘月一痕」，淒淒惶惶。但一切景語皆是情語，這正是詩人特定心態的形象反映，明白無誤地傳遞了詩人當時的強烈落寞感。

然而，律詩至此突然一轉，在頸聯出現「秋草」和「紫薇」，「菡萏國」和「水仙祠」等對稱的意象。有人認為這是詩人把視線由天際轉入地面，進一步描繪他所看到的不忍池的周圍景色。但筆者覺得這兩句詩不是簡單的寫景，而實際上是詩人採用隱喻的手法，抒寫對祖國命運的關懷。作為上聯的引申，隨著詩人仰視晨空，看到曉星殘月，觸發孤寂之感以後，自然情不自禁地引起他對祖國的深切思念，這完全符合他當時的思維發展邏輯。

那麼，詩人是怎麼寄託自己的故國之思呢？此聯的第一句，喻指祖國當時的情狀，就像「枯黃」的「秋草」那樣衰敗、沒落、奄奄一息；重要的是第二句「紫薇紅濕水仙祠」。他以一九〇五年底湖南籍留日學生陳天華為抗議日本政府取締留學生規則，決心以死激勵大家，在東京投水自殺作為背景，謳歌在祖國日益衰亡之際，居然還有像陳天華那樣的革命志士，以自我犧牲的英雄行為，給枯萎、肅殺的大地增添一道亮色，帶來若干生機。「紫薇紅濕」與上句的「秋草黃枯」，形成強烈的對比，反映出作者愛憎分明的強烈感情。尤其值得注意的是詩中的「水仙祠」一語，詩人在第二年所寫的〈初夢〉，也把陳天華喻稱「水仙王」。兩處的「水仙」，說明作者是把陳天華的投海自殺，看得像歷史上忠於祖國投江而死的楚國屈原一樣的崇高和偉大，傾注了自己對我國歷代捨身救國救民的志士仁人們的無限尊敬和仰慕。

倘若對頸聯的這兩句可以作這樣理解的話，那麼尾聯最後兩句的真實含義也就不言而喻了。雖然當時詩人對祖國的衰落憂思如焚，對同胞的麻木痛心疾首，但他從陳天華等革命烈士為國犧牲的壯舉中，看到了國家的希望，「小橋獨立了無語，瞥見林梢升曙曦」，這後一句正是詩人對祖國前景充滿樂觀的象徵。比起寫於同一年的〈東京十大名士追薦會即席賦詩〉最後一句「可有男兒奮袂來？」語氣似乎更加肯定，也更加積極了。採用如此光明、燦爛的詩句作結，在當時詩人所寫的詩篇中，確實並不多見。

所以，我們對詩人留學日本時期的作品，應當有個全面的評估，既要注意「醉時歌哭醒時迷」、「無主行人唱大隄」（〈醉時〉），「中原咫尺山河浮」，「沉沉萬綠寂不語」（〈昨夜〉），「昨夜夢遊王母國，夕陽如血染樓臺」（〈春風〉）等等憂鬱的、哀傷的甚至頹喪的韻律，更應當看到「可有男兒奮袂來？」「瞥見林梢升曙曦」等等期待的、奮發的、樂觀的詩句，從而把握住詩人當時思想的多面性和複雜性。忽略了這後一方面，我們就無法把詩人當時的思想情緒，與他在臨別祖國時所表示的雄心壯志：「長夜淒風眠不得，度群生、那惜心肝剖。是祖國，忍孤負」，貫串起來，聯結起來；也很難理解詩人這一時期所採取的種種意在振興中國的積極行動：如辦《音樂小雜誌》，創「春柳社」，演出《茶花女遺事》、《黑奴籲天錄》，積極為《醒獅》撰稿等等。大久保對此詩評語的不足之處，恰恰就在這裡，只看到詩中「如怨」、「如泣」等等「沉痛」的東西，而忽視了詩人對祖國前景懷有信心，熱烈期待的更為珍貴的另一面。

喝火令

哀國民之心死也

故國鳴鶗鴂❶，垂楊有暮鴉。江山如畫日西斜。新月撩人，窺入碧窗紗。陌上

❷青青草，樓頭艷艷花。洛陽兒女❸學琵琶。不管冬青一樹❹屬誰家，不管冬青樹底影事一些些❺。

注：

❶鷤鴂：一作鵜鴂。《南社叢刻》發表時作鷤鴂。即俗稱「杜鵑」，常在春分時節鳴叫。《離騷》：「恐鵜鴂之先鳴兮，使夫百草為之不芳。」作者此處用「鵜鴂」和下句的「垂楊」、「暮鴉」、「日西斜」，喻指國家的衰敗。
❷陌：田間的小路。《史記・秦本紀》：「為田開阡陌」。司馬貞索隱：「南北曰阡，東西曰陌。」❸洛陽兒女：即洛陽女兒。梁蕭衍〈河中之水歌〉：「洛陽女兒名莫愁」。此處泛指不關心國事的同胞。❹冬青一樹：典出《元史》、《輟耕錄》等書。宋亡後，宋理宗等帝后陵墓為西域僧人楊璉真伽所掘，屍骸暴露於野，宋遺民唐珏等人見而憐之，掇拾帝后遺骸合葬，上植冬青樹，作為標記。宋末謝枋德〈西台慟哭記〉，記有此事。清蔣士銓亦將此事演為《冬青樹傳奇》。詩人借此典故，隱喻異族入侵，國家、民族飽受淩辱之慘痛景象。❺一些些：些，讀如「沙」，全詞既指少許，表示數量之微；也用作句末的語氣助詞，六麻韻。如辛棄疾〈鷓鴣天・代人賦〉詞：「陌上柔桑破嫩芽，東鄰蠶種已生些。」

解：

這首詞寫於一九〇六年，最初發表於中國留日學生會主辦的《醒獅》雜誌一九〇六年第四期，詞末原有「今年在津門作　李息」字樣。後又在一九一二年《南社叢刻》第五集上發表，一九一三年《白陽》又作了轉載。

一九〇六年七月間，作者在日本考取東京上野美術學校西畫科，九月底開學前，曾由東京回天津休假。這首詞便是這次回國時的作品。

這是他寫的第二首〈喝火令〉。雖然寫於一九〇五年的第一首〈喝火令〉（僅下半闋），也是抨擊國人的醉生夢死；但比較起來，這一首主題思想更加明確，作者在副題裡還特為點出「哀國民之心死也」。

一九〇六年，正是舊民主主義革命浪潮在中國大地上洶湧澎湃之時。這時許多有志之士不滿於清政府的喪權辱國，昏庸腐敗，有推翻清王朝的強烈願望；但又痛感於人民的麻木不仁，看不到人民群眾中間的潛在的巨大力量。這是當時一般進步知識分子普遍存在的歷史局限。秋瑾作於一九〇四年的〈寶刀歌〉，就曾哀嘆：「心死人人奈若何?!」魯迅在一九〇三年所寫的〈自題小像〉詩中，也慨嘆：「寄意寒星荃不察」，就是典型的兩例。留學日本的李叔同雖然也不滿於清王朝的統治，願為拯救衰敗的中國披肝瀝膽，但是他畢竟沒有擺脫這種歷史局限，對我國人民的覺悟水平同樣作了悲觀主義的估計。在這首詞裡，詩人描寫了某些國人，面對山河破碎，國土淪喪的危急局面，無動於衷，依然燈紅酒綠，歌舞昇平。他為此感到焦急，感到憂慮，感到悲哀，即所謂「哀國民之心死也」。全詞的字裡行間迴響著他「恨鐵不成鋼」的怨懟心聲，也觸及了他對祖國受盡欺淩，一蹶不振原因的深層思考。

這首詞在藝術上也比第一首〈喝火令〉成熟，充分體現了詩人的創作個性。李叔同詩詞創作的一個鮮明特色，就是善用映襯，把兩種對立的事物或情理，互相對照，使其中的某一方面的特徵更加明顯、突出。這首詞便是其中成功的一例。詩人在詞中先描寫「故國鳴鷓鴣，垂楊有暮鴉，江山如畫日西斜」，烘托出國土淪喪後的一片淒涼的景色。隨即筆頭一轉：「陌上青青草，樓頭艷艷花，洛陽兒女學琵琶」，呈現在讀者面前的卻是一派歌樂昇平的氣象。兩相對照，把蜷縮在祖國一角的國人醉生夢死的神態表現得十分逼真，他的憂憤心情也因此躍然紙上。詩人正是通過苦與樂、危與安這樣截然對立畫面的比照，大大加強了這首詞作的藝術感染力。

高陽臺

憶金娃娃

十日❶沉愁，一聲杜宇❷，相思啼上花梢。春隔天涯，劇憐別夢迢遙。前溪❸芳草經年綠，只風情、辜負良宵。最難拋，門巷依依，暮雨瀟瀟❹。

而今未改雙眉嫵❺，只江南春老，紅了櫻桃❻。忒煞❼迷離，匆匆已過花朝❽。游絲苦挽❾行人駐，奈東風、冷到溪橋。鎮❿無聊，記取離愁，吹徹瓊簫⓫。

注：

❶十日：形容時間之長，並非實指。❷杜宇：見〈夜泊塘沽〉注❷。❸前溪：村名，在今湖北德清縣，隋唐時為教習樂舞之地。李商隱〈離思〉：「氣盡前溪舞，心酸子夜歌。」此處借指金娃娃居所。❹「門巷依依」二句：依依，隱約貌。晉陶淵明〈歸園田居〉詩：「曖曖遠人村，依依墟裡烟。」瀟瀟，風雨聲，《詩．鄭風．風雨》：「風雨瀟瀟，雞鳴膠膠。」❺雙眉嫵：典出《漢書．張敞傳》：「（敞）又為婦畫眉，長安中傳張京兆眉嫵。」雙眉嫵，即雙眉式樣美好，此處指金娃娃姿容。❻紅了櫻桃：指春光易逝。語出蔣捷〈一剪梅．舟過吳江〉：「流光容易把人拋，紅了櫻桃，綠了芭蕉。」❼忒煞：過甚的意思。❽花朝：農曆二月十五日為百花

生日，稱花朝。司空圖〈早春〉：「傷懷同客處，病眼即花朝。」此處借指春季。❾捥：挽留的意思。❿鎮：整日。柳永〈定風波〉：「鎮相隨，莫拋躲。」⓫瓊簫：玉製的簫管，亦稱「玉簫」，形容簫的珍貴或其發音的美妙。

解：

這首詞作於一九〇六年即李叔同留學日本之時，曾載於一九一二年六月出版的《南社叢刻》第五集，副題為〈憶歌者金郎〉。一九二六年《小說世界》第十一期又刊該詩手卷，改副題為〈憶金娃娃〉。本書據此。

李叔同赴日最初兩年，寫了不少抒發鄉愁的詩篇，其中多數是懷念故國的，但也有幾首是懷念故人的。這首〈高陽臺〉就是這樣的一篇。金娃娃係當時上海的一位京劇演員，李叔同留學日本前在上海與他時有交往，曾在一九〇四年作〈金縷曲〉一詞相贈，詞中對金娃娃的丰采、歌喉，讚賞備至。

在這首詞的上片，作者追憶當年與金娃娃相聚的情景，抒發了自己對他依依不捨之情。最後一句：「最難拋，門巷依依，暮雨瀟瀟」，把詩人的這種情思高度概括而又極其形象地表達了出來。

下片轉向敘寫遠在故國江南的金娃娃。詩人張開思想的翅膀，跨越空間，想像金娃娃的丰采還與當年一樣。只可惜江南春殘，他也留不住像李叔同那樣的知音；整天百無聊賴，只能用簫聲寄託自己對遠方友人的懷念。其實，「江南」的金娃娃未必如此；但詩人以自己的眷戀之心度之，「信其必然」。清邊連寶《杜律啟蒙》卷一曾說：「凡我憶人，必從對面說人憶我，便深一層。此法自〈陟岵〉篇始，後來詩歌多用之。」〈陟岵〉為《詩・魏風》篇名，詩中寫征人思家，想像家人對他掛念叮囑。此後詩人如王維的「遍插茱萸少一人」，杜甫的「今夜鄜州月，閨中只獨看」，白居易的「一夜鄉心五處同」等等，也都是這一手法的成功應用。詩人在下片也嘗試了這種描寫手法，使全詞一正一側，起伏變化，加強了它的藝術感染力。

值得一提的是此詞在《南社叢刻》第五集最早發表時，文字與上詞頗多差異。如該詞副題，《叢刻》作〈憶歌者金郎〉，後來發表的手卷作〈憶金娃娃〉。又如下片第二句，《叢刻》作「說江南春老」，後來發表的手卷作「只江南春老」，兩相比較，雖僅一字之差，但後者韻味較勝於前者。尤其是第一片最後兩句，《叢刻》作「月上歌簾，聲咽秦簫」，與下片最後兩句「記取離愁，吹徹瓊簫」，用詞重複，此乃詩家之大忌，故詩人後來發表手卷時改成「門巷依依，暮雨瀟瀟」。從這裡看出李叔同對自己的詩詞所下的推敲工夫。

李叔同創作的其他詩詞也有這種情況，特別是後來為《護生畫集》一、二集所寫的配詩，都是進行反覆修改，斟酌再三，才最後敲定。這有他與豐子愷、李圓淨的大量通信作證。由此可以推見，就詩人創作過程而言，李叔同雖有詩才，決不屬於倚馬千言，一揮而就的那種類型。他寫的詩詞一般要經過字斟句酌，認真琢磨；再加上李叔同一生涉足的藝術門類相當廣泛，包括戲劇、繪畫、歌曲、書法、篆刻等等，並不是把主要精力集中在詩詞一門。這也許正是他一生詩詞作品不可能豐收、高產的重要原因吧!?

醉時

醉時歌哭醒時迷，甚矣吾衰慨鳳兮[1]。帝子祠前芳草綠[2]，天津橋上杜鵑啼[3]。空梁落月窺華髮❹，無主行人唱〈大堤〉❺。夢裡家山渺何處，沉沉風雨暮天西❻。

注：

❶「甚矣」句：語出《論語・述而》：「甚矣吾衰也，久矣吾不復夢見周公」和《論語・微子》：「鳳兮鳳兮，何德之衰」，均為慨嘆道之不能行。❷「帝子」句：唐王勃〈滕王閣詩〉：「閣中帝子今何在？檻外長江空自流。」「帝子」，指唐高祖李淵之子滕王李元嬰，他在任洪州都督時，創建滕王閣。死後閣中供其靈位，故後人也稱滕王閣為帝子祠。王勃借此抒發對世事滄桑的感慨；作者化用這一詩句，詠嘆帝子已不在，芳草依舊綠，同樣寄寓了他對韶華易逝，人事劇變的感嘆。❸「天津」句：見〈喝火令・故國今誰主〉注❷。❹華髮：白髮。❺〈大堤〉：樂府西曲歌名。宋張孝祥〈醉落魄〉詞：「銅鞮誰唱大堤曲。」❻西：當時作者留學日本，而中國在日本國之西側，故云。

解：

這首七律作於一九〇六年留學日本之時，最初發表於日本《隨鷗集》一九〇七年第二十八、二十九合編上，詩題為〈鳳兮〉，署名李哀。一九二七年第十一期的《小說世界》發表該詩手卷時，改題為〈醉時〉，本書據此。

李叔同到日本留學以後寫了很多首抒發鄉愁的詩詞，這首〈醉時〉便是其中比較突出的一首。

遊子思鄉是人類一種普遍的感情現象，因此鄉愁是歷代的文學作品，特別是詩詞作品所熱衷表現的題材。早如中國《詩經》中的〈豳風・東山〉、〈王風・揚之水〉，都是這樣一類征人懷鄉之作。以後綿延幾千年，這種意象在中國文學中反覆出現，我們經常從古詩詞中讀到蘭舟催發、長亭餞別、腸斷天涯等等，也讀到寧靜的故園，慈祥的母親，溫馨的家。籠罩其上的是一層綿綿的憂傷。它喚起後世知識分子感情的共鳴，久而久之，逐漸形成了一種「獨在異鄉為異客，每逢佳節倍思親」的文化心態，構成了中國詩詞作品中共同的「遊子」主題。

李叔同自一八九八年離開故鄉，定居上海以後，一直維繫著這種濃郁的「遊子」情結。在為〈二十自述詩〉和〈李廬詩鐘〉所寫的「序言」中，他把上海的寓所稱為「旅邸」，把自己當時心境不寧稱為「遂多羈緒」，便是「遊子」心態的反映。特別在他隻身到日本留學以後，這種鄉愁，作為「遊子」情結的重要表現之一，顯得更為強烈。其原因有二：一是在中國傳統文化中，遊子心中的故鄉涵義非常廣泛，既指故鄉，也指故國。從某一意義上說，故國之思正是擴大化了的鄉愁。李叔同離開祖國到了日本，進入一個對他完全陌生的世界，這勢必給他帶來更多的遊子的孤獨感，因而使他對故鄉、對故國的眷戀與懷念，更加強化。二是中國當時正處在風雨飄搖、岌岌可危的當口，外則喪權辱國，內則民不聊生。正如遠方的遊子，對一個多病的母親，難免更加牽腸掛肚、魂牽夢繞一樣，一貫憂國憂民的李叔同，遙想如此多災多難的祖國，自然也會牽動他更多的遊子愁緒和憂思。

李叔同在到日本後的次年，為《音樂小雜誌》所作的「敘」中，就這樣寫道：

> 嗚呼，沉沉樂界，眷予情其信芳；寂寂家山，獨抑鬱而誰語？矧夫湘靈瑟渺，淒涼帝子之魂；故國天寒，嗚咽山陽之笛。〈春燈〉、〈燕子〉，可憐幾樹斜陽；〈玉樹後庭〉，愁對一鉤新月。望涼風於天末，吹參差其誰思？冥想前塵，輒為悵惘。旅樓一角，長夜如年，援筆未終，燈昏欲泣。

這段文字對「寂寂家山」、「故國天寒」的感嘆；對〈春燈謎〉、〈燕子箋〉、〈玉樹後庭花〉典故的化用；特別是抒發「長夜如年」、「燈昏欲泣」那樣的淒涼感情和「抑鬱誰語」、「愁對新月」那樣的孤獨心態，都充分地表明李叔同這位飄泊異國的遊子，對祖國、對家鄉懷抱著多麼強烈、多麼深沉的思戀之情！

〈醉時〉這首七律，正是這種情懷以詩詞為載體的延續和發展。

詩的第一、二句抒寫了詩人由於救國救民理想的不能實現而奔走國外所引起的感情波瀾。「醉時歌哭醒時迷」，把這位遊子痛心疾首、恍惚不安的精神狀態描繪得維妙維肖、淋漓盡致！

詩的第三、四句化用了兩個典故，傾訴了詩人對世事滄桑的慨嘆和對天下大亂、改朝換代的預感。

詩的第五、六句，詩人從大到小，由遠及近，感嘆自己白髮已生，青春消逝，而一事無成；「空梁落月」句為雙關語，既寫明月來相照，又抒發懷念故鄉的情思；如今自己孤身流落異國，踽踽獨行，茫然無主，此情又何以堪?!通過這兩句詩，充分地流露了詩人強烈的失落感與孤獨感。

第七、八句是全詩的要點所在，也是詩人的鄉愁最集中體現。人們常說「日有所思，夜有所夢」，夢本來是可以超越時空的限制，實現人們所嚮往又一時不能達到的境界；但可憐的是，詩人就是在夢裡也找不到自己日夜思念的故鄉，卻只見西邊暮雲一片，風雨沉沉而已。當然，這裡的「沉沉風雨暮天西」，不是實指，而是一種象喻，形容當時中國的黑暗和衰敗，與魯迅寫於一九〇三年的那首著名的〈自題小像〉詩中的「風雨如磐黯故園」，同一個意思。

《隨鷗集》主編之一大久保對此詩曾寫有如下評語：「所見無非愁景，所觸無非愁緒，侘傺悲鬱，此無可奈何之辭。」這個評語相當中肯。李叔同作為一個愛國的知識分子，面對災難深重的祖國，憂思如縷，愁緒萬千；即便遠離故國，這種愁思不見減弱，反而更為強烈。但是由於他當時游離於革命之外，不可能接近廣大人民群眾，因此對改變這種狀況深感無能為力。故全詩在沉鬱的鄉愁之中，又洋溢著無可奈何的情調。這是本詩的令人注目的特色，也暴露了詩人本身世界觀的某些弱點。

春風

春風幾日落紅堆，明鏡明朝白髮摧❶。一顆頭顱一杯酒，南山猿鶴北山萊❷。秋娘❸顏色嬌欲語，〈小雅〉❹文章淒以哀。昨夜夢遊王母國❺，夕陽如血染樓臺。

注：

❶「明鏡」句：化用李白〈將進酒〉詩：「君不見高堂明鏡悲白髮，朝如青絲暮如雪」。❷「南山」句：「猿鶴」，即「猿鶴沙蟲」的縮寫，指死於戰亂者化成的異物。《藝文類聚》九十引《抱朴子》：「周穆王南征，一軍戰死，君子為猿為鶴，小人為蟲為沙。」後借指死於戰爭的將士或人民。萊，蒿萊，指田園荒廢後長滿的雜草。全句描寫戰亂後的大地，意指當時的中國。❸秋娘：見〈金縷曲・贈歌郎金娃娃〉注❽。❹小雅：見〈哀祖國〉注❶。此處借指此類內容的詩文作品。❺王母國：王母，即西王母，亦故國名。據《爾雅・釋地》稱：「西王母」，與觚竹、北戶、日下，「謂之四荒」。《注》：「觚竹在北，北戶在南，日下在東」，而「西王母」在西。作者當時在日本留學，中國在其西面。故以王母國指稱位於日本西鄰的中國。

解：

這首七律作於一九〇六年李叔同留學日本期間。最早發表於日本《隨鷗集》一九〇六年第二十三編。後又刊載於一九一八年浙江第一師範學校《校友會會誌》第十六期上。

該詩在《隨鷗集》發表時，主編之一大久保曾評此詩云：「李長吉體，出以律詩，頑艷淒麗，異常出色，而其中寄託自存。」

這個評語稱〈春風〉為「李長吉體」，卻是別具慧眼，發人所未發，揭示了這首詩藝術上的獨特之處。

李叔同以前的詩詞作品，以文字平實、直白見長，不論表現什麼題材，詞句之間較少修飾，也不刻意求奇。尤其在抒寫方式上，一般採用線性思路，意脈相續，前後連貫，變幻和反差不是太多。但是這首〈春風〉與過去的詩詞作品在風格和體裁上有所變化。大久保在評語中稱此詩為「李長吉體」，看來並不完全是空穴來風，溢美之辭。

何謂李長吉體？李長吉，即唐代著名詩人李賀（七九〇—八一六），河南福昌（即今河南宜陽）人。他出身於貴族，父親李晉肅當過縣令，因避父諱，未得應進士試，最後只當了九品奉禮郎。一生鬱鬱不得志，死時僅二十七歲。著有《李長吉歌詩》。

李長吉的詩體在有唐一代的詩作中，頗具特色，有人歸納為三點：一是構思的奇特詭異。即李詩很有幻想力，而這種幻想以「虛荒怪誕」著稱，常使讀者眼花繚亂，如墮幻境。正如杜牧所說：「鯨呿鰲擲，牛鬼蛇神，不足以為其虛荒誕幻也。」二是用語的瑰麗奇譎，李詩語必己出，而在選擇語詞時又偏重於別人不敢用的枯寂荒竦、幽怪奇幻一類，如帶有衰敗殘缺意味的「老」、「死」、「瘦」、「枯」，染有濃艷暗昧色彩的「幽」、「碧」、「黑」、「血」，以及非人間性質的「鬼」、「魅」、「怪」、「神」等等，刺激讀者心靈和視境，讓人戰慄和驚悸。三是結構的跳騰跌宕。即李詩往往跳躍性大，節奏急促，似續似斷，忽悲忽喜，時古時今，打破人們流暢連貫的閱讀習慣，顯出其特有風味。（據葛兆光《唐詩卷選注》浙江文藝出版社一九九六年版所作的分析。）

把李叔同的這首〈春風〉，與以上歸納的李賀詩的三大特色進行比較，我們將會發現兩者有著許多相似之點。

首先是詩歌的意象。〈春風〉中出現的許多意象，如兵燹、戰亂的意象，過去也曾被李叔同多次應用，特別是《辛丑北征淚墨》組詩中，描寫頻率更高。如「風捲旌旗走，野平車馬馳」，「馬嘶殘月墮，笳鼓萬軍營」，「新鬼故鬼鳴喧嘩，野火磷磷樹影遮」等等；但這首詩作了迥然不同的處理，如該詩第二聯，這樣寫道：「一顆頭顱一杯酒，南山猿鶴北山萊」，構思就比較奇特，比喻也頗詭異；尤其是此聯第一句，可以解作暴敵的殘殺無辜，也可以釋為志士的捨身殉國，色彩濃烈，情調激越，讀來不禁令人毛骨悚然，驚心動魄。又如，「夕陽」這個意象，過去也被李叔同反覆引用。如〈送別〉歌中的「夕陽山外山」，〈二月望日歌筵賦此疊韻〉中的「中原一發日西斜」，〈老少年曲〉中的「日夕疏林杪」，〈西江月・憶楊翠喜〉中的「夕陽微雨後」等等。這些詩中的「夕陽」意象，常與「惜別」、「傷逝」和「閑愁」等等意境聯繫在一起，情調是低沈的、壓抑的。但在〈春風〉這首詩裡，詩人卻出奇制勝，在描寫災難深重的祖國時，用了「夕陽如血染樓臺」這樣瑰麗的語句，把「夕陽」渲染得如此悲壯，令人熱血沸騰，產生了強烈的藝術感染力。在這首詩中，詩人一反平日的用語習慣，追蹤李長吉式的一種濃艷詭怪的詩風。

其次是詩詞的結構。〈春風〉這首詩結構上逞奇使怪，大起大落。從意境上看，從第一聯詩人對個人青春逝去的感嘆，到第二聯對家國淪喪的悲憤，意境由小變大，是第一轉折；至第三聯詩人又追憶起詩酒聲色自娛的生活和自己淒涼哀婉的文章，意境由大變小，也是一個轉折；最後到第四聯，詩人夜夢故國，夕陽如血，心潮澎湃，意境再由小變大，又是一個轉折。小大互換，一波三折，使人有應接不暇之感。就感情而言，在這首詩中，悲怨層層加深，而又不是簡單的重複，有悲傷、悲憤，更有悲壯。總之，全詩節奏迭變，意脈斷續。這是李叔同以前的詩作中並不多見的。

我們從現有文字資料中得知，李叔同對歷代詩人，少時比較賞識王維。據朱經畲《李叔同年譜》一八九五年（光緒二十年）條稱：「此後兩年間，從天津趙元禮（幼梅）學詩詞。喜讀五代詞，尤愛王維詩。」李叔同老來對韓偓又深感興趣。據高文顯〈弘一法師與韓偓〉一文稱：一九三三年（民國癸酉年）小春，弘一法師車經南安西門外潘山，發現唐詩人韓偓墓道，「驚喜欲狂」。他很佩服韓偓的忠烈，經過一年的努力，搜集了許多參考資料，囑高文顯為韓偓編一本傳記，他自己用十二分考古癖，在傳中寫有〈香奩集辨偽〉一章。不久到惠安弘法，在圖書館發現韓偓佚詩一首，「更十分地歡喜，即時手錄此詩，成一中堂」。後又聞知南安九日山是韓偓常到的遊蹤之一，「便登臨憑弔，無限地高興」等等。但他對李長吉詩風有過哪些讚賞，卻尚無證明材料。〈春風〉這首詩接近「李長吉體」，追求李賀的詩風，這是出於李叔同有意的仿效或無意的巧合，是值得人們探討的。但有一點我們可以肯定，李叔同在文學藝術上一貫倡導創新，「務去陳言」。他在音樂、繪畫、戲劇和書法等等領域，都作過創新的嘗試，並取得可喜的成績，這已有許多例證；因而他在詩風上出現這個變化，應當看作是這種藝術精神的又一次體現。特別是，李叔同當時正在日本留學，心理上處於極不安定的緊張狀態，他寫於一九〇六年《音樂小雜誌》的序言就透露了這一點：「冥想前塵，輒為悵惘。旅樓一角，長夜如年。援筆未終，燈昏欲泣。」可見他當時的心情是極為激盪不安的。因而在他所寫的〈春風〉中出現飛速旋轉、變幻無常的思緒，作為這種心態的反映，也是完全可以理解的。

昨夜

昨夜星辰人倚樓，中原咫尺❶山河浮❷。沉沉萬綠寂不語，梨葉一枝紅小秋❸。

注：

❶咫尺：原為長度單位。咫，相當於今市尺六寸二分。此處比喻距離很近。❷浮：指祖國受帝國主義列強侵略，岌岌可危，極不穩定。❸「梨葉」句：語出唐許渾〈送鄭寂山人南行〉：「離愁故園思，小秋梨葉紅。」《弘一大師全集》福建人民出版社一九九一年版作「梨花一枝紅小秋」。查作者手卷，「梨花」二字為「梨葉」，可能因「葉」、「花」繁體字形狀相近而誤，現據手卷改。

解：

這首七言絕句，作於一九〇六年作者留學日本時期；最初發表於《隨鷗集》一九〇六年第二十三編，後又在一九一八年九月浙江第一師範學校《校友會會誌》第十六期轉載。

據《隨鷗集》第二十三編〈「墨舫小宴」略記〉云：「玉池先生一日招飲清國李君息霜於『墨舫』（酒家），夢香、藏六二君同席。先生偶書濱寺舊制以示，闔座即和其韻。息霜君之作云：（即上詩，略）。

玉池先生又疊韻題息霜即席所繪水彩畫云：『古柳斜陽野寺樓，採菱人去一船浮。將軍畫法終三變，水彩工夫繪晚秋。』」

這段記載文字，除交代李叔同的《昨夜》詩是一篇和韻之作外，還說明玉池曾疊韻為李叔同即席所繪的山水水彩畫，題詩一首。李叔同於一九〇五年在日本東京曾繪過水彩畫〈山茶花〉、〈沼津風景〉，此是他所畫的第三幅水彩畫。從玉池為此畫的題詩中，約略可以窺其畫面的概況：前兩句詩是對畫面形象的直敘，後兩句詩是讚美繪畫技巧的變革和創新。李叔同敢於以此畫示人，並得到玉池等人較高評價，可見這是一幅較為成功的作品。可惜此畫已經失傳，否則對研究李叔同的繪畫成就，將有重要的參考作用。值得注意的是，玉池題畫的這首詩雖與李叔同的〈昨夜〉詩，同為「和韻」之作，但其思想境界和藝術性，顯然不及李作。

李叔同在日本留學時期，是他詩詞創作的豐收期，而且很多詩詞表現了他對祖國的深切懷念。李叔同所寫的〈昨夜〉這首絕詩，雖為和詩，但作者並沒有停留於客面應酬；而是寫出了自己獨特的對祖國深沉的眷戀。

〈昨夜〉的一、二兩句是實寫，直敘詩人心緒不寧，起身憑樓遠望，不禁想到近在咫尺的祖國，山河破碎，動盪飄搖。首句的「昨夜星辰」，語出李商隱〈無題〉：「昨夜星辰昨夜風」。清代陸昆曾〈李義山七律詩解〉稱此句「非泛然寫景，正得昨夜乃良夜也」。但李叔同此詩中的「昨夜」，眼見的卻是一片淒涼情景，這正是他對「以樂景寫哀」藝術效果的一種追求。緊接下去的兩句，看似寫景，其實是隱喻。這裡且不說最後一句「梨葉一枝紅小秋」，是對許渾〈送鄭寂山人南行〉詩句的化用，曲折、含蓄地表現了詩人的「離愁故園思」；就說「沉沉萬綠寂不語」一句，它不僅出於文字修飾的需要，以「沉沉萬綠」與下句「一枝紅葉」相映襯，使全詩顯得色彩豐富，強化了詩歌的圖畫效果；更重要的是它又一次傳遞了詩人對廣大人民麻木不仁、寂靜無聲的憂慮，使人不由想起龔自珍那句名詩：「萬馬齊喑究可哀」。

詩人早在一九〇五年所寫的配曲的半闋〈喝火令〉中，就嘆息中國人民身處祖國生死存亡的逆境，而無動於衷，醉生夢死。在與此詩同年所作的另一闋〈喝火令〉一詞中，他又一次揭示與譏刺了廣大國民的這種精神狀態，並明確地以「哀國民之心死也」作為該詞的副題。而這首七絕的「沉沉萬綠寂不語」，正是詩人這一思想的延續，只是表現形式有所不同罷了。兩首〈喝火令〉詞和這首詩，說明詩人已經認識到，同胞的麻木不仁，沉默無聲，是當時祖國飽受欺淩、一蹶不振的重要原因；只是李叔同作為新舊交替時期的知識分子，在世界觀上存在某些局限，使他對此作出較為悲觀主義的估計。

人病

人病墨池乾，南風六月寒。肺枯紅葉落❶，身瘦白衣寬。入世兒儕❷笑，當門景色闌❸。昨宵夢王母❹，猛憶少年歡。

注：

❶「肺枯紅葉」句：以花木的自然變化，比喻自身的病變。意即由於肺病加重，頻頻咯血、嘔血，其情景就如樹木枯萎，紅葉凋落一樣。❷兒儕：童輩。❸闌：見〈重游小蘭亭口占〉注❻。❹王母：見〈春風〉注❺。

解：

此首五律約作於一九〇六年至一九一一年間，最初見於一九一二年七月二十三日《太平洋報》文藝副刊，署名「微陽」。後又收入一九四六年十一月李芳遠編《弘一大師文鈔》詩詞編。

李叔同自幼身體羸弱，成年後長期為肺病所苦。他出家前後給僧俗各界人士信件中一再提及此病。如一九一三年七月十六日給許幻園信中稱：「今日又嘔血，誦范肯堂（民國初年詩人——筆者）〈絕命詩〉：『落照原能媲旭輝，車聲人跡甚稀微。可憐步步為深黑，始信蒼茫有不歸。』通人亦作可憐語，可哂也！」一九二四年六月二十一日致俗侄李聖章信又說：「朽人近年以來，神經衰弱至劇，肺、胃、心臟，並有微恙……」一九四〇年他在致性常法師書中又說：「余近來身體日益衰弱，肺病亦頗有進步（進展），想不久即可生西。……」等等。那麼，他的肺病究竟起於何時？據陳慧劍《弘一大師傳・弘一大師行誼大事年表》（東大圖書公司一九八三年版）一九〇六年條下稱：「於同年，發現肺病。冬假，回國一次。」那年，弘一大師才二十六歲。看來，肺病幾乎斷斷續續，伴隨了他的大半生，以致有人分析他的最後離世，也可能由於這個「宿疾」。

上詩「肺枯紅葉落」句，說明作者的所謂「人病」，指的就是「肺病」；而「昨宵夢王母」句，又表示作者是在留學日本時期患有此病而後作此詩的。可見，此詩應寫於一九〇六年（即赴日留學的第二年）至一九一一年（即從日本留學返國）這段時間。

這首詩以記實的手法，寫出了作者患肺病以後所引發的生理變化和心理變化，寫得十分貼切、逼真，可以看出李叔同寫詩的功力。作者首先描寫肺病使他嘔血了，消瘦了，畏寒了，無力舞文弄墨了。繼而寫他多日臥病，一旦出門，引起周圍人們的詫異，而自己對門外變化了的景色也感到驚訝，生動、真實地傳達了久病者的心態。特別是詩的最後一聯，病中的他感到孤獨、淒苦，尤其是身處異國他鄉，這種感覺更為強烈，於是他不禁想起了可愛的故國與昔日的歡樂。古體詩詞中以吟病為主題的並不少見，但此詩可貴之點是，作者借病抒發了自己對祖國和故鄉的懷念和眷戀，它從一個側面又一次表明了作者的愛國情懷。

這首詩在《太平洋報》發表時署名「微陽」。這是弘一法師第一次使用這一署名。陳慧劍《弘一大師論・弘一大師名號考釋》稱：弘一大師於一九一二年（民國元年）年關將屆，大雪紛飛時，應夏丏尊之請，手寫詩詞家汪咨甫、王眉叔、姚鵷雛、郭頻伽等四人文、賦、詩、詞各一篇相贈，在這四幅書法作品中就是使用這一署名。「『微陽』之取義，是『微弱的陽光』或『將落的陽光』，引申為『短暫的生命』」云云。在現今發現的史料中，弘一法師使用「微陽」署名，僅此兩次而已。而在《太平洋報》上發表此詩第一次使用這一署名時，比陳慧劍考釋中提及的那則材料早半年以上。

我的國

東海東，波濤萬丈紅。朝日麗天，雲霞齊捧，五洲❶唯我中央中。二十世紀誰稱雄？請看赫赫神明種❷。我的國，我的國，我的國萬歲，萬歲，萬萬歲！

崑崙峰❸，縹緲千尋❹聳。明月天心，眾星環拱，五洲唯我中央中。二十世紀誰稱雄？請看赫赫神明種。我的國，我的國，我的國萬歲，萬歲，萬萬歲！

注：

❶五洲：指亞洲、歐洲、美洲、非洲、大洋洲等五大洲，後用以泛指全世界。❷赫赫神明種：赫赫，顯耀盛大貌。《荀子・勸學》：「無惛惛之事者，無赫赫之功。」神明種，中華民族自稱為炎黃子孫；而炎帝、黃帝在歷史上相傳為神祇。全句指中華民族具有光榮的血統。❸崑崙峰：即崑崙山，橫貫我國新疆、西藏，東延入青海境內，最高峰公格爾山，海拔七七一九公尺。相傳中華民族發祥崑崙山，故後來常用以指喻中國。❹尋：古代長度單位，八尺為一尋。千尋，形容崑崙峰之高。

解：

此歌詞最初發表於一九〇六年出版的《音樂小雜誌》第一期「樂歌」欄內。原題前有「教育唱歌」字樣，署名息霜。此歌流傳很廣，一再出現於清末和民國初年的各種唱歌集中。如：一九〇七年趙銘傳編《東亞唱歌》收入此歌，題為〈萬歲〉；一九一三年張秀山編《最新中等音樂教科書》，也收入此歌，題為〈祝我國〉；日本音樂教育家鈴木米次郎（一八六八—一九四〇）在中國留日學生「亞雅音樂會」的「唱歌講習會」授課時，也用此歌作為教材。

此首歌詞是李叔同在二十世紀初期所寫的以正面歌頌祖國為主題的歌詞之一。類似題材的歌詞，李叔同一生共寫過三首。一九〇五年寫的〈祖國歌〉是最早的一首，目前對此歌的歌詞是否為李叔同所作，尚有爭論。這是第二首，它為李叔同所作，應當是白紙黑字，肯定無疑的了。這首〈我的國〉與〈祖國歌〉的角度有所不同，著重從中國在世界上所處的地位著眼，謳歌祖國的光榮偉大。歌詞反覆強調我國地理位置優越：「五洲惟我中央中」；歷史悠久，血統高貴：「請看赫赫神明種」。對這樣的國家難道不值得驕傲和自豪嗎!?

李叔同當時選擇這樣的視角不是沒有原因的。我國自鴉片戰爭以來，帝國主義列強步步進逼，發動了幾次大規模的侵略戰爭（如庚子年的八國聯軍侵華，甲午年的中日之戰等等），最後都以中國的失敗而告終。腐敗的清廷屈膝求和，連連割地賠款，喪權辱國。面對這種形勢，某些中國同胞既感到奇恥大辱，扼腕切齒，但又滋長著一種可怕的民族自卑心理，覺得中國處處不如外國，振興中國談何容易。特別是當時清廷的上層人士，對這一點表現得更為突出，由排外、恐外到媚外。一九〇三年四月十二日《中外時報》在〈論近時媚外之弊〉一文中說到：「中國自道光以來，官場之見識與夫士大夫之議論，約可分為兩截」：以前，「大約排外之一類人多」；後來，「排外之習一轉而為媚外之極。乃至對外人一舉一動無不頌為文明，一語一言無不奉為蓍蔡」。李叔同在歌詞中宣傳中國和外國相比，自有其地理上、歷史上、民族上的獨特優越性，目的正是在於克服國人的民族自卑心理，提高國人的自信心，推動國人更積極地投身於救國的大業中去。這是一。其二，李叔同當時正在日本留學。由於中國連年戰敗，國際地位一落千丈，僑居國外的中國同胞，備受外人的鄙視和歧視；被他們肆意淩辱的事，也時有發生。就在李叔同赴日留學當年的十一月，日本政府文部省公布的〈取締清韓留學生規則〉中，作出了有辱中國留日學生人格的種種無理規定。李叔同對此自然很有感觸。他寫這首歌，並在日本出版的《音樂小雜誌》上發表，客觀上也有向外國人示威的含義，說明中國自有其不可抹煞的優勢，決不會永遠衰弱、落後下去的。

中國有幾千年封建帝國的歷史。歷代封建統治者常常以「天朝」自居，唯我獨尊。在處理國際關係時，往往以自己為中心，把周邊國家一概視為落後、野蠻，有所謂東夷、南蠻、西戎、北狄之說。儘管世界進入資本主義時代，外國列強打開了中國緊鎖的大門，使中國人張開眼睛看世界，發覺自己在物質文明方面已遠不如人；但這種長期形成的「天朝中心」的觀念，仍然滯留人們的頭腦之中。即使在當時一批先進的知識分子身上，也沒有完全擺脫它的影響。因此，這首歌詞在謳歌祖國偉大的同時，也帶有某些「天朝中心論」殘餘思想的痕跡。如「五洲唯我中央中」之類詞句，就沒有準確反映世界地理位置的真實情況；而「赫赫神明種」的說法，也違背了人類學的科學原理。但是，「矯枉必須過正」，作者採用這樣的詞句，對於培養當時中國人的民族自豪感，向世界各國顯示中國的威嚴，自有其不容置疑的積極作用。

春郊賽跑

跑，跑，跑！看是誰先到？楊柳青青，桃花帶笑；萬物皆春，男兒年少。跑，跑，
跑，跑，跑！錦標奪得了！

解：

此歌詞最早發表於一九〇六年出版的《音樂小雜誌》第一期「樂歌」欄內。原題之前有「教育唱歌」字樣，署名息霜。原曲為一八〇七年德國卡爾・哈恩(Karl Hahn)作詞，卡爾・戈特利布・赫林(Karl Gottlieb Hering, 1765–1853)作曲的〈木馬〉。赫林是以寫作民俗歌曲和兒童歌曲著稱的音樂家，他所作的這首〈木

馬〉，不僅在德國家喻戶曉，並在歐洲其他國家也廣泛流行。〈木馬〉的三段歌詞如下：

跳，跳，跳！小馬跳舞了。騎著木馬，騎著石馬，馬兒不要亂蹦亂跳！小馬跳得好！跳，跳，跳，
跳，跳！

跑，跑，跑！別把我摔倒！如果你要把我摔倒，一陣鞭子，只多不少。別把我摔倒！跑，跑，跑，
跑，跑！

停，停，停！別再向前跑！如果還要跑得更遠，我就必須把你餵飽。小馬，停一停，別再向前跑！

李叔同這首歌的曲譜與〈木馬〉相同，歌詞的首尾處理，與〈木馬〉第二段歌詞也幾乎一致；但是它畢竟與作為兒童歌曲的〈木馬〉，在內容與主題思想上有很大差異。

這首歌詞中的「楊柳青青，桃花帶笑」是描寫賽跑的周邊景色，緊扣「春郊賽跑」的主題；而歌詞中的「男兒年少」，則從主體上揭示賽跑的參加者，正當風華正茂、意氣風發之時。中間的「萬物皆春」，作為過渡句，既拓展了「桃紅柳綠」的意境，進一步渲染當時的一片春色；又形象比喻參賽者正處於人生的青春期，與四周的景物一樣，充滿春天氣息。整個歌詞寄希望於青年一代，即所謂「男兒年少」；倡導一種奮勇爭先，「奪得錦標」的競爭意識。這首歌詞蘊含的積極意義，豈是兒童歌曲〈木馬〉所能包容、所可比擬的?!

李叔同一向重視在對國民進行智育、美育之外，開展體育活動。他的學生吳夢非回憶：他在一九一三年任教浙江第一師範學校時，曾說過：「音樂、體育、幾何是一個有前途的民族所必具的條件。」據

該校一九一四年《校友會會誌》第四期載：該校於一九一四年十一月二十二日舉行全校學生運動會時，李叔同還曾出任這次運動會的審判部工作人員。至於一九三七年五月廈門市舉行第一屆運動會時，廈門市當局請當時正在廈門駐錫的弘一法師編撰大會會歌，他欣然同意，更是眾所周知的。這固然有同仇敵愾，反對日本帝國主義侵略的動機，但也可看出他對體育運動的一貫重視的態度。

〈春郊賽跑〉這首歌詞說明，作者早在留學日本時期，就已鼓勵人們踴躍參加體育比賽；期望通過這些活動，強身健體，並能培養你追我趕，努力向上的精神風貌。

隋堤柳

甚西風吹醒隋堤❶衰柳，江山非舊，只風景依稀淒涼時候❷。零星舊夢半沈浮，說閱盡興亡、遮❸難回首。昔日珠簾錦幕，有淡烟一抹、纖月盈鉤。剩水殘山❹故國秋，知否、知否？眼底離離麥秀❺。說甚無情，情思踠❻到心頭。杜鵑啼血❼哭神州，海棠有淚❽傷秋瘦，深愁淺愁難消受，誰家庭院笙歌又!?

此歌仿詞體，實非正軌，作者別有悵觸❾，走筆成之。吭聲發響，其音蒼涼，如聞山陽之笛❿。《樂記》曰：「其哀心感者，聲噍以殺⓫。」殆其類歟!?

注：

❶隋堤：見〈二月望日歌筵賦此疊韻〉注❼。此處影射清王朝統治下的中國。❷「江山非舊」二句：典出《世說新語・言語第二》：晉元帝時，外族入侵，晉室南遷，國勢衰頹，丞相王導與賓客宴於新亭，周侯中坐而嘆曰：「風景不殊，正自有山河之異」，眾皆相視流涕。詞中「江山非舊」二句，即由「風景不殊，正自有山河之異」演化而來。❸遮：這。見〈金縷曲・將之日本，留別祖國，並呈同學諸子〉注❼。❹剩水殘山：也作「殘山剩水」。見〈書贈蘋香〉注❻。❺離離麥秀：離離，形容草木茂盛；麥秀，即麥吐穗。據《史記・宋微子世家》稱：「箕子朝周，過故殷墟，感宮室毀壞，生禾黍，心傷之，作〈麥秀〉詩，歌之曰：『麥秀漸漸兮，禾黍油油。』」後來詩文中常以「麥秀」指亡國之痛。這首歌詞中的「離離麥秀」，不僅寫景，也含有此意。❻踠：屈曲、纏繞。❼杜鵑啼血：杜鵑啼聲淒厲，聲聲相連，徹夜啼鳴，每至咽喉出血，故云。白居易〈琵琶行〉：「杜鵑啼血猿哀鳴」。❽海棠有淚：海棠，花名。「海棠有淚」謂海棠經雨，似美女垂淚。蘇東坡詠海棠詩有「雨中有淚亦淒愴」句。此處詩人借雨後海棠傾訴自己憂國之情。❾棖觸：感觸。唐李商隱〈戲題樞言草閣三十二韻〉：「君時臥棖觸，勸君白玉杯。」❿山陽之笛：據《晉書・向秀傳》，晉代向秀經過山陽舊居，聞鄰人吹笛，發聲嗚咽，不禁追念被殺的友人嵇康等人，因作〈思舊賦〉。後人常借指對故人的懷念。⓫聲噍以殺：聲音急促。《史記・樂書》作「噍衰」。《正義》：「其樂音焦戚、殺急，不舒緩也。」

解：

此歌詞最早見於一九〇六年（即光緒丙午年）農曆正月十五日在日本印刷的《音樂小雜誌》第一期。

題前有「別體唱歌」四字，題下有「仿詞體」三字。署名息霜。由於此雜誌不在國內印刷，流傳不廣，因而刊載在這一雜誌上的〈隋堤柳〉已佚失多年。一九五八年豐子愷編《李叔同歌曲集》時，沒有收入這首歌詞，只在「序言」中說到：「我記得李先生作曲作詞，還有一首叫〈隋堤柳〉，末了一句是『誰家庭院笙歌又？』然而遍找不得全曲，無法選入，誠為憾事。」

其實，這首歌詞曾被收入一九四六年十二月八日北風書屋初版的李芳遠編選的《弘一大師文鈔》。但與原歌詞差異較大：其一，該歌詞置於該書的「詞編」，而非「歌曲」編。李叔同自稱該歌詞為「別體唱歌」，雖標明為「仿詞體」，也只是「仿」而已，並非即「詞」；因此把這首歌稱為「詞」而摒之於「歌曲」之外，是有悖於李叔同原意的。其二，這首歌詞原名為〈隋堤柳〉，但李芳遠收入《弘一大師文鈔》時，改名為〈秋柳〉。其三，文字上有不少與原歌詞不同之處。如第一句「吹醒隋堤衰柳」被改為「吹綠隋堤衰柳」；第二句「江山非舊」被改為「江山依舊」；第八句「有淡烟一抹」被改為「有淡烟一縷」。第一句、第八句改動得如何，且不說它；就第二句來說，「非舊」顯然較「依舊」確切，因清廷腐敗，割地賠款，江山淪喪，確非舊時可比；且以文氣論，為了與下句「只風景依稀淒涼時候」呼應，也應用「非舊」二字為佳。其四，歌詞後面原有幾句跋語，說明李叔同創作此歌詞的動機，對理解這首歌詞極為重要。但李芳遠收入時全部略去。

也許由於李芳遠編選的《弘一大師文鈔》，對這首歌詞的處理有以上重大差異；而且僅收入其詞，沒有曲譜，因而沒有引起豐子愷注意，也就未曾編進一九五八年出版的《李叔同歌曲集》中，只是在「序言」裡作為一件「憾事」，提上一筆而已。

豐子愷先生的這一遺憾，終於在時隔二十七年以後，得到了彌補。這中間經過了一段曲折的歷程。

粉碎「四人幫」以後，各地清算了「左」的思想，又重視對李叔同的研究，並注意對有關史料的收集。不久發現一九〇六年四月在日本出版的中國留日學生主辦的《醒獅》雜誌上，有李叔同創辦的《音樂小雜誌》第一期的出版廣告和目錄，他所作的〈隋堤柳〉一歌就刊載在這本雜誌的目錄上。

《音樂小雜誌》，是中國音樂史上第一本音樂期刊，其歷史價值不言而喻。找到這本雜誌，也就找到〈隋堤柳〉的下落。但這本「小雜誌」，找遍國內各大圖書館，不見蹤影。一九八三年八月，日本學者實藤惠秀所著《中國人留學日本史》中譯本在中國出版。書中把李叔同所編的《音樂小雜誌》列入「清末在日本刊行的中文雜誌目錄」中。豐子愷幼女豐一吟女士和山東師範大學孫繼南教授等人得知此事後，便分別給該書的中文譯者、香港中文大學歷史系的譚汝謙先生去信；又由譚先生牽線，與原作者實藤惠秀先生取得聯繫。實藤先生當時雖年已八十高齡，但欣然表示願意幫助。他先後查閱了日本東洋文庫和早稻田大學的藏書目錄，輾轉搜尋，終於在京都大學圖書館找到這本雜誌。一九八四年九月上旬，這冊飄泊異國近八十年的《音樂小雜誌》複印件，寄回了中國。當年豐子愷先生所念念不忘的〈隋堤柳〉曲譜和歌詞，終於顯現其盧山真面目。這既可告慰豐先生在天之靈，又有利於推動對李叔同及其作品的研究進一步深入。

這首歌也是一首填詞歌曲，原曲為十九世紀末葉美國女作曲家哈理・達克雷(Harry Dacre)創作的〈黛茜・貝爾〉(*Daisy Bell*)。歌詞出於李叔同之手，除了作者署名為「息霜」這一過硬的證據外，它的主題思想，與李叔同留學日本初期，發表在《隨鷗集》、《醒獅》的幾首詩詞幾乎同出一轍，都是傾訴了自己對祖國刻骨銘心的懷念，都是抒發了對祖國命運的深沉憂慮，都曾觸及他對祖國受盡欺淩、一蹶不振原因的深層思考。

但是對這首歌詞的最後一句：「誰家庭院笙歌又？」目前尚有兩種不同理解：一種意見（見拙編《李叔同詩全編・前言》），認為這句歌詞的意思是，哪一家庭院又響起了唱歌奏琴的聲音；與上句「深愁淺愁難消受」連起來讀，作者顯然在這個詞句中寄寓著自己對於那些醉生夢死同胞的諷刺和憤慨。他在同年發表在《醒獅》一九〇六年第四期上的〈喝火令・哀國民之心死也〉中，在描繪祖國一片淒涼景色之後，也寫到「陌上青青草，樓頭艷艷花，洛陽兒女學琵琶」，逼真地表現了蜷縮在祖國一角的國人麻木不仁的神態。〈隋堤柳〉的最後一句，在構思上與此有異曲同工之妙。也有一種意見（見孫繼南〈「音樂小雜誌」尋訪始末及初探〉），認為〈隋堤柳〉「最後結束時的一句歌詞所產生的效果，令人震撼」。他認為，這裡的「誰家」想必指的是日本人家，因為當時作者孤居異國，他把個人內心難以忍受的憂愁與異邦人歌舞昇平的現實相對比，「怎能不發人深省，激起無窮的愁思呢？」總之，前者認為最後一句是寫國內，意在諷刺國人的麻木；後者認為最後一句是寫國外，以異國的歡慶昇平反襯作者內心的痛苦。理解雖然不同，但並不影響對全詩總的主題思想的共識。

一九〇七年

《茶花女遺事》演後感賦

東鄰有兒背佝僂❶，西鄰有女猶含羞。蟪蛄❷寧識春與秋，金蓮鞋子玉搔頭❸。
誓度眾生成佛果❹，為現歌臺說法身❺。孟旃❻不作吾道絕，中原滾地皆胡塵❼。

注：

❶～❼分別見〈為滬學會撰《文野婚姻新戲冊》既竟，繫之以詩〉注❺、❻、❼、⓫、⓬、⓭、⓮。

解：

這兩首七絕，據中國佛教協會編《弘一法師》稱：是一九〇七年李叔同在日本東京參與《茶花女遺事》演出後，重錄一九〇五年〈為滬學會撰《文野婚姻新戲冊》既竟，繫之以詩〉的四首七絕中的二、四兩首，作為「〈東京演茶花女〉編後的『感賦』」。曾載於李芳遠編《弘一大師文鈔》北風書店一九四六年版。本書據此。

一九〇五年李叔同赴日本留學，次年九月二十九日入東京上野美術學校西畫科，與他同班的有中國同學四川成都人曾孝谷。李叔同在東京美術學校學習時，除師從日本黑田清輝畫油畫外，又在校外師從日本上真行勇等人學音樂、戲劇，並在一九〇六年冬與一九〇七年春之間，與曾孝谷等人建立了春柳社。

據一九〇七年五月二十九日日本《讀賣新聞》「演藝欄」載文稱：這一組織全稱為「春柳社文藝研究會」，下設詩文、繪畫、音樂、演藝諸部（見《讀賣新聞》一〇七六八號，明治四十年五月二十九日）。

春柳社組建以後，適值江蘇、安徽一帶發生百年不遇的特大水災。日本很多報紙，於一九〇七年一月十二日對此同時作了報導；有的還轉載清國駐美領事館的電文，稱中國「正極饑饉之慘狀，如不迅速採取救濟措施，每週將有數千人餓死」（見《大阪每日新聞》八三七八號，明治四十年一月十二日）。十四日，日本報紙又報導了美國總統應美國紅十字會之請，贈送麵粉三百噸救援中國災區的消息。

如此驚動世界的江淮大水災，當然震撼了當時留學日本東京的中國學生，他們也立即作出了積極反應，在一九〇七年二月中旬，在駿河臺中國青年會舉行了「賑災募款遊藝會」。春柳社便在這次遊藝會上第一次公演了法國作家小仲馬《茶花女遺事》兩幕。據春柳社早期社員歐陽予倩回憶：「它是這次賑災遊藝會的餘興之一」；「是放在節目的最後的，所以最受期待」。劇中男主角亞芒由當時在東京政治學校就讀的中國留學生唐肯扮演，曾孝谷扮演亞芒的父親，而李叔同反串女主角茶花女。李叔同對這次演出極其認真，十分投入。據徐半梅在《話劇創始期回憶錄》中載：「李君本來留有小髭子，為了扮茶花女，竟剃去了髭鬚；而且還自己製了好幾身漂亮的女西裝。」

《茶花女遺事》在日本東京的公演，引起日本劇壇的轟動。據〈春柳劇場開幕宣言〉（見《上海市通志館期刊》第二年第三期）稱：「日人驚為創舉，嘖嘖稱道，新聞紙亦多誹詞。」特別對李叔同扮演的茶花女一角，人們給予廣泛好評。濱一衛〈關於春柳社的第一次公演〉一文就引用了日本松居松翁的長篇讚語：「中國的俳優，使我佩服的，便是李叔同君。當他在日本時，雖僅僅是一位留學生，但他所組織的春柳社劇團，在樂座上演『椿姬』（日人稱茶花女為椿姬——筆者）一劇，實在非常好。不，與其說這個劇團好，不如說這位飾茶花女的李君演得非常好。這個腳本的翻譯非常純粹。化裝雖然簡單一些，卻完全是根據西洋風俗的。當然和普通的改成日本式的有些不同。會話的中國語，又和法語有相像的地方，因此愈使人感到痛快。尤其是李君的優美婉麗，絕非日本的俳優所能比擬。」（見林子青《弘一法師年譜》五十三頁，宗教文化出版社一九九五年版）

這次演出《茶花女遺事》的意義，不僅借此募捐，救助災區同胞，也在日本人面前初次顯示了中國留學生的藝術才華；而更重要的是開創了中國演出話劇的新紀元，揭開了中國戲劇史冊新的一頁。

在《茶花女遺事》成功演出的推動下，春柳社又在同年的舊曆六月初一、初二日（即公元一九〇七年七月十至十一日）公演了規模更大、主題更鮮明的《黑奴籲天錄》五幕話劇。這原是美國斯托夫人所寫的反種族主義長篇小說《湯姆叔叔的小屋》，後由我國林琴南翻譯成中文。春柳社同仁鑑於當時帝國主義殘酷虐待華工，強迫清政府簽訂條約承認他們行為的合法，就由曾孝谷把這部小說改編為五幕話劇演出，意在揭露民族壓迫的事實，警醒國人爭取民族獨立。李叔同為這次演出花了大力，不僅負責設計五幕布景，還在劇中扮演了兩個角色，除又一回反串女角愛米柳夫人之外，同時扮演了跛醉客一角。由於他在《茶花女遺事》中出色地扮演了茶花女一角，使《黑奴籲天錄》的公演吸引了更多的觀眾。當時也在日本東京留學的周作人，在一九五〇年十一月十七日《亦報》刊載的《關於黑奴籲天錄》一文中，這樣回憶他去觀看春柳社公演該劇的情況：「弘一法師其時名叫李哀，也在這社（春柳社——筆者）裡，我去看那一回的演戲，差不多就是為他而去的，雖然他在戲裡扮的是什麼人，現在早也忘記了。」

此後，李叔同還在東京常磐館演出獨幕劇《生相憐》，也反串女主角。據歐陽予倩說：「由於在這次演出中，有人評量他的扮相，說了些應肥應什麼的話，他便很不高興」，當時「社中有些人與他意見不能一致，他演戲的興致便漸漸淡下去」，後來「也便專門彈琴畫畫，懶得登臺了」（〈自我演戲以來〉）。

但不管怎麼說，李叔同的參與創辦春柳社，並幾次登臺演出，對中國話劇運動的開展，是功不可沒的。從此以後，中國留學生在日本紛紛組織「如一社」、「樂社」、「天義社」、「仁社」、「餘時學會」等劇社，公演話劇蔚然成風。如一九〇八年六月，李濤痕等人以「中國醫學會」名義上演《新蝴蝶》；一九〇九年四月，馬絳士、吳我尊等以「慈善演劇」名義上演《血蓑衣》、《等待小偷》等等……一九一〇年以後春柳社內遷中國，在中國本土更大範圍的開展話劇活動。

雖然李叔同在《茶花女遺事》演出時，對這次公演在中國話劇史上所起的傳薪播火的啟蒙作用，尚不可能清晰地預見得到，但他對這次演出給予肯定評價，對整個話劇事業發展寄以殷切的期望，則是十分明確的。這在前面兩首七絕，特別是後一首七絕之中，有了充分的體現。作者對茶花女瑪格麗特和亞芒的自由相愛，追求婚姻自主，也即這齣戲的主題，當然是讚賞的。他寫的第一首詩，本是為宣傳《文野婚姻新戲冊》中這一思想而作的，如今用來稱頌《茶花女遺事》正是對這一思想的再次肯定。重要的是第二首詩，又一次反映了作者對戲劇的社會功用的強調。為什麼作者的〈《茶花女遺事》演後感賦〉不另謀新篇，而重錄前詩呢？這當然不是由於他才拙詞窮，妙筆不再；其根本原因就在於，這首七絕形象、生動而又深刻地反映了李叔同對戲劇的社會功利目的的一貫主張。在他看來，不管是《文野婚姻新戲冊》、《茶花女遺事》或是其他一切戲劇活動，都不能背離「普度眾生」的宗旨，都不能忘卻救國救民的神聖職責。其實，早在他撰寫《春柳社演藝部專章》的「前言」（經考證，它出於李叔同的筆下）時，就赫然引進了這首詩的開頭兩句。「前言」的最後部分這樣寫道：「藝界沉沉，曙雞嘵嘵，勉旃同人，其各興起！息霜詩曰：『誓度眾生成佛果，為現歌臺說法身。』願吾同人共矢茲志也。」由此可見，李叔同對這首詩何等的重視和欣賞！

初夢

雞犬無聲❶天地死，風景不殊山河非❷。妙蓮花❸開大尺五，彌勒松❹高腰十圍。

恩仇恩仇若相忘，翠羽❺明珠繡裲襠❻。隔斷紅塵❼三萬里，先生自號水仙❽王。

注：

❶雞犬無聲：典出〈桃花源記〉：「雞犬之聲相聞，老死不相往來」。原指鄉村安居樂業的生活，此處反其意而用之，形容國土蕭條，民不聊生。❷「風景不殊」句：見〈隋堤柳〉注❷。此處比喻作者憂國憂民的悲憤心情。❸蓮花：一種花卉，由於它「出污泥而不染」，一直被人們作為品格高潔的象徵。佛教中常以蓮花為所居，稱佛座為蓮花座，稱寺廟為蓮花界，皆本於此。❹彌勒松：彌勒，佛教菩薩名，此處指形似彌勒之松樹。由於松樹遇寒不凋，人們常借此比喻高風亮節。❺翠羽：原指翠色的鳥羽，此處喻指貴重的飾物。❻裲襠：也作「兩當」，即馬甲、坎肩或背心之類內衣。❼紅塵：佛、道等家稱人世為「紅塵」。❽水仙：見〈朝遊不忍池〉注❹。

解：

這兩首七絕作於一九〇七年李叔同留學日本時期，最初發表於一九一八年九月浙江省第一師範學校《校友會會誌》第十六期上。

最早對這兩首七絕作出詮釋的是林子青先生。他在《弘一大師年譜》（中日文化協會上海分會一九四四年版）一九〇七年條下稱：「是年仍居東京，感懷家國，作〈初夢〉、〈簾衣〉詩，以寄故國。〈初夢〉二首，最能表現其當時之心境，作風似受譚嗣同、康南海之影響。」但林子青對這兩首七絕「表現」了作者「當時」的什麼「心境」，又在「作風」上受了譚嗣同、康南海的哪些「影響」，語焉不詳，沒有給予進一步闡明。

其實，聯繫詩人寫作此詩時所處的歷史背景進行剖析，不難看出：這是作者為紀念舊民主主義革命烈士陳天華所作的一首懷舊詩。

據《中國近代史大事記》（知識出版社一九八二年版）和《中國人留學日本史》（日本實藤惠秀著，三聯書店一九八三年版）記載：一九〇五年（乙巳年）中國留日學生人數達八千餘人，中韓兩國政府害怕革命勢力在留日學生中蓬勃發展，勾結日本文部省於十一月二日公布〈取締清韓留學生規則〉十五條，以「性行不良」、「成績不良」等等為由，對我國留日學生提出種種監督和約束，當即受到在日本經緯學堂、弘文書院、路礦學堂、早稻田大學、實踐女學校等校留學的中國學生的激烈反對，紛紛召開大會，發表抗議演說；並從十二月六日起舉行聯合罷課。當時，陳天華正在日本法學大學留學。他曾在一九〇四年一度返國，參與黃興領導的長沙起義，事敗後再亡命日本，寫作〈猛回頭〉、〈警世鐘〉、〈獅子吼〉等文，以平易的文字宣傳革命思想，秘密運回中國，深受學生和士兵的歡迎。他在當年八月加入同盟會，成為該會重要的成員。當陳天華看到十二月七日《朝日新聞》發表關於中國留日學生罷課的不實報導，污蔑他們的罷課是中國人「特有之放縱卑劣性情所促成」，義憤填膺。為了表示抗議，他寫了一封慷慨激昂的絕命書，於次日在東京大森海灣投海自殺。時年三十歲。他在遺書中說：「鄙人心痛此言，欲我同胞時時勿忘此語，力除此四字（即『放縱卑劣』——筆者），而做此四字之反面，堅忍奉公，力學愛國。恐同胞之不見聽，而或忘之，故以身投東海，為諸君之紀念。」又說：「夫空談報國，人皆厭聞，能言如鄙人者不知凡幾。以生而多言，或不如死而少言之有效乎!?」陳天華的自殺在中國留日學生中引起強烈的震動，兩千餘人憤而集體歸國。

李叔同當年秋間到日本，耳聞目睹了這一運動的全過程，留下了刻骨銘心的印象。他在次年所寫的《音樂小雜誌・敘》中說：「乙巳（一九〇五年）十月，同人議創《美術雜誌》，音樂隸焉。及規模初具，風潮迭起，同人星散，瓦解勢成。不佞留滯東京，索居寡侶，重食前說，負疚何如?爰以個人綿力，先刊《音樂小雜誌》，餉我學界。」這裡所說的「風潮」，便是一九〇五年發生的中國留日學生抵制「取締清國留學生」的運動。他雖滯留東京，並未返國，但深感「負疚」，立志有所作為，便獨力創辦了《音樂小雜誌》，以報答因「風潮」星散的諸位同仁。而以上題為〈初夢〉的兩首七絕，正是表達了作者對此次風潮及在風潮中壯烈殉國的陳天華烈士深切的緬懷和敬慕之情。

第一首七絕開頭兩句，是指中國當時面臨滅亡的衰敗景象。「雞犬無聲」、「天地將死」，特別是典出《世說新語・言語》篇的「風景不殊，正自有山河之異」那一句，又悲又憤，道出了詩人對國土淪喪的複雜心情。後兩句中的「蓮花」，出污泥而不染，「松」，遇歲寒而後凋，這是對陳天華烈士品格的由衷讚頌。在國事日非，萬馬齊喑的局面下，陳天華的投海殉國行為，就像「蓮花」和「松」一樣醒人耳目，催人覺悟。

第二首七絕的開頭兩句連讀，意思就是倘若把日本迫害中國留學生的仇恨忘卻，就像把翠羽、明珠之類的貴重飾物，不繡於外衣，而繡在馬甲之上，悖於情理。後兩句中的「先生」是對陳天華的尊稱，他因憂國而投海自盡，可與屈原自沉汨羅江的殉國行為媲美，無愧於「水仙王」的稱號。

全詩表現了作者景仰革命烈士、仇恨帝國主義之愛國情懷。同時，全詩在風格上受梁啟超、譚嗣同等人在十九世紀末倡導的「新意境，新語句」的「新學之詩」的影響，不拘泥於舊詩傳統，以佛、耶諸教的語句入詩。如詩中的「妙蓮花」、「彌勒松」、「紅塵」等等便都是佛教的用語，從而使它具有一定特色。其實，早在一九〇五年，李叔同就以佛教語入詩（歌詞），在他為《國學唱歌集》撰寫歌詞〈化身〉時，從頭到尾運用了大量的佛教專用語言，宣傳平等思想，以致被人誤認為這是一首弘揚佛教的歌曲。

簾衣

簾衣❶一桁❷晚風輕，艷艷銀燈❸到眼明。薄倖吳兒心木石❹，紅衫孃子喚花名❺。

秋於涼雨燕支❻瘦，春入離絃斷續聲。後日相思渺何許？芙蓉開老石家城❼。

注：

❶簾衣：一種用作窗簾或門簾的帷幔。❷一桁：桁，屋梁上或窗框上的橫木，此處用作量詞。猶言一架、一片。❸銀燈：即明亮的燈光，意同「銀燭」。❹「薄倖」句：薄倖，無情；吳兒，吳地少女。全句語出《晉書・夏統傳》：「(賈充)曰：『此吳兒是木人石心也。』」此處意指出身吳地的少女朝三暮四，薄情寡義。❺「紅衫」句：紅衫，猶紅妝、紅裝；紅衫孃子，意指盛裝的女人。喚花名，意為妓女常以花為名，如「春蘭」、「秋菊」、「金桂」、「玉梅」等等。❻燕支：植物名，即紅花。《古今注》稱：「葉似薊，花似蒲公，出西方。」經製

作，可製胭脂，供婦女化妝之用。此處指代婦女。❼石家城：即芙蓉城。宋歐陽脩《六一詩話》：「曼卿卒後，其故人有見之者云：恍惚如夢中，言我今為鬼仙也，所主芙蓉城。」芙蓉城，古詩傳說中的仙鬼居處，詩文中常用作吟詠仙境的典故。曼卿，即宋代文人石延年（九九四—一〇四一），工詩善書，為文勁健，與歐陽脩是摯交，官至太子中允，死後被好事者傳為芙蓉城主，故詩中也把芙蓉城稱為石家城。

解：

此首七律作於一九〇七年，最初見於一九一八年九月浙江第一師範學校《校友會會誌》第十六期，題為《無題》，署名李息。一九二七年三月《小說世界》十二期發表此詩手卷時，題為《簾衣》。一九〇七年是李叔同抵日留學的第三年。那麼，這首詩描寫的是何地、何時的場景呢？從這首詩中出現「吳兒」（吳地少女）的稱呼，和「喚花名」（取花為名）的習俗，大概表明它寫的是中國，而且是江南的事。由此似乎可以推定這是詩人對昔日寓居上海時，廝磨金粉、走馬章臺的追憶之作。

李叔同遠離故國，留學日本以後，產生強烈的孤獨感，從而觸發了一種「回歸」的衝動。這種衝動一方面表現為濃郁的鄉愁。這可以從他在日本所寫的詩詞中找到很多例證，如「夢裡家山渺何處」（《醉時》），「昨夜夢遊王母國」（《春風》），「梨葉一枝紅小秋」（《昨夜》）等等。另一方面則表現為對往日歡娛生活的追憶，使「獨在異鄉為異客」的自己，從中獲取某些溫情和慰藉，以逃避孤寂感的騷擾和侵蝕。這首《簾衣》似乎是在這種思想契機的驅動下寫出來的。

首聯兩句是寫景，點明了這首詩所描寫的特定環境：向「晚」，本是舊時「日出而作，日入而息」的人們準備入眠的時候，但這裡反而隨處亮起艷艷的燈光。短短十四個字，由於抓住了事物的特徵，使讀者一下子就領會到這是一個什麼場所。頷聯兩句是寫人，成功地抒寫了「薄倖吳兒」和「紅衫孃子」這樣兩類歌妓的不同年齡層次和相應的舉止神態。這兩句詩起到承前啟後作用，既交代了前聯寫到的那個環境裡，活動著的是些什麼人，又為頸聯的繪聲繪色（即「斷續聲」和「燕支瘦」）的描寫，作了形象的鋪墊。頸聯兩句開頭的「秋」和「春」，不只是考慮到詩句對仗的工整，更重要的是反映了一個時間概念，即指一年四季，朝朝暮暮的意思。值得注意的是尾聯的最後一句，引用了「石家城」（即「芙蓉城」）的典故。這表明詩人對當年那種聲色生活雖仍傾慕和讚賞，希望自己也能如石曼卿，卒後成仙，與歌妓、藝妓重聚於芙蓉城。但作者畢竟只是把它視為「夢境」或「仙域」，在心理上保持著一定的距離。它從一個側面表明當時詩人對此並無再作涉獵的奢望。事實也正如此。儘管李叔同在日本是獨居，而當時東京的聲色事業遠比上海泛濫，但詩人沒有像在上海那樣一度寄情聲色，與歌妓頻繁交往的記載。

詩人在到日本留學之前，寫過不少吟詠歌妓的詩篇，但令人注意的是這首詩卻具有顯著的不同之點：其一，以前詩人所寫的類似題材的詩，其吟詠對象大多是個別歌妓，如〈書贈李蘋香〉、〈贈語心樓主人〉、〈七月七夕在謝秋雲妝閣有感〉和〈為老妓高翠娥而作〉等等。據載：清末民初，上海妓院類別繁多，等級森嚴，較高級的「書寓妓」或「長三妓」，一般以住家形式自立門戶（見武舟《中國妓女生活史》，湖南文藝出版社一九九〇年版）。根據李叔同當時的身分，和我們已經掌握的有關李蘋香、楊翠喜等藝妓的生平史料看，可以推見與李叔同往還頻繁的歌妓大都屬於獨立門戶的較高層次的一類，因此他所吟詠的大多為個別歌妓，也就不足為怪了。然而，這首詩則不同，它卻以歌妓的群體為抒寫的對象。詩人是不是在這裡進行了藝術的想像和虛構，把他以前接觸過的各個歌妓，概括、抽象為一個共同的群體，加以吟詠，以寄託自己的思念呢！

其二，李叔同以往吟詠歌妓的詩篇，情緒一般比較低沈，或者結合悲嘆青春的流逝，或者借此感慨故國的淪喪，等等。但這首詩篇則不同，把歌妓生活描繪得如此豔麗、歡悅，沒有絲毫哀愁、憂傷的痕跡。這是不是與詩人創作這首詩的動機有關，他想藉此沖淡和抵消當時深以為苦的孤獨、寂寞之感，才作出如此別具一格的處理。

一九一二年

滿江紅

民國肇造❶誌感

皎皎❷崑崙❸，山頂月、有人長嘯❹。看囊底、寶刀如雪❺，恩仇多少。雙手裂開鼷鼠❻膽，寸金❼鑄出民權腦❽。算此生、不負是男兒，頭顱好。

荊軻❾墓，咸陽❿道。聶政⓫死，屍骸暴。盡大江東去⓬，餘情還繞。魂魄化成精衛鳥⓭，血花濺作紅心草⓮。看從今、一擔⓯好山河，英雄造。

注：

❶民國肇造：指一九一二年一月一日成立中華民國。❷皎皎：形容月色的潔白、明亮。《詩・陳風・月出》：「月出皎兮」。❸崑崙：山名。見〈我的國〉注❸。❹長嘯：凡發聲悠長者多曰嘯，這裡指發洩胸中憤懣之氣。岳飛〈滿江紅〉：「仰天長嘯，壯懷激烈。」此詞即從此演化而來。❺寶刀如雪：寶刀，喻指革命武器。雪，形容寶刀的明亮、銳利。❻鼷鼠：鼠類最小的一種。《本草綱目・獸部三》李時珍集解，引陳藏器曰：「鼷鼠極細，卒不可見，食人及牛馬等皮膚成瘡。」後用以比喻卑小者，此處指清王朝統治者。❼寸金：含意雙關，既指一定數量黃金，說明民權的可貴，又有寸鐵，即短小兵器之意，表示民權的來之不易。❽民權腦：即民權思想的形象說法。民權思想是孫中山提出的三民主義的重要內容之一，是同盟會政治綱領的核心。根據同盟會擬

定的〈軍政府宣言〉，他們鼓吹的民權思想，包括：武裝奪取清朝政權，建立資產階級議會制共和國，防止封建君主制的復辟等等方面內容。❾荊軻：戰國時衛國人，為燕太子丹的刺客。太子丹為報國仇，派荊軻出使秦國，將匕首事先藏於圖中，以獻圖為名，行刺秦王嬴政。後事敗被害。見《史記・刺客列傳》。❿咸陽：地名，戰國時秦國國都所在地，在今陝西西安市東。荊軻刺秦王事發生在秦國國都。⓫聶政：戰國時韓國人。韓烈侯時，嚴遂受相國韓傀迫害，求聶政代為報仇，聶政潛入相府，刺死韓傀，以後自殺而死。見《史記・刺客列傳》。⓬大江東去：語出蘇軾〈念奴嬌・赤壁懷古〉：「大江東去，浪淘盡、千古風流人物。」此處借指荊軻、聶政等人事跡，隨著歷史的向前發展而一一成為過去。⓭精衛鳥：神話中鳥名，亦稱冤禽。相傳為炎帝女，因遊東海淹死，遂化為精衛，常銜西山木石去填東海。見《山海經・北山經》和《述異記》卷上。後常以「精衛填海」、「精衛銜木」，比喻按既定目標奮鬥不息。⓮紅心草：即卷葹，拔心不死，後常用以比喻堅貞不屈的品格。《異聞錄》載：「王生夢侍吳王，聞葬西施。生應教為詩曰：『滿地紅心草，三層碧玉階。春風無處所，淒恨不勝懷』。」南社龐檗子〈秋俠墓〉詩也有「猶憶秋魂哭風雨，故教俠骨重湖山。年年碧血痕難滅，寸寸紅心草未刪」句。⓯擔：為我國舊時計算重量的單位。百斤為擔，一擔也稱一石。

解：

這闋詞作於一九一二年。最早見於一九一二年六月《南社叢刻》第五集。豐子愷在〈李叔同先生的文藝觀〉一文，把此詞寫作時間說成是「已在杭州師範任教」的「一九一二年秋後」，誤。據載，此詞曾被配以傳統曲調，即原來元詞人薩都剌（天錫）〈滿江紅・金陵懷古〉詞的配曲，楊蔭瀏和聲，成四部合唱，載於一九二〇年十二月十三日出版的《音樂雜誌》第一卷第九、十號合刊。

一九一一年十月武昌起義勝利，次年元旦孫中山在南京宣誓就任臨時大總統職，宣告中華民國成立。同年二月，清帝溥儀正式下詔退位。從此，統治中國數百年的清王朝終於結束；中華民國的五色旗代替了黃龍旗，飄揚在中國大地上。李叔同為這個歷史的重大變革所鼓舞，遮掩不住內心的喜悅和興奮，便寫下了這闋詞。他把緬懷、歌頌為這場革命獻身的烈士，作為全詞的主題。因為在他看來，沒有這些烈士們的奮不顧身，英勇捐軀，就不會有中華民國的誕生。所謂「民國肇造誌感」的「感」，正感在這裡。

全詞分上下兩片。上片抒寫革命志士目睹清廷腐敗，國事日非，不禁憂心如焚，義憤填膺，決心拿起武器，推翻清朝，建立民國；即使拋頭顱，灑熱血，赴湯蹈火，出生入死，也在所不辭。值得一提的是，片中有句：「看囊底、寶刀如雪」。這「寶刀」的形象，在近代歌頌革命的詩詞中經常出現，如領導浙江起義失敗後被殺的革命志士秋瑾〈對酒〉詩，就有「不惜千金買寶刀，貂裘換酒也堪豪」之句；她還直接以「寶刀」為題作〈寶刀歌〉，振臂呼籲：「鑄造出千柄萬柄寶刀兮，澄清神州；……一洗數千百年國史之奇羞。」李叔同在詞中也運用了「寶刀」形象，可能是偶然巧合，也可能是有意援引；倘是後者，則不但準確、生動地表明秋瑾等烈士準備獻身革命的堅強意志，也寄託了詩人對他們的深切懷念。

如果說上片是橫寫，寫現實，那麼，下片便是縱寫，寫歷史。它通過幾千年前戰國時的荊軻、聶政的典故，說明報仇雪恥乃是中華民族的傳統品格。雖然這些千古風流人物已經消逝，但是他們的奮不顧身，視死如歸的豪情卻依然遺留人間，影響後世。眾多辛亥革命烈士正是這種品格和豪情的繼承者和發揚者。作為全詩「詩眼」是最後兩句：「看如今、一擔好山河，英雄造。」作者在詞裡對「好山河」沒有像人們通常那樣稱之為「一片」或「一派」等等，而稱之為「一擔」，就包含著「國家興亡，匹夫有責」的深刻涵義。那麼，這裡的「英雄」是稱頌已死的烈士，還是期待於未死的後人？可以作兩種不同理解。

筆者傾向於後者，因為這樣理解可以把此詞的意蘊推進一步，激勵後人沿著烈士的腳印，奮發前進。也許李叔同本人當時正是以此自許和自勉的。

這闋〈滿江紅〉詞的風格，在李叔同一生詩作中，並不多見。它猶如撥雲見日，一掃以往詩詞中所流露出來的那種壓抑和沉重的情懷，表現了少有的高亢、昂揚的精神狀態。它對李叔同一九一二年的實踐活動，作出了有力的印證。

就在這一年，李叔同毅然加入了文學社團南社，成為該社的一名積極的社員。南社是成立於一九〇九年十一月間的中國近代史上最大的文學社團之一。它被認為是孫中山領導的同盟會的一支文學部隊。它在民國建立前，曾為傳播種族革命觀念、製造推翻清朝統治的輿論，做了不少工作。中華民國成立後，很多社員在中央和省一級新政府中擔任領導職務。李叔同就是在當年的三月十三日加入這個社團。他參加了在上海愚園舉行的南社第六次雅集，不久即為《南社通訊錄》題簽並設計圖案，並為南社機關刊物《南社叢刻》提供本人作品。

就在這一年春天，李叔同還參加了滬軍都督陳其美（英士）創辦的《太平洋報》工作。這個報社的社長姚雨平，總主筆葉楚傖，總經理朱少屏都是當時著名的革命黨人。南社盟主柳亞子是該報的主編（分管某一方面編輯業務）之一，李叔同也被邀任該報的主編，負責編輯副刊《太平洋畫報》和整個報紙的版面美工和廣告設計工作。他在任內，工作努力，卓有成效，當時《太平洋報》的所有報頭、版面、樣花、廣告圖案，「都是他一個人經營的」，「而且他的設計很簡單明顯，容易引起讀者的注意，沒有一點市儈氣」（見孤芳〈憶弘一大師〉）。

也就在這一年四五月間，李叔同還與柳亞子等人，仿照日本淡白會的形式和經驗，在上海發起組織以傳播中國傳統文化、借鑑西方文化為目的的文美會。當時上海不少書畫名家都踴躍參加這個組織。李叔同還匯編了一期《文美》雜誌，供會員傳閱。

總之，一九一二年是李叔同一生中很不平凡的一年，他積極參加了許多社會活動，而且其中不少活動是帶有較多的政治色彩的，這對一個一貫自命清高的翩翩才子來說，似乎有點奇怪。但在讀了這首〈滿江紅〉以後，我們可以找到他當年一切活動的心理根據，也就會覺得不難理解了。

李叔同所張臂歡呼的中華民國誕生，只不過像曇花一現。辛亥革命的勝利成果，很快就被袁世凱竊奪而去，袁世凱擔任總統以後，實行獨裁統治，打擊革命派力量，以至竭力進行恢復帝制活動，至此，「中華民國」只留下了一個徒具虛名的空招牌。希望愈殷，失望也愈重，隨著李叔同政治理想的破滅，在他後來寫的詩詞中，再也找不到像這闋〈滿江紅〉那樣的高昂、樂觀的情調了。

題丁慕琴繪黛玉葬花圖

收拾殘紅❶意自勤，攜鋤替築百花墳。玉鉤斜畔❷隋家冢，一樣千秋❸冷夕曛❹。

飄零何事怨春歸，九十韶光❺花自飛。寄語芳魂莫惆悵，美人香草❻好相依。

注：

❶殘紅：落花。❷玉鉤斜畔：玉鉤斜，地名，在今江蘇揚州。相傳為隋朝宮女死後埋葬之處。❸千秋：一秋為一年，千秋為千年，形容歲月長久，或婉言人死。此處二解均通。❹曛：日落的餘光。鮑照〈冬日〉詩：

「曛霧蔽窮天」。❺九十韶光：韶光，指春光。每年春季為三個月，九十日，故稱春季為「九十韶光」。❻美人香草：《離騷》以「美人」比君王，「香草」比君子。漢王逸注：「離騷之文，以詩取興，引類譬喻，故善鳥香草，以配忠貞；惡禽臭物，以比讒佞；靈修美人，以媲於君。」後人泛稱有美德的賢人為「美人香草」。

解：

此二首絕句最初發表於一九一二年的《太平洋報・文藝副刊》；後又轉載於一九五四年的上海《覺訊》。

「黛玉葬花」的故事，見於曹雪芹《紅樓夢》第二十七回和第二十八回。賈母外孫女林黛玉，自父母死後，隻身寄居賈府，入住大觀園。她在「餞花之期」，勾起傷春愁思，便荷鋤收拾園內殘花落瓣，築花墳掩埋；她不禁感花傷己，嗚咽痛哭，隨口用詩的語言，傾訴了自己的心事，這些詞句後人稱之為「葬花詞」。詞中的許多句子，如「爾今死去儂收葬，未卜儂身何日喪？儂今葬花人笑痴，他年葬儂知是誰？」「試看春殘花漸落，便是紅顏老死時；一朝春盡紅顏老，花落人亡兩不知」，至今膾炙人口，廣為傳誦。

由於「黛玉葬花」這一行為，特別是那首葬花詞，道出了林黛玉當時的孤苦處境和對自身未來命運的深切憂慮，揭示了封建大家族冷酷、殘忍的內幕，因而長期以來引起廣大讀者心靈的強烈震顫，使黛玉葬花這一情節，成為後來詩詞、戲劇、繪畫等諸種藝術形式所熱衷表現的題材。丁慕琴的繪圖和李叔同的題詞，便是抒寫類似主題作品中的兩篇。

李叔同這兩首絕詩，採取了與當時一般吟詠黛玉葬花詩詞不同的審美視角。詩人並不贊成、附和林黛玉葬花的行為，和由此引起的對個人身世的傷感。他認為「葬花」之舉實屬多餘，為此而惆悵、痛苦更無必要。因此貫串兩詩的基調，與其說是讚許的，是對林黛玉的同情和憐憫；不如說是否定的，是對她葬花傷己之舉的異議和規勸。

第一首絕詩的一開頭，詩人雖然肯定黛玉葬花的「用意」是「殷勤」的，但他認為這將徒勞無功，因為它們的最終結局，就如同葬身玉鉤斜荒墳裡的隋代宮女一樣，只能千秋萬代被冷落在一片夕陽的餘暉之中，歸宿仍然是淒涼與悲慘的。詩句中「收拾殘紅意自勤」的這個「自」字，就說出了葬花者的動機與效果的差異和背離。

絕詩第二首的一、二兩句，針對林黛玉的憐春、惱春、傷春情緒，揭示花開花落是不以人們意志為轉移的客觀規律，無須埋怨季節的更替，花木的榮枯。隨後，筆鋒一轉，詩人語重心長地寄語林黛玉：百花雖然凋落，「香草」仍可「依託」，又何必枉自迷惘、傷悲呢!?

「美女香草」，典出屈原的《離騷》，詩文中常用以譬喻明君和賢臣的關係。林黛玉在〈葬花詞〉中，既以「一年三百六十日，風刀霜劍嚴相逼」的花木遭遇，來比喻自己在賈府中的處境，詩人便化用《離騷》的這個典故規勸：世上還是能夠找到可以信賴、依靠的賢德之人，無須如此悲觀、絕望。

這兩首絕詩的整個情調是健康的，特別是第二首的最後一句，作為全詩的點題之筆，昭示了詩人當時積極的人生態度；在他看來，人間並非一團漆黑，仍有生機和希望。與李叔同早年的詩歌相比，這兩首絕句沒有一八九四年〈斷句〉中「人生猶似西山日，富貴終如瓦上霜」那種對人生無常的感嘆，也沒有一九〇一年〈日夕登輪〉中「河山悲故國，不禁淚雙垂」那種憂國憂民的沉重心聲，而屬於一種截然不同的審美意境。

「詩言志」，這兩首七絕的情調，正反映了李叔同在辛亥革命剛剛勝利不久的很短一段時間裡的心態。

那首寫於一九一二年中華民國成立後的〈滿江紅・民國肇造誌感〉，正是這種心態的集中體現。此時此刻，李叔同撰寫這兩首絕句，並發表於《太平洋報》，洋溢著如此樂觀向上的情趣，也就不難理解。

在這裡不免要問的是，繪畫作者丁慕琴究係何許人？丁慕琴（一八九一年九月－一九七二年十二月），名悚，浙江省嘉善縣人。自幼喜畫，曾師從中國近代美術教育創始人、先後在上海創辦「布景傳習所」、「上海油畫院」的周湘學畫，但主要靠自畫成才。最初從事月份牌年畫的創作，早期作品見於《禮拜六》等報刊；後在《神州日報》、《申報》、《新聞報》等報刊上發表作品，並任各報漫畫特約員；一九二七年首創我國漫畫團體，出版《上海漫畫》；還歷任《上海畫報》、《健康家庭》等刊物美術編輯；又曾在上海美專、同濟大學及晏摩氏、神州、進德等校任美術教師。出版有《百美圖》畫集。中華人民共和國成立後任上海文史館館員，是中國美術家協會會員。

從丁慕琴的經歷推斷，他在《太平洋報》發表〈黛玉葬花圖〉時，才二十歲，剛進上海畫界不久，還是一個乳臭未乾的比較稚嫩的畫壇新秀；李叔同當時不僅比丁足足年長十二歲，而且他在中國各個藝術領域中，都已成就卓著，享有盛譽。李叔同應該算是丁慕琴的「前輩」了。但是李叔同並未以此自傲，居然親手為丁慕琴的畫題詩，這一方面因為他有感而發，借此表示他對「黛玉葬花」這一故事的不同理解，並由此表示出他當時所持的人生態度；而另一方面也說明他對年輕後輩熱心的扶植和栽培。

鼓勵晚學，提攜後進，是李叔同的一貫的品格。李叔同在這一年的秋季，進入浙江第一師範學校之後，面對一群莘莘學子，他的這一高尚風格得到了更充分的發揚。先後畢業於浙江第一師範學校學生吳夢非所寫的〈一代名師〉，李鴻梁所寫的〈我的老師李叔同〉，豐子愷所寫的〈為青年說弘一法師〉，劉質平所寫的〈弘一上人史略〉等等（以上文章均見拙編《漫憶李叔同》，浙江文藝出版社一九九八年版），對此都有深情的、生動的回憶。他們在文章中用大量具體的事實，有力地證明：李叔同作為該校的音樂圖畫教員，不僅能夠「慧眼識英雄」，對於有稟賦、肯用功的青年學子，及時肯定他們的進步，指出他們今後的發展方向，積極鼓勵和培養他們，並且努力創造一切條件（或深造，或實踐），使他們的才華得到不斷提高。

李叔同為丁慕琴〈黛玉葬花圖〉的題詩，是現存文字資料中對李叔同這一崇高品格的最早一次表現。因此這兩首絕詩的可貴之點，不僅反映了李叔同當時積極的、樂觀的人生態度，而且還折射了他重視新生力量，努力提攜後進的偉大的人格魅力！

詠菊

姹紫嫣紅❶不耐霜，繁華一霎過韶光❷。生來未藉東風力，老去能添晚節香。風裡柔條❸頻損綠，花中正色❹自含黃。莫言冷淡無知己，曾有淵明❺為舉觴❻。

注：

❶姹紫嫣紅：指各色嬌艷的花。明湯顯祖《牡丹亭》：「原來奼紫嫣紅開遍，似這般都付與斷井頹垣。」❷韶光：美好時光，也指春光。唐太宗〈春日玄武門宴群臣〉詩：「韶光開令節，淑氣動芳年。」❸柔條：柳條。周邦彥〈蘭陵王．詠柳〉有「長亭路，年去歲來，應折柔條過千尺」句。❹正色：古代以純色為正色，兩色相雜為間色。南朝皇侃《禮記》疏稱：「正色，謂青、赤、黃、白、黑五方正色也。不正，謂五方間色也，

綠、紅、碧、紫、騮黃是也。」❺淵明：即晉代著名文學家陶淵明（三六五—四二七），名潛，字元亮，潯陽柴桑（今江西九江）人，曾為彭澤令，因不願為「五斗米折腰」，棄官歸隱，以詩酒自娛，著有《陶淵明集》，其詩描寫田園山川之秀美，自然樸素；散文、辭賦亦質樸流暢。❻舉觴：舉杯敬酒。

解：

這首七律作於一九一二年，最初發表於同年《太平洋報・文藝副刊》。現據《弘一大師全集》第七冊文藝卷，福建人民出版社一九九一年版。

在百花中，菊花以其高潔的品格，成為我國歷代詩人熱衷吟詠的主題。在李叔同數量不多的詩詞作品中，就有兩首詠菊詩。這是第一首，另一首則是寫於三十二年後的〈贊紅菊花〉。

這首七絕把耐霜的秋菊與綺麗的春花、春柳進行鮮明的對比，傾注了詩人對秋菊的讚賞。詩的首聯，詩人不是開門見山直接描寫秋菊，而是劈頭蓋腦把春花著實奚落了一番，揭示出春花儘管色彩斑斕，爭奇鬥艷；但它的繁華只能維持短暫的時刻，過了春季，就會凋零飄落。以這個背景為鋪墊，詩人在頷聯中盡情歌頌了秋菊的強大生命力。它不同於春花，憑藉春風的送暖茁壯成長，而是在蕭瑟的寒秋到來時節，傲霜獨放。詩人在這裡化用了宋韓琦的詩句：「莫嫌老圃秋容淡，猶有黃花晚節香」，深情地讚美了秋菊的節操。緊接著，詩人又在頸聯，進一步從顏色的變化上，對比了秋菊和春柳：在凜冽的秋風中，柳條頻頻由綠轉黃，逐漸枯萎；而秋菊卻綻開黃色的花朵，呈現一片輝煌。古人把黃色視為「五方正色」之一，詩人運用這個典故，表示了對菊花的推崇。

更重要是尾聯，在萬花凋落的寒秋，菊花一枝獨放，未免有些寂寞，但是詩人認為不必為此懊惱；

他巧妙地化用了高適〈別董大〉的詩句：「莫愁前路無知己，天下誰人不識君」，親切地規勸菊花：「莫言冷淡無知己，曾有淵明為舉觴」。這樣的處理，不但把菊花擬人化，也使詩人實現了自己身分的轉換，從一般欣賞者的評頭品腳關係，轉變為朋友般的親切對話關係。詩人舉陶淵明為例，因為這位晉代著名的文學家，在他辭官隱退之後，曾在「酒醉之後，題句自娛」的二十首〈飲酒〉詩中，多次吟詠過菊花，如「採菊東籬下，悠然見南山」，「秋菊有佳色，裛露掇其英」等等。在李叔同看來，菊花並不孤獨，「知己」者大有人在，連被世人尊為「隱逸詩人之宗」的陶淵明，也拜倒在你的腳下，為你舉杯致敬，你又何必為不能與春花為伍，而感到憂傷呢!?

聯繫李叔同的生活經歷，他的這首詠菊詩，實際上也是他當時心境的一種寄託。詩人以菊花自喻，反映了他孤芳自賞，鄙視榮華，不願與世俗同流合污的一種生活態度。

李叔同在辛亥革命勝利以後，曾經對清王朝的顛覆與中華民國的締造表現出少有的喜悅與振奮的心情，那首著名的〈滿江紅・民國肇造誌感〉就是一個證明。但是曾幾何時，他的政治熱情逐漸轉冷，其中最重要的原因之一，就是他對辛亥革命以後的局勢感到失望。

對辛亥革命以後的政局，魯迅在《朝花夕拾・范愛農》中曾有一段描述：「我們到街上去走了一通，滿眼是白旗。然而貌雖如此，內骨子是依舊的。因為還是幾個舊鄉紳所組織的軍政府，什麼鐵路股東是行政司長，錢店掌櫃是軍械司長……。這軍政府也到底不長久。」接著他寫到，王金發率領光復軍進城，成立新的軍政府後，仍舊「換湯不換藥」，他「被許多閑漢和新進的革命黨所包圍，大做王都督。在衙門裡的人物，穿布衣來的，不上十天也大概換上皮袍子了，天氣還並不冷」。這段文字說的雖是紹興，但上海、南京、武漢等地情況也差不多。辛亥革命以後出現了一批照舊騎在人民頭上作威作福的「新貴」，其中不少人是由原來的革命者蛻化變質的；也有些人原先並不革命，甚至反對革命，但面對革命勝利的形勢，搖身一變，混入或鑽進革命隊伍，剽竊了勝利果實。

這首七絕就是詩人針對這種局勢有感而發。詩中的「春花」，似是諷喻那些為了追求一己榮華富貴投機革命，攀緣高升的「新貴」，詩人抒發了對這些人的鄙薄與不滿；堅定地表示自己決不羨慕他們，追隨他們，與他們沆瀣一氣，而是要如同菊花一般，耐得寂寞與冷淡，永遠保持自己的本色和節操。這首詩透露出李叔同為什麼在辛亥革命勝利以後，很快離開政治漩渦，應約到浙江第一師範學校任音樂、圖畫教員，一頭鑽進了藝術的象牙之塔；又為什麼在七年以後終於遁身空門的某些信息。目前李叔同研究界，深感探討李叔同辛亥革命勝利後的心靈軌跡還缺乏材料。筆者認為，這首七律應該是這一時期心境的有力印證之一。

大中華

萬歲，萬歲，萬歲！赤縣❶膏腴神明裔。地大物博，相生相養，建國五千餘歲。振衣崑崙之巔，濯足扶桑之滸❷。山川靈秀所鍾❸，人物光榮永垂。偉歟哉❹，猗歟哉！仁風翔九畿❺！猗歟哉，偉歟哉！威靈振四夷❻！萬歲，萬萬歲，萬萬歲！

注：

❶赤縣：中國的別稱。據《史記·孟子荀卿列傳》：戰國齊人鄒衍創「九州」學說，謂：「中國名曰赤縣

神州。赤縣神州內自有九州。」❷「振衣」二句：振衣，抖衣去塵。《楚辭・漁父》：「新浴者必振衣」。濯足，洗腳，《孟子・離婁》：「清斯濯纓，濁斯濯足。」扶桑，古國名。《梁書・扶桑國傳》：「在大漢國東二萬餘里，地在中國之東，其地多扶桑木，故以為名」。其方位相當於日本，後也沿用為日本代稱。滸，即水流。兩句意即在昆侖之頂振衣，在東海之濱洗足，形容我國幅員的廣大。❸靈秀所鍾：鍾，聚集。指中國河山為天地間靈秀之氣所聚，形容其秀麗。❹猗歟：亦作「猗與」，嘆美之詞。《詩・周頌・潛》：「猗與漆沮，潛有多魚。」❺九畿：為先秦時理想中的行政區劃。以王都所在的千里地面為中心，自內而外，每五百里為一畿，為各級諸侯和外族所居之地。此處泛指中國。❻四夷：中國古代用以泛指四方各族，如對東方各族稱「東夷」，對西南方各族稱西南夷，後用以稱世界各國。

解：

該歌詞寫作時間，據《李叔同——弘一法師歌曲全集》（上海音樂出版社一九九〇年版）稱為一九一二年，即李叔同任教浙江兩級師範學校之時。歌詞所選的曲譜，出自意大利作曲家貝里尼(Vincenzo Bellini, 1801–1835)所作英雄歌劇《諾爾瑪》的第一幕第三場，採用的是士兵所唱的剛毅豪邁的進行曲旋律。為四部合唱。但該歌收入豐子愷一九五八年所編的《李叔同歌曲集》時，目次排在作於一九〇五年的〈祖國歌〉之前，列為該集的第一首。

這首〈大中華〉是李叔同繼〈祖國歌〉、〈我的國〉之後，所作的第三首正面歌頌祖國的贊歌。

歌詞的構思與前兩首贊歌基本一致。它歌頌了中國的幅員廣大，土地肥沃；歌頌了中國的歷史悠久，文明綿延；歌頌了中華民族的出身炎黃，血統高貴等等。歌詞的不少用語，也與前面兩首贊歌幾乎相同。

如「崑崙山」、「膏腴地」、「神明裔」等等語彙，在〈祖國歌〉、〈我的國〉歌詞中都曾被運用。甚至連這首歌詞中殘留的某些「天朝中心論」的思想影響，如把世界各國稱為「四夷」，以「神明裔」表示中華民族的人種特別優越等等，也曾在一九〇六年所作的〈我的國〉歌詞中出現過。

值得注意的是，儘管三首祖國贊歌的歌詞立意基本相同。但是就時間說，〈祖國歌〉作於一九〇五年之前，〈我的國〉作於一九〇六年，而這首歌作於一九一二年，前後至少相隔六年。就地點說，〈祖國歌〉寫於上海，〈我的國〉寫於日本東京，而這首歌寫於杭州，相距何止千里。就所配的曲譜說，〈祖國歌〉採用的是中國民間曲譜「老六板」；〈我的國〉何人作曲未詳；而這首歌，則選用意大利歌劇中一首進行曲配譜，有土有洋，有中有西，差異也很大。就具體對象說，〈祖國歌〉是上海「滬學會補習科用歌」，以此向社會青年教唱；〈我的國〉以「教育唱歌」形式，登載於《音樂小雜誌》上，面向的是廣大音樂工作者和愛好者；而這首歌，則是李叔同為浙江兩級師範學校莘莘學子譜寫，作為對他們教唱的音樂教材，三者也有區別。……這四個方面的「不同」，說明了一個重要事實，那就是李叔同在辛亥革命前後，堅持不懈、始終如一地以音樂為武器，向國人宣傳祖國的光榮、崇高和偉大；千方百計、殫精竭慮地對廣大同胞，特別是青年一代進行愛國主義教育，培育他們的民族自豪感。在國勢岌岌可危的關鍵時刻，李叔同作為一個愛國知識分子，為喚醒人民群眾的愛國意識，持之以恒地作了這樣大量的宣傳工作，其精神是極為可嘉的。

據豐子愷在〈李叔同愛國精神〉一文中回憶：李叔同先生在向浙江第一師範學校學生教唱〈祖國歌〉等愛國歌曲的同一時期，還積極投身當時如火似荼興起的「勸用國貨」運動。他脫下了洋裝，換上灰色雲章布的袍子和黑布馬褂。由於當時寬緊帶國內不能製造，全從外國進口，他就拒用寬緊帶，以麻繩束襪子。直到後來有了國產的寬緊帶，他才開始使用。……當然，以「使用國貨」之類小事，來概括李叔同的愛國主義行動，肯定是掛一漏萬，遠遠不夠的；他的愛國精神主要不表現在這些細小的方面。但是，即使從這樣具體得有些瑣碎的角度上來理解，也可看出：李叔同的愛國主義，不僅有言，而且有行，不僅教人，而且律己。他不僅通過愛國歌曲，不餘遺力，積極鼓吹愛國思想，而且還腳踏實地地身體力行。

一九一三年

春遊

春風吹面薄於紗，春人❶妝束淡於畫。遊春人在畫中行，萬花飛舞春人下。梨花淡白菜花黃，柳花委地❷芥花香。鶯啼陌❸上人歸去，花外疏鐘❹送夕陽。

注：

❶春人：春天的遊人。庾信〈望美人山銘〉：「春人常聚。」❷委地：委，積。揚雄〈甘泉賦〉：「瑞穰穰兮委如山。」全句指柳絮堆積地面。❸陌：田間小路。見〈喝火令・哀國民之心死也〉注❷。❹疏鐘：疏，稀少。全句指鐘聲零落。

解：

〈春遊〉，亦題〈春遊曲〉，是李叔同一九一三年在浙江第一師範學校任教時所作。他作詞兼作曲，並為三部合唱。最初發表於浙江第一師範學校校友會主辦的《白陽》雜誌誕生號（一九一三年五月出版），署名息霜，後又轉載於《南社叢刻》第八集（一九一四年三月出版）。

李叔同於一九一二年秋，因《太平洋報》停辦，應聘到浙江兩級師範學校（次年改名為浙江第一師範學校）任教，先教圖畫，後經同學強烈要求，又教音樂。李叔同到該校以後，立志要在藝術教育上有所作為；經過他的努力，這所學校的圖畫、音樂課的面貌，很快為之一變。

據一九一二年考入浙江兩級師範學校高師班、並任該班班長的學生吳夢非著文回憶：「原來這所學校的圖畫、音樂課，不為大家重視，處在可有可無的狀況中；自李先生上任後局面起了根本的變化。」文中舉音樂教學為例：「在音樂課中，他率先採用五線譜。教『樂理』時，有作曲、和聲和樂典。教『器樂』時，有鋼琴和風琴。教『聲樂』時，有視唱、歌曲齊唱和男聲四部合唱（當時尚無女生）；選用的歌曲有英文歌、中文歌和李先生創作及填詞的歌曲。由於李先生不僅誨人不倦，而且教學內容豐富，形式多樣，激起了學生濃厚的學習音樂興趣，提高了學習音樂的自覺性。校中僅有鋼琴兩架，風琴若干架，每晨學生在天未亮時即起床搶坐在琴旁等候，起身號一吹，琴聲齊鳴，校園中立時振盪起交響樂般的迴響。……」（見吳夢非〈一代名師〉）

也許出於音樂教學的需要，出於改革、振興中國學校音樂教育的期望，李叔同親自動手創作了大量歌曲。他創作的這首〈春遊曲〉有以下幾個特點：一、採用五線譜。他早期所作歌曲，大都採用簡譜，如《國學唱歌集》中所作的幾首。到日本留學以後，他在《音樂小雜誌》上發表的〈昨非錄〉一文中，徹底否定了這種做法，認為「唱歌者當先練習音階與音程」，而簡譜「皆不注強弱緩急等記號，而教員復因陋就簡，信口開河，致使原曲所有之精神皆失」，甚至提出要把《國學唱歌集》「毀板」。與此同時，他在《音樂小雜誌》上刊載〈我的國〉等三首歌曲，都採用五線譜譜曲。而這首〈春遊曲〉是將五線譜用於自己課堂教學的較早的一首，與他一九〇五年在滬學會補習科用簡譜教唱〈祖國歌〉，無疑是大大發展了一步。二、自己作詞兼作曲。李叔同一生創作的歌曲，絕大部分為選曲配詞歌曲，即自己創作歌詞，配以外國名曲。如那首著名的〈送別〉歌，就是突出一例。但這首〈春遊曲〉的歌詞和曲譜，都出自李叔同一人之手；這是李叔同歌曲創作中，較為難得的現象。三、採用三部合唱。在聲樂中，三部合唱是較為複雜，但又具有較強音樂效果的一種曲式。〈春遊〉是中國近代合唱歌曲創作史上最早一首三部合唱曲，演唱的效果很好。李叔同採用這種曲式，對學生們起著很大的啟蒙和示範作用。浙江第一師範學校畢業的許多學生在回憶中說到，他們接觸多部合唱的曲式，就是從這首〈春遊曲〉開始的。

從歌詞上說，這首〈春遊〉在藝術上有很多獨到之處，故後人經常把它和第二年創作的〈送別〉相提並論。倘若說〈送別〉歌，抒寫的是淡淡的哀愁和沉沉的相思；那麼，這首〈春遊〉，則創造了一種熱烈的活躍的意境，一種歡樂的輕快的氛圍。為了達到這一目的，作者調動了很多藝術手段，特別在營造「形色美」和「聲音美」這兩方面，下了很大功夫，取得了顯著的藝術效果。

全歌詞雖然只有短短五十餘字，採取完全白描的手法，但卻能以畫入詩，賦予春天以斑斕的色彩，把她渲染得如此五彩繽紛，絢麗多姿。豐子愷在《繪畫與文學》中，對李叔同在這首歌詞中以畫家的視角抒寫春天的景色，讚賞備至。他說：

> 「萬花飛舞催人下」，就這一句看，末腳一個「下」字很奇怪，除非人用催眠術騰空行走，花怎會在人下面飛舞呢？但看了上句，「遊春人在畫中行」，便知道作者早已點明用著看畫一般的「平面化」的看法了。把春郊的風景當作一幅畫看時，便見遠處的人在畫面上的位置高，近處的飛花在畫面上的位置低。可見這「下」字非常巧妙，絕不是湊韻而用的。照實際上想，遊人與飛花皆在地上，應說萬花飛舞春人「旁」才對。但這樣說便減殺詩趣和畫意了。

但是，李叔同並沒有停留於「畫家的視角」，他還在歌詞中，以音樂家的聽覺，巧妙地營構了春天的音樂美。他在著意描畫春風、春花、春人之後，驀然以「鶯啼陌上人歸去，花外疏鐘送夕陽」兩句結尾。這是很有藝術見地的處理。聽，當遊人在夕陽西下，盡興而歸的時刻，忽然在耳邊響起一陣陣「鶯啼」；接著又送來幾聲「疏鐘」。值得回味的是，在「疏鐘」之前，作者還特為加上「花外」二字，點出鐘聲是從遠處悠悠傳來的。古代詩人認為鐘聲要遠遠地聽它似有似無的聲響才有味，才能感受到渺遠的意境。如于良史〈春山夜月〉的「南望鳴鐘處，樓臺深翠微」，宋秘演〈山中〉的「危樓乘月上，遠寺聽鐘尋」，陸游〈舍北搖落景物殊佳偶作〉之四的「疏鐘隔塢聞」等等。李叔同這句詩的用意也就在這裡。通過花外疏鐘和陌上鶯啼的描寫，不正大大拓展了春人縱情遊樂、賞心悅目的時間和空間，從而無限地延伸了春遊的韻味和情趣!?

這首歌詞，從總體上說，色彩亮麗，節奏明快，它折射了李叔同在浙江第一師範學校任教初期思想情緒的積極、向上的主導方面。

一九一四年

玉連環影

為夏丏尊題小梅花屋圖

屋老，一樹梅花小。住個詩人❶，添個新詩料。愛清閑，愛天然；城外西湖❷，湖上有青山。

甲寅立春節，息翁❸

注：

❶詩人：指夏丏尊。夏雖為教育家、翻譯家，但善作古體詩詞，曾寫有〈湖上呈哀公〉七絕二首，〈暮春感懷〉七律一首，〈金縷曲・題小梅花屋〉詞一闋等，發表於浙一師《校友會會誌》等刊物上，為當時詩壇所稱許。他還擅長金石、書法。故作者以詩人稱之。❷城外西湖：五代吳越國王建都杭州時，曾在鳳凰山下築造「子城」，至清代僅存城門十座。舊時西湖即在城外西側，故有此說。❸息翁：李叔同在浙江第一師範學校任教時使用的別署，初見於一九一三年五月十四日，李叔同臨摹漢碑「長壽鉤鉤銘」以贈夏丏尊的「題記」上。

解：

玉連環影，一作「玉連環」，小令名。這首小令是李叔同一九一四年為夏丏尊「小梅花屋圖」所寫的題詠，最初發表於一九一八年浙江第一師範學校《校友會會誌》第十六期上。發表時在〈玉連環影〉下加副題：「為夏丏尊題小梅花屋」，署名「李叔同」。

夏丏尊（一八八六－一九四六），中國現代著名的教育家、文學家，自一九一二年起，與李叔同在浙江第一師範學校同事六年，交情甚篤。一九一四年夏丏尊租住杭州彎井巷舊民房幾間，因庭前栽有梅樹一株，取名為「小梅花屋」。夏丏尊攜家入住後，特請陳師曾為「小梅花屋」畫圖。陳師曾是中國近代的著名畫家，在日本留學時與夏結為好友。他當時在北京教育部任職，未曾來過夏丏尊「小梅花屋」，便按中國畫的舊傳統，以寫意手法，繪就此圖。據夏丏尊之女夏滿子稱：此圖「畫面不到兩尺見方，分三個層次：近處是緩坡竹林和三間瓦房，屋前一棵梅樹，矮而拳曲，像是盆景的梅樁；遠處是濃淡不同的幾座山峰；中間是一帶城牆，城外的西湖自然看不見了。層次之間不著筆墨，留有空隙，好像烟雲彌漫，使畫面顯得很深很遠。城牆著淡赭色，其餘用淡墨色和灰藍色隨意渲染，只在梅樹上有幾點鮮紅的花。全幅色調有點兒冷，有點兒荒涼意。」

夏丏尊收到這幅「小梅花屋圖」後，十分喜愛，自己動手在畫上題寫了〈金縷曲〉一首，原文是：「已倦吹簫矣。走江湖、饑來驅我，嗒傷吳市。租屋三間如艇小，安頓妻孥而已。笑落魄、萍蹤如寄。竹屋紙窗清欲絕，有梅花、慰我荒涼意。自領略，枯寒味。　此生但得三弓地。築蝸居、梅花不種，也堪貧死。湖上青山青到眼，搖蕩烟光眉際。只不是、家鄉山水。百事輸人華髮改，快商量、別作收場計。何鬱鬱，久居此。」與此同時，他還廣泛徵集友人在圖上題詠。應邀題詠的除章嶔的兩首七絕，陳夔的〈疏影〉詞外，便是李叔同上述這首「玉連環」小令。這首小令雖僅寥寥數句，但運用寫實筆法，記敘了夏丏尊一家當時的居住情況，也抒寫了他對這位摯友興致和愛好的讚賞。

值得一提的是發生在十六年後、與這首「玉連環」小令有聯繫的另一件事。一九三〇年五月十四日，為夏丏尊四十五歲生日。當時夏已在開明書店工作，原浙一師校長經亨頤（一八七七—一九三八，號石禪），正在上虞白馬湖邊的長松山房休閑，適弘一法師雲遊至此，居於晚晴山房。夏丏尊便從上海趕來，邀經亨頤和弘一法師二人聚餐。他還請弘一法師在「小梅花屋畫本」上題跋。這是由歷年友人贈送夏丏尊的畫幅匯集而成的冊頁，其中收有陳師曾當年繪贈的「小梅花屋圖」，也收有經亨頤為祝夏四十五歲壽辰而繪製的題為「清風長壽，淡泊神仙」的畫幅。弘一法師欣然應命，寫了以下跋文：

庚午五月十四日，丏尊居士四十五生辰，約石禪及余至小梅花屋（應為平屋，見《夏丏尊文集·平屋之輯》浙江人民出版社一九八三年版——筆者），共飯蔬食。石禪以酒澆愁，酒既酣，為述昔年三人同居錢塘時良辰美景，賞心樂事，今已不可復得。余乃潸然淚下，寫《仁王般若經》苦、空二偈貽之：

生老病死，輪轉無際。事與願違，憂悲為害。欲深禍重，瘡疣無外。三界皆苦，國有何賴？有本自無，因緣成諸。盛者必衰，實者必虛。眾生蠢蠢，都如幻居。聲響皆空，國土亦如。

與當年題寫「玉連環影」小令時的閑情逸趣不同，弘一法師寫這則跋文的心情是比較沈重和壓抑的。他感慨斗轉星移，時過境遷，當年良朋聚首杭州時的美好時光，不復再得，不禁悲從中來，空、苦之感油然而生。尤其是當時社會動盪，民不聊生，帝國主義諸國更是虎視眈眈，步步進逼。日寇吞併東北三省的「九·一八」事件就發生在第二年。國事如此蜩螗，更使出家以後仍然不忘救國使命的弘一法師心中不寧。他書寫的《仁王般若經》二偈：「三界皆苦，國有何賴？」「聲響皆空，國土亦如」，正寄託了他對當時國事日非的無可奈何的傷感情懷。從「玉連環影」到「小梅花屋畫本跋」，可以顯示弘一法師十幾年間思想演變的某些痕跡。

一九四〇年十二月，夏丏尊曾把弘一法師這首小令，投寄給上海《覺有情》半月刊第四卷六―八月號發表，並寫了「自記」：「民初，余僦居杭城，庭有梅樹一株，因名之曰：『小梅花屋』。陳師曾君為作圖，一時朋友多有題詠。圖經變亂已遺失。此小詞猶能記誦，亟為錄存於此。丏尊記。」從「自記」中看出夏丏尊對這首小令的重視、珍惜和欣賞。惟記中所說「圖經變亂已遺失」，不確。該圖尚在人間，由其女夏滿子保存。她在一九七九年《人民日報》增刊《戰地》第六期上，曾撰文〈小梅花屋」圖及其他〉，詳細記載了此畫的來龍去脈。

題夢仙花卉橫幅

夢仙大姊❶，幼學於王弢園先輩❷，能文章詩詞。又就靈鶼京卿❸學，畫宗七薌家法❹，而能得其神韻，時人以出藍❺譽之。是畫作於庚子❻九月，時方奉母❼城南草堂。花晨月夕，母輒招大姊說詩評畫，引以為樂。大姊多病，母為治藥餌，視之如己出。壬寅❽荷花生日❾，大姊逝。越三年乙巳❿，母亦棄養⓫。余乃亡命海外⓬，放浪無賴⓭。回憶曩⓮日，家庭之樂，唱和之雅，恍惚殆若隔世矣！今歲幻園姻兄示此幅，索為題辭。余惘逝者之不作⓯，悲生者之多艱，聊賦短什，以誌哀思。

人生如夢耳，哀樂到心頭。灑剩兩行淚，吟成一夕秋。慈雲⑯渺天末，明月下南樓（今春過城南草堂舊址，樓臺楊柳，大半荒蕪矣）。壽世無長物，丹青片羽⑰留。

注：

❶夢仙大姊：即宋貞，李叔同譜兄許幻園之妻。❷王弢園：即王韜（一八二八—一八九七），江蘇長洲（今吳縣）人。清末改良主義政論家。一八四九年在上海教會辦的墨海書館工作。曾赴英譯書，遊歷法、俄等國。一八七四年在香港主編《循環日報》。晚年在上海主持格致書院。著有《弢園文錄》、《弢園尺牘》等數十種。❸靈鶼京卿：即江標（一八六〇—一八九九），江蘇元和（今吳縣）人。清末維新派中人。光緒進士，曾入同文館學習時務。一八九四年任湖南學政，整頓校經書院。一八九七年與陳寶箴、黃遵憲及譚嗣同等人辦時務學堂，創《湘學報》等。戊戌變法失敗後被革職。靈鶼為其室名，著有《靈鶼閣叢書》、《唐聖小集五十家》。京卿，指其曾任京官。❹七薌家法：七薌，改琦之號，改琦（一七七四—一八二八），清畫家，字伯蘊，又號香白、玉壺外史，江蘇華亭（今上海松江）人，工書法，能詩詞，擅畫人物，尤長仕女，筆墨設色，秀雅潔淨。亦畫花卉、蘭竹、山水，巨幅則筆力不足。七薌家法，即指改琦自成一家的繪畫方法。❺出藍：即「青出於藍」。語出《荀子・勸學篇》：「青，取之於藍，而青於藍」，後以比喻學生超過老師或後人勝過前人。❻庚子：即一九〇〇年，光緒二十六年。❼母：指李叔同親生母親王鳳玲。❽壬寅：即一九〇二年，光緒二十八年。❾荷花生日：因宋夢仙卒於農曆六月二十三日，時值盛夏，故稱荷花生日。❿乙巳：即一九〇五年，光緒三十一年。⓫棄養：對

自己父母去世的婉稱。李母卒於一九〇五年二月初五日。⑫亡命海外：指李叔同於一九〇五年八月東渡日本留學。⑬無賴：因情緒無所依託而煩悶。⑭曩：以往，從前，過去。⑮不作：不起。即死而不能復生之意。⑯慈雲：佛家因佛以慈悲為懷，如大雲之覆蓋世界，故把「慈雲」作為對佛的稱呼之一。此處借指慈母。⑰片羽：「吉光片羽」的簡寫。吉光，傳說中的神獸；片羽，即一毛之意。此詞常用以比喻殘存的藝術珍品，此處喻指宋貞花卉畫幅的珍貴。

解：

此詩作於一九一四年農曆七月，當時李叔同在杭州浙江第一師範學校任教。與他一直保持密切聯繫的舊友、曾結為金蘭之交的許幻園，將其亡妻宋貞、即宋夢仙於一九〇〇年九月所繪的花卉橫幅，向他展示，並要他為畫幅題辭。這使李叔同想起了宋貞，想起了母親王氏，想起了他在城南草堂過的那幾年愉快生活。而如今，斗轉星移，人亡景非，不禁哀思綿綿，感慨繫之。於是賦此短詩，題於畫上。詩後署「甲寅秋七月　李息時客錢塘」。

其實，這首五律，與其說是對宋夢仙的緬懷，毋寧說是對他早年寓居城南草堂時那段美好生活的眷戀。

李叔同一八九八年八月從天津遷家上海，因參加城南文社活動，結識許幻園，並得到他的器重。一九〇〇年春，許幻園特闢城南草堂一部分居室，邀李叔同全家搬來同住，題其所居曰「李廬」。

當時，許幻園已娶夢仙為妻。據清道人（一八六七—一九二〇，即近代著名書畫家李梅庵）所寫〈宋夢仙夫人小傳〉稱：夢仙，姓宋，名貞，「弱齡七歲入小學，過目成誦」；「雖在童孺，神情峻徹，精進劬勤，業冠儕輩」。早年曾先後就學於長洲王韜、元和江標，此兩人「皆負時望」，使她學業因此大進，既「善書畫」、「工篆刻」，又能撰文吟詩，著有《天籟閣詩稿》，於是「名譽日茂」。夢仙還慷慨大方，樂善好施。光緒庚子，「西北人民，相率避亂，老弱蒲伏，顛踣於道。夫人（即夢仙）曰：『裙布荊釵，更無可脫』，遂貿書畫，以為賑濟。豪家貴族，競相乞請，嘆未曾有。」

根據以上記載，宋貞既深通文墨，又慷慨大度，對許幻園創辦城南文社，自然竭力贊同，鼎力支持。她對李叔同在文社活動中顯露出來的才能，也高度讚賞，曾作詩稱讚：「李也文名大如斗，等身著作膾人口。酒酣詩思湧如泉，直把杜陵呼小友。」並把此詩收入自己的《天籟閣詩稿》中。李叔同全家遷入城南草堂居住後，她與李叔同一家，特別與李母之間相處融洽。花晨月夕，受李母之招，「談詩評畫，引以為樂」；患病之時，又得到李母的親切照料，噓寒問暖，「為治藥餌」。

李叔同母子兩人在天津的封建大家族中，處境比較難堪，遷到上海以後，有一種擺脫樊籠的感覺；不久又住進人際關係如此和諧的城南草堂，更使他們感到溫馨。李叔同後來對豐子愷這樣說：「我從二十歲到二十六歲之間的五六年，是平生最幸福的時候。」（〈法味〉）。這就包括了城南草堂這段美好的日子。

一九〇二年六月二十三日，宋貞「以瘵疾卒」，死時才二十六歲。他的母親在三年以後，即一九〇五年二月初五日，也以肺病逝世，死時也僅四十五歲。這對李叔同是個不可彌補的損失。據他自己說，「此後就是不斷的悲哀與憂愁，一直到出家。」（見豐子愷〈法味〉）李叔同正是懷著這種「恫逝者之不作，悲生者之多艱」的沉痛思緒，寫下了上述這首短詩的。

由於「城南草堂」幾年的幸福生活，留給李叔同的印象太深了；那種「家庭之樂，唱和之雅」的日子，使他刻骨銘心，緬懷不已；因而在離開「城南草堂」以後的漫長時日裡，一直念念不忘這個地方。據現存的文字資料記載，他在宋貞、母親逝世以後，至少曾兩次尋訪過「城南草堂」。一次是一九一四年，就是這首詩的第六句附注中所說的「今春過城南草堂舊址，樓臺楊柳，大半荒蕪矣」。另一次是一九二六年夏天，李叔同因與弘傘法師赴江西廬山參加金光明法會，路過上海，曾由豐子愷陪同，訪問過城南草堂舊址。

豐子愷在〈法味〉中對弘一法師的第二次訪問，進行了詳細的記敘：

> 他換上草鞋，一手挾了照例的一個灰色小手巾包，一手拿了一頂兩隻角已經脫落的蝙蝠傘，陪我看城南草堂去。走到了那地方，他一一指示我們，那裡是濱，那裡是橋、樹，那裡是他當時進出慣走的路。走進「超塵精舍」，我看見屋是五開間的，建築總算講究，天井雖不大，然五間共通，尚不窄仄，可夠住兩份人家。他又一一指示我們，說：這是公共客堂，這是他的書房，這是他私人的會客室，這樓上是他母親的住室，這是掛「城南草堂」的匾額的地方。裡面一個穿背心的和尚見我們在天井裡指點張望，就走出來察看，又打寧波白招呼我們坐。弘一法師謝他，說：「我們是看看的。」又笑著對他說：「這房子我曾住過，二十幾年以前。」那和尚打量了他一下說：「哦，你住過的。」

時過二十多年以後，李叔同還那麼清晰地說出城南草堂周圍環境和各房室的準確位置，帶著那麼濃鬱的詩意回憶起「城南草堂」當年的情景，這足以說明李叔同對城南草堂的懷念之深和眷戀之切了。

金梅的〈李叔同與天涯五友〉一文（載《李叔同——弘一法師紀念集》天津人民出版社二〇〇〇年十月版），對此又有了進一步的記載。據稱：李叔同一九二六年那次踏訪草堂舊址時，「草堂已換了主人，由一個開五金店的人買下後，送給和尚們作誦經念佛的道場，易名『超塵精舍』。近旁的風物，變化更大：浜已經沒有了，相當於浜的地方新築了一條馬路；金洞橋自然已經消失，楊柳也被砍去了。」特別是文中還提到這樣一個事實：「李叔同看過故居，在附近馬路一間破舊的房子裡，找到了許幻園。這位昔日的文壇盟主，頭已白，耳已聾，其憔悴之狀，不忍細看。此時許幻園只有伏處陋室，為人傭書，藉以升斗，以維持生計之一法而已。李叔同與其初接之下，悲愴隱痛，唏噓再三。」

從這段文字推見，李叔同對城南草堂眷戀不已的，不僅是草堂舊址，而且是曾在草堂共住過的故人。這時，夢仙大姊、母親、妻子都已先後病逝，只剩許幻園和他兩人。他已出家，而許幻園也垂垂老矣，且生活極為困頓。於是，「悲愴隱痛，唏噓再三」，在他內心掀起感情的巨大波瀾，也就難以避免了。

讀這首詩還有一個問題需要搞清，這就是如何理解詩序中作者稱宋夢仙為「大姊」，稱許幻園為「姻兄」？有些回憶文章據此以為夢仙即作者胞姊。如高文顯在〈弘一法師〉一文的第一節「學生時代」中，說到李叔同二十餘歲肄業於南洋公學時，「讀書奉母，顏其居曰『城南草堂』，生活可說頗不寂寞；而且他還有一位大姊，名曰夢仙，也伴著他們在一起，實在曾享過天倫之樂。」（載夏丏尊編《弘一大師永懷錄》）文中的「天倫之樂」四字表明，在高文顯看來，李叔同與夢仙這位「大姊」，是同胞手足關係。這種看法並不正確。

據有關資料表明：李叔同的父親李筱樓生有三個兒子，即李文錦、李文熙（桐岡）、李文濤（叔同），膝下並無女兒。李叔同母親王氏，也只生過李叔同一人。因此不論從父系或母系方面看，李叔同都不可能有胞姊。這是一。其二，李叔同在一八九八年遷滬之前，與許幻園並不相識，兩家一住天津，一住松江、上海，相隔千萬里，從未有過任何交往，因而也就不會結成姻親關係。

那麼，李叔同為何在詩序中稱夢仙為「大姊」，稱許幻園為「姻兄」？（類似稱呼不只一處，如李叔同一九〇三年秋自上海、一九〇六年舊曆八月自東京致許幻園的信，均自署「姻小弟」。）據筆者之見，這可能因李叔同一家遷居城南草堂後，與屋主許幻園、宋夢仙夫婦相處很好。尤其是他的母親，與宋夢仙之間關係極為融洽，詩序對此已有具體說明。李母對夢仙既然待之如己出，根據舊時習俗，很可能有收為「義女」之舉。因夢仙長叔同三歲，李叔同便以「大姊」稱她；而許幻園也就順理成章地成為他的「姻兄」了。

總之，這個稱呼雖然不能作為宋夢仙為李叔同「胞姊」，許、李兩家有「姻親」關係的證據，但由此可以說明許、李兩家在「城南草堂」這段時間裡，密切無間、親如一家的感情聯結。

送別

長亭❶外，古道邊，芳草❷碧連天。晚風拂柳笛聲殘，夕陽山外山❸。　天之涯，
地之角❹，知交半零落❺。一瓢❻濁酒盡餘歡，今宵別夢寒。

注：

❶長亭：古時在路旁設立亭舍，作為送人遠行餞別之用。據《白孔六帖》卷九稱：「十里一長亭，五里一

短亭。」後人也稱這種亭舍為「離亭」。❷芳草：這裡不僅指通常意義上的「綠草」，而且更寄託著作者對遊人的惜別之情。漢淮南小山〈招隱士〉：「王孫遊兮不歸，春草生兮萋萋。」後人據此，以「芳草」作為懷人的典故。如杜牧〈長安送友人遊湖南〉詩，就有「山密夕陽多，人稀芳草遠」之句。❸夕陽山外山：語出龔自珍〈己亥雜詩〉：「吟到夕陽山外山，古今誰免餘情繞。」此處既為寫景，指傍晚的太陽正漸漸墜落在群山之後，又是抒情，寄託他對遠行遊客的依依不捨之情。❹天之涯，地之角：即「天涯地角」，亦作「天涯海角」。典出南朝陳徐陵〈武皇帝作相時，與嶺南酋豪書〉：「天涯藐藐，地角悠悠，言面無由，但以情企。」後常用以形容彼此兩地遠隔，不能互相謀面。如宋晏殊〈玉樓春・春恨〉詞：「天涯地角有窮時，只有相思無盡處。」❺零落：原指花木的凋謝、飄落。《離騷》：「惟草木之零落兮。」後來借喻親人朋友的離散或逝世。❻瓢：原指剖開葫蘆製成的舀水、盛酒器具。此處用作量詞，「一瓢」猶通常所說的「一杯」。《弘一大師全集》第七冊文藝卷，福建人民出版社一九九〇年版，「一瓢」亦作「一觚」。觚，盛行於商代和西周初期的古代酒器。《論語・雍也》注：「一升曰爵，二升曰觚。」

箋：

這首〈送別〉歌，據陳星《李叔同歌曲尋繹》稱：作於李叔同任教浙江第一師範學校時的一九一四年。它最早發表於一九二八年豐子愷編、開明書店印行的《中文名歌五十曲》中。全歌以其淡淡的離愁，沉沉的相思，風靡了中國三十年代的歌壇，成為中國音樂史上耀眼的一筆。直到今天，它仍為人們所廣泛傳唱；它的纏綿悱惻的歌詞和旋律，使新一代的歌曲愛好者同樣為之折服和傾倒。

與李叔同當時所作的許多歌曲一樣，這也是一首選曲填詞歌曲。原曲作者是美國通俗歌曲作者約翰・

P・奧德威(John. P. Ordway, 1824–1880)。歌曲原名為〈夢見家和母親〉。日本明治時代，學校歌曲歌詞作者犬童信藏，又名犬童球溪（一八八四－一九〇五），曾採用這一曲譜，填寫了〈旅愁〉。歌詞是：「西風起，秋漸深，秋容動客心。獨身惆悵嘆飄零，寒光照孤影。憶故土，思故人，高堂會雙親。鄉路迢迢何處尋，覺來夢斷新。」〈旅愁〉發表於犬童信藏去世以後的一九〇七年，當時弘一法師正在日本留學，且又在攻讀圖畫的同時，兼修音樂，不能不受到它的影響。

李叔同回國以後的第二年，即一九一二年，到杭州的浙江兩級師範學校（次年改名浙江省立第一師範學校）任圖畫音樂教員。為了教學的需要，也為了抒發他當時的心境，他作了這首選曲填詞歌曲。雖然它採用的是奧德威的原曲，但由於李叔同精通中國古典詩詞，在歌詞中明顯地閃爍著我國古詩的特有光彩，蘊含著更為幽遠的詩情畫意，與曲譜的情調珠聯璧合，相得益彰。它高出犬童信藏的〈旅愁〉不止一籌。

〈送別〉歌一經問世，在中國流傳非常廣泛，除收入《中文名歌五十曲》（一九二八年）之外，還先後收入《仁聲歌集》（一九三二年），《中學音樂教材》（一九三六年），《萬葉歌曲集》（一九四三年），《中學歌曲選》（一九四七年），《李叔同歌曲集》（一九五八年）等等獨唱和鋼琴伴奏譜的歌曲集。

出於對〈送別〉歌的喜愛，當時許多文人還為這首歌加寫了歌詞。如一九三二年出版的杜庭修所編的《仁聲歌集》中，陳哲甫為這首歌加作了第二段歌詞：

伯勞東，飛燕西，與君長別離。把袖牽衣淚如雨，此情誰與語。
長亭外，古道邊，芳草碧連天。孤雲一片雁聲酸，日暮塞烟寒。

臺灣著名女作家林海音在著名的自傳體小說《城南舊事・爸爸的花落了，我也不再是小孩子》一文中，也回憶到當年她小學畢業時，低班同學為她們唱的一首〈送別〉歌，歌詞則是：

長亭外，古道邊，芳草碧連天。問君此去幾時來？來時莫徘徊。天之涯，地之角，知交半零落，人生難得是歡聚，唯有別離多。

它與李叔同原來的歌詞同中有異，與陳哲甫補作的歌詞差別更大。這顯然是〈送別〉歌的另一個版本，只是無由考證改寫者為誰。

以上三首〈送別〉歌詞，文字各不相同，但抒發的都是一種惜別的情緒。一九四九年以後，李叔同的學生、著名藝術家豐子愷，為了適宜於新時代兒童學唱，也曾改寫過歌詞，題為〈遊春〉：

星期天，天氣晴，大家去遊春。過了一村又一村，到處好風景。桃花紅，楊柳青，菜花似黃金。唱歌聲裡拍手聲，一陣又一陣。

除了曲譜與〈送別〉歌相同以外，歌詞的情調與原來的完全兩樣。這當然是豐子愷一時的戲筆。

由於〈送別〉這首歌在二三十年代傳唱很廣，一唱起它，人們便會不由自主地被歌聲帶到了那個遙遠的年代，因此大陸分別在五十年代和八十年代拍攝的兩部表現那個年代題材的影片《早春二月》和《城南舊事》中，就選用〈送別〉歌，作為插曲和主題曲，取得了意外的效果。這也從一個側面證明了李叔同這首歌曲的巨大魅力。

最後還要交代的是，這首〈送別〉歌，雖然選用約翰・P・奧德威的〈夢見家與母親〉的曲譜作為配曲，但沒有原封不動，而是刪去了原曲中每四小節出現一次的切分倚音，這就使〈送別〉歌顯得乾淨利落，易記易唱。與李叔同同一時期的另一位近代著名音樂家沈心工，也曾以奧德威的這一曲譜，作為其所作的歌詞〈昨夜夢〉配曲，但未作任何改動，因而不太適合中國傳統的演唱習慣，這也許是它傳播不廣的原因之一吧!?

一九一五年

憶兒時

春去秋來，歲月如流，遊子傷飄泊。回憶兒時，家居嬉戲，光景宛如昨。茅屋三椽，老梅一樹，樹底迷藏捉。高枝啼鳥，小川游魚，曾把閑情託。兒時歡樂，斯樂不可作。兒時歡樂，斯樂不可作。

解：

此歌詞，據劉綿松《弘一大師全集目錄》稱，作於一九一五年李叔同在浙江第一師範學校任教時。這是一首填詞歌曲，原曲是美國通俗歌曲作者威廉・S・海斯(William Shakespeare Hays, 1837–1907)作詞作曲的〈我親愛的陽光，明朗的老家〉(*My Dear Sunny Home*)，題下有「女聲三部合唱」字樣。日本明治時代音樂家犬童信藏（一八八四－一九〇五），曾採用此歌旋律，填寫了歌詞，題為〈故鄉的廢宅〉。原詞如下：「離鄉背井，一別經年，遊子整舊鞭。花樹掩映，小鳥依人，風起麥浪翻。溪水潺湲，游魚倏忽，渡橋過前川。眼前景物，恍似昨日，依稀猶可辨。惟見故宅，破落無人烟。頹垣敗草，荒圮不可看。」李叔同的這首〈憶兒時〉歌，與他所寫的〈送別〉歌一樣，不僅採用了與犬童信藏相同的曲譜，歌詞的意境與氛圍也較相近。

對這首〈憶兒時〉反映的是李叔同什麼時候的生活情景，至今有兩種截然不同的看法。

一是李叔同的次子李端的看法。他認為李叔同的〈憶兒時〉反映的是他在天津老家生活時的景況。他在〈家事瑣記〉一文（載《李叔同——弘一法師》天津古籍出版社一九八八年版）中說：「河東地藏庵前路北第一個門，即陸家胡同二號，是我家的老宅，先父就是在這所老宅裡降生的。」此外，「我家還有另一處故居」，「在河東糧店後街六十號。這是我祖父晚年購置的，先父即在這所故居長大成人。」他說：「要著重說明的是，陸家胡同老宅的後院有三間灰土房。在糧店後街故居的前後跨院，也有中書房、客房、下房各三間。這兩處住房都距河較近，植有樹木。依此，可見先父所作〈憶兒時〉一首歌是有些根據的：『回憶兒時，家居嬉戲，光景宛如昨。茅屋三椽，老梅一樹，樹底迷藏捉。高枝啼鳥，小川游魚，曾把閑情託。……』」

另一是李叔同在浙江第一師範學校的門生豐子愷的看法。他認為李叔同的〈憶兒時〉，描寫的是自己住在「城南草堂」讀書奉母的「最幸福」的五六年的生活。他在〈法味〉一文中說李叔同「非常愛他母親。二十歲前陪了母親南遷上海，住在大南門金洞橋畔一所許宅的房子——即所謂『城南草堂』。……那房子旁邊有小濱，跨濱有苔痕蒼古的金洞橋，橋畔立著兩株兩抱大的柳樹。加之那時上海絕不像現在的繁華，來去只有小車子，從他家坐到大南門給十四文大錢已算很闊綽，比起現在的狀況來如同隔世，所以城南草堂更足以惹他底思慕了。他後來教音樂時，曾取一首淒惋嗚咽的西洋有名歌曲*My Dear Sunny Home*來改作一曲〈憶兒時〉，中有『高枝啼鳥，小川游魚，曾把閑情託』之句，恐怕就是那時的自己描寫了。」

這兩種看法都有一定道理，除了均強調地理環境與詩中所描寫的「茅屋三椽」、「老梅一樹」、「高枝啼鳥」、「小川游魚」有某些相似以至相同之點以外，前者緊扣李詩寫的是「兒時」，而李叔同「兒時」一直住在天津故居；後者則抓住李詩所抒發的「歡樂」情懷，而李叔同一生最歡樂的時候是在他南遷上海後，居住城南草堂讀書奉母之時，用他自己的話來說：「我從二十歲至二十六歲之間五六年，是平生最幸福的時候，此後就是不斷的悲哀和憂愁，一直到出家。」這正與此詩的最後兩句：「兒時歡樂，斯樂不可作」完全合拍。

筆者認為：藝術真實不等於生活真實，它來源於生活，又超越生活。李叔同的〈憶兒時〉，既然是一首藝術作品，就不能要求它與他的生活經歷完全貼合，毫釐不爽。

李叔同這首歌詞，與他在浙江第一師範學校任教時所作的相當一部分歌詞，如〈送別〉、〈悲秋〉、〈長逝〉一樣，都抒發了一種戀舊、惜別、傷逝的意緒和情趣。這與他當時的心境不無關係。有這樣幾個狀況值得人們注意：其一，李叔同一九○六年發現難治的肺病，時好時壞，這使他對生命的脆弱，一直處於比較敏感的狀態。其二，家庭屢遭變故，母親的死對他打擊很大；尤其在此前不久，「數十萬家資為票號所倒，幾瀕破產」（見林子青：《弘一法師年譜》一九一一年條），這對他的情緒也不無影響。他在以後的書信中一再稱自己為「窶人」，就可見其一斑。其三，李叔同作為舊時代一個憂國憂民的知識分子，曾對辛亥革命寄予很高期望；但結果卻事與願違，大失所望，一度比較飽滿的政治情緒便一落千丈。他在進入浙江第一師範學校任教以後，一心埋頭藝術教學，不問政治；連名人來校演講，他與夏丏尊都避之唯恐不及，躲到湖心亭吃茶去（見弘一法師〈我在西湖出家的經過〉），這就透露了李叔同當時對現實政治灰心失望的某些信息。

當人們失去某些東西時，越發覺得這些東西的可貴。李叔同此時既然失去了健康，失去了財富，失去了理想，自然對昔日那種富足、安康和幸福的無憂無慮的生活，表現出更加強烈的嚮往。

因此，這首〈憶兒時〉描述的是哪個時期（是住在天津老家時期，還是寓居上海城南草堂時期）的生活並不重要，重要的是它抒發了一種情緒，這便是對舊日幸福、歡樂的眷戀和對「斯樂不可作」的絕望。它曲折地傳遞了李叔同對當時現實生活的某些失落和遺憾情緒。

這首歌詞用字平易，而意境高遠，從藝術上看有其獨到之處。作者採用白描的手法，通過幾個有特徵的事物：「茅屋」、「老梅」、「啼鳥」、「游魚」，把兒時「家居嬉戲」的情景，烘托得栩栩如生，營造了如此濃烈的歡樂氣氛。最後又筆鋒一轉，歸結為「兒時歡樂，斯樂不可作」，使人們從兒時的甜蜜回憶中，驀然返回現實生活，如兜頭被潑上一盆冷水，在撫今追昔，若有所失之間，自然而然地引發對現實世界的不滿與失望。

早秋

十里明湖❶一葉舟，城南烟月水西樓❷。幾許秋容嬌欲流，隔著垂楊柳。　遠山明淨眉尖瘦，閑雲飄忽羅紋❸皺。天末涼風送早秋，秋花點點頭。

注：

❶十里明湖：指杭州西湖。舊有「明聖湖」之稱。該湖湖周約十五公里，湖面約二點五方公里。此處的「十里」係泛指，形容西湖的遼闊，並與下文的「一葉舟」呼應、對稱。❷「城南」句：西湖位於杭州市區之西；而舊時杭州的繁華街區，即它的政治、商業、文化中心，在杭州市區之南，故有此說。此句描繪湖中盪舟時所

見。❸羅紋：有花紋的絲織品，常用來形容雲彩，故也稱雲為羅雲。

解：

此首歌詞，據劉綿松《弘一大師全集目錄》稱，作於作者任教浙江第一師範學校時期的一九一五年。該歌係李叔同自製曲譜。他製作音樂教材，一般採用選曲填詞的形式，這是他作詞兼作曲的有數歌曲之一。這首歌最初發表於豐子愷編《中文名歌五十曲》，開明書店一九二八年版。

這是李叔同抒寫西湖秋色的一首短歌。李叔同寫過幾首關於秋的歌詞，如〈秋夜〉（二首）、〈月夜〉等，但是這首歌詞，如題所示，寫的只是秋季的一個時段的景色。

所謂「早秋」，大概相當於「立秋」以後不久的一段時間。豐子愷在隨筆〈秋〉裡，曾對此作過這樣的描繪：「在日曆上撕過了『立秋』的一頁以後，雖然太陽的炎威依然沒有減卻，寒暑表上的熱度依然沒有降低，然而只當得餘威與殘暑，或霜降木落的先驅，大地的節候已從今移交於秋了。」這段話對早秋的特點作了如下概括：即秋涼雖已到來，但仍保留炎夏的餘威；暑氣雖將殘盡，但冷霜仍未降臨。

李叔同這首歌詞緊扣「早秋」的「早」字落筆。歌詞用「幾許秋容」的「幾許」，點明當時夏去不久，秋色未深。隨後抒寫了「楊柳」依舊低「垂」，「秋花」仍然「點頭」，以這樣兩個特寫鏡頭，映照出此時氣溫尚高，生機猶存，並非金風颯颯，落木蕭蕭的深秋季節。特別是歌詞末尾的「天末涼風」一句，更為傳神：「天末」吹來的「風」給人帶來的感覺不是「冷」，而是「涼」，不正從一個側面說明殘暑未消嗎？

從這首短歌看出，李叔同描寫西湖的自然景觀，在分寸把握上較為準確、恰當。這一方面反映他對西湖景色變化的觀察，深刻入微；而另一方面，也證明李叔同寫景的技巧和才華，非同一般。

悲秋

西風乍起黃葉飄，日夕疏林杪。花事匆匆，夢影迢迢，零落凭誰弔？鏡裡朱顏，愁邊白髮，光陰暗催人老。縱有千金，縱有千金，千金難買年少。

解：

此歌詞，據劉綿松《弘一大師全集目錄》稱，作於李叔同一九一五年在浙江第一師範學校任音樂、美術教師時期。最初發表於一九二八年豐子愷編的《中文名歌五十曲》。這也是一首選曲填詞歌曲，原曲作者未詳。

這首歌詞與李叔同作於一九〇六年的〈老少年曲〉文字大體相同，只是由於配曲的需要，個別詞句作了一些增刪。如「夢影迢迢」為〈老少年曲〉原詞所無；「鏡裡朱顏，愁邊白髮」，原詞作「朱顏鏡裡老，白髮愁邊繞」；「縱有千金，縱有千金，千金難買年少」，原詞作「有千金，也難買韶華好」等等。

一首詩詞，往往由於人們的理解角度不同，可以產生相異的審美效果。最明顯的例子是李後主那首膾炙人口的〈虞美人・春風秋月何時了〉。它原本是一個亡國之君，抒寫自己對俘虜生活的悲痛和對舊時美好日子的懷念。但是，在幾乎一千年以後的抗日戰爭時期，這首詞卻引起廣大中國同胞，特別是失去家鄉的流亡者的感情共鳴，激起強烈的愛國情緒，成為一篇救亡的檄文。許多人正是懷揣這首詞，走上了抗日的戰場。

這首歌的情況也有點類似。作於二十歲時的〈老少年曲〉，原本是李叔同個人的一篇抒懷之作，突出反映了他對生命無常的某些感悟。但在時隔十幾年以後，作者作為浙江第一師範學校的音樂、圖畫教員，重新檢出這首作品，稍加改動，寫成〈悲秋〉歌詞，其中固然有個人的感情寄託，但作為一首向廣大莘莘學子教唱的音樂教材，顯然另有一番積極的用意。通過這首歌詞，作者想使廣大學生領會少年時光，稍縱即逝，應當格外重視和珍惜，切莫虛擲和浪費的人生哲理。

當時的許多學校，為了提高學生的學習自覺性，經常從不同側面，以不同方式，對學生進行「惜時」教育（今天的學校也不例外）。如「我生待明日，萬事成蹉跎」的〈明日歌〉；「勸君莫惜金縷衣，勸君惜取少年時」的〈金縷衣〉；「莫等閑、白了少年頭，空悲切」的〈滿江紅〉，都是那時學生的必讀教材；而「光陰似箭，日月如梭」，「時不我待，時不再來」，「一寸光陰一寸金，寸金難買寸光陰」等等成語或民諺，也成了那時學生案頭或筆下的自勉自勵的銘言。李叔同這首歌詞，與當時學校的整個教育取向和思想氛圍，是完全合拍和互相呼應的。

況且，李叔同本人就是一個具有強烈時間觀念的人，他通過這首歌曲，對學生進行「惜時」教育，也正是他本人時間觀念的體現。關於李叔同嚴格遵守時間這一點，現今還留下許多具體文字記載。

如歐陽予倩在〈自我演戲以來．春柳社的開場〉一文就說到：一次，李叔同與他相約早晨八點鐘在李的寓所會面，結果他因故遲到了五分鐘，李叔同便拒絕接見，開開樓窗，對他說：「我現在沒有工夫了，改天再約吧。」

又如劉質平在〈弘一上人史略〉中的一段回憶，更具傳奇色彩：

民元冬季，天大雪，積尺許。余適首作一曲，就正於師。經師細閱一過，若有所思，注視余久。余愧恧，幾置身無地。師忽對余言：「今晚八時三十五分，赴音樂教室，有話講。」余唯唯而退。屆時前往，風狂雪大，教室走廊，已有足跡，似有人先余而至。但教室門閉，聲息全無。余鵠立廊下約十餘分鐘，室內電燈忽亮，門啟師出，手持一錶言：「時間無誤，知汝嘗風雪之味久矣，可去也。」

這段文字，不由使人想起《史記・留侯世家》中漢代張良三赴下邳橋拜會黃石公的傳奇故事。李叔同在這裡也是把遵守不遵守時間，作為衡量一個人對師長尊重不尊重，可不可以造就的重要標準；他對遵守時間的深刻意義，就是提到這樣的高度上去認識和理解的。

再如豐子愷在〈為青年說弘一法師〉中也說到：

上音樂課時，李先生總是在上課之前，先在教室的黑板上清清楚楚地寫好這堂課所講授的內容，然後端坐在講臺上，靜候學生們的到來。後來我們知道他這脾氣，上音樂課必早到。故上課鈴響時，同學們早已到齊。他站起來，深深地一鞠躬，課就算開始了。

這說明李叔同嚴格遵守時間的「脾氣」，不僅給學生留下了深刻的印象，而且也在學生中間產生很大的榜樣力量。

「守時」，歸根結柢源於「惜時」。只有真正懂得光陰寶貴的人，才會嚴格遵守時間，不讓一分一秒浪費。因此，李叔同通過這首歌詞，對學生們進行愛惜光陰，珍視「少年」的規勸，也就不難理解的了。

月夜

纖雲四捲銀河❶靜，梧葉蕭疏搖月影。剪徑❷涼風陣陣緊，暮鴉棲止未定，萬里空明❸人意靜。呀，是何處，敲徹玉磬❹？一聲聲，清越度幽嶺。呀，是何處，聲相酬應？是孤雁、寒砧❺並。想此時此際，幽人❻應獨醒，倚欄風冷。

注：

❶銀河：天河、星河。全句係由唐韓愈〈八月十五夜贈張功曹署〉：「纖雲四捲天無河」演化而來。❷剪徑：原指攔路搶劫，此處用來比喻西風的尖厲。❸空明：指天色通明透亮。蘇軾〈海市〉：「東方雲海空復空，群仙雲沒空明中。」❹玉磬：古樂器名。❺寒砧：砧，搗衣石。全詞指寒秋的擊砧聲，詩詞中常用以描寫秋景的淒涼、蕭殺。沈佺期〈古意呈補闕喬知之〉：「九月寒砧催木葉。」❻幽人：原指隱士，此指情人、妻子。

解：

這首歌詞作於李叔同在浙江第一師範學校任教期間。據劉綿松《弘一大師全集目錄》稱：此歌詞作於一九一五年。最初見於錢君匋編《中國民歌選》開明書店一九二八年九月版。豐子愷編《中文名歌五十曲》開明書店一九二八年版和《李叔同歌曲集》北京音樂出版社一九五八年版則未收。

從李叔同所作的大量詩詞和歌曲中，我們可以看出他是一位寫景的高手，這首歌詞為我們再一次提供了有力證明。

歌詞題為〈月夜〉，但詩人不寫月色的皎潔明亮，也不寫月下的舉杯邀賞，而是著意營造月夜的靜境、靜意和靜趣，集中突出了一個「靜」字。

那麼，詩人又是如何寫靜的呢？中國歷代詩人擅長採用「以動寫靜」的藝術手法，並收到了顯著的審美效果。李叔同的這首〈月夜〉，就是對這一手法的成功運用。

李叔同主要從兩個方面入手寫靜：一是從視覺上，以動態寫靜。古代詩人常借助鳥獸蟲魚的動態，來創造意中的靜境。如南齊謝朓〈遊東田〉詩：「魚戲新荷動，鳥散餘花落。」水中游魚嬉戲，觸動了蓮葉；樹上飛鳥驚散，搖落了殘花。這兩個動的場景，正反映了詩人野遊時見到的靜境和所產生的靜意。李叔同這首〈月夜〉詩也是這樣，在詩的開頭四句，詩人依次描寫了微雲的「四捲」，梧葉的搖動，涼風的勁吹，再加以暮鴉的棲止未定等等，其用意正在於「置靜意於喧動中」（《冷齋夜話》），借助雲、風、葉、鴉的動態，營造和表現了月夜的靜謐和清幽。

一是從聽覺上，以聲音寫靜。錢鍾書說：「寂靜之幽深者，每以得聲音襯托而愈覺其深。」（《管錐篇》第一冊〈五二、車攻〉）古詩中對這種手法用得也很多。如梁王籍〈入若耶溪〉詩中的「蟬噪林逾靜，鳥鳴山更幽」就是膾炙人口的兩句。聽到蟬鳴，更感到樹林的靜寂；耳聞鳥叫，愈覺得山間的清幽，這就是以動寫靜，以有聲寫無聲的藝術魅力所在。李叔同這首〈月夜〉，也運用了這一手法。在萬籟俱寂中，作者寫了一聲聲玉磬，從遠山悠悠傳了過來；這時，孤雁的啼叫和寒秋的砧聲，此起彼落，遙相酬應。

幾種聲音交織在一起，就把月下的靜趣，生動地烘托了出來。

然而，此詞到此並未結束。月夜的幽靜環境，往往容易撩撥、牽動望月者心中情思，引起他們對遠方故鄉、故人的懷念。因此「月夜懷人」成為歷代詩詞中經久不衰的主題。李白的「舉頭望明月，低頭思故鄉」，王建的「今夜月明人盡望，不知秋思落誰家」，蘇軾的「但願人長久，千里共嬋娟」等等，都屬此類作品。李叔同這首〈月夜〉也步古人後塵，在寫了夜深人靜之後，化用杜甫同題五律「今夜鄜州月，閨中只獨看」，「香霧雲鬟濕，清輝玉臂寒」的詩意，寄託自己對故人的懷念之情。景語引出情語，反過來又給景語增添了感情色彩，把整首歌詞推上了一個新的意境層次。

秋夜

正日落秋山❶，一片羅雲❷隱去。萬種情懷，安排何處？卻妝出嫦娥❸，玉宇瓊樓❹緩步。天高氣清，滿庭風露。問耿耿銀河❺，有誰人引渡？四壁涼蛩❻，如來相語。盡遣了閑愁，聊共月華小住。如此良宵，人生難遇。

正寒蟬吟罷，驀然螢火飛流。夜涼如水，月掛簾鉤。愛星河皎潔，今宵雨斂雲收。蟲吟侑酒❼，掃盡閑愁。聽一聲長笛，有誰人倚樓❽？天涯萬里，情思悠悠。好安排枕簟❾，獨尋睡鄉優遊。金風颯颯❿，底事⓫悲秋？

注：

❶正日落秋山：《弘一大師全集》第七冊文藝卷福建人民出版社一九九一年版，作「日落西山」。❷羅雲：見《早秋》注❸。❸嫦娥：見〈春夜〉注❾。❹玉宇瓊樓：指月中宮殿。蘇軾〈水調歌頭〉：「我欲乘風歸去，唯恐瓊樓玉宇，高處不勝寒。」❺耿耿銀河：明亮的星河。白居易〈長恨歌〉：「耿耿銀河欲曙天。」❻涼蛩：即蟋蟀，一般在秋涼時長成，於夜深人靜時不斷鳴叫，故稱涼蛩。❼侑酒：勸酒，或助酒。❽「聽一聲長笛」二句：語出唐趙嘏〈長安秋望〉：「長笛一聲人倚樓」。「一聲」，李芳遠《弘一大師文鈔》、《弘一大師全集》第七冊文藝卷福建人民出版社一九九一年版，均作「一枝」。❾枕簟：枕和竹席等臥具。❿颯颯：風聲。屈原〈山鬼〉：「風颯颯兮木蕭蕭」。⓫底事：何事。

解：

此歌詞，據劉綿松《弘一大師全集目錄》稱，作於一九一五年李叔同在浙江第一師範學校任教時期，是以〈秋夜〉為題的二首歌曲之一。最早見於錢君匋編《中國民歌選》開明書店一九二八年九月版。但為豐子愷編的《中文名歌五十曲》一九二八年版、《李叔同歌曲集》一九五八年版所未收。豐子愷所編上二書僅收〈秋夜〉的另一首。這首〈秋夜〉原曲是愛爾蘭曲調〈我住在冷土中〉。愛爾蘭詩人托馬斯・穆爾(Thomas Moore, 1775–1852)曾根據此曲調作歌詞〈即使你的青春美麗都消逝〉。

「秋之為言，愁也。」(孔穎達《禮記正義》)中國歷代文人，自宋玉「悲哉，秋之為氣也」開始，借秋景賦詩作文，以抒寫自己內心愁緒悲思者，比比皆是，且不少是傳誦後世的名作，可以說形成了一個悲秋的傳統。他們作品中描繪的秋色、秋聲、秋思，讀來令人鬱悒、傷感。李叔同的這首〈秋夜〉則不同。以「秋」為吟詠對象，卻沒有一點淒涼、哀愁的情調。

在這首歌詞中，詩人全景式地敘寫了自己在秋夜的聽覺、視覺和觸覺。對某些構成秋夜獨特風貌的有特徵意義的景物，前代詩人雖也曾作過謳歌，但李叔同的著眼點不同，他為讀者營造了另一種不同的審美感受。

比如，同樣是寫秋月，孟郊的〈秋懷〉有「秋深月清苦」、「秋月顏色冰」、「秋月刀劍棱」、「老身懼秋月」等句，在他看來，月色似乎透著森森寒氣，甚至像凌厲的刀劍一樣，令人懼怕，無法接近；而李叔同這首歌詞的寫月就不同：「夜涼如水，月掛簾鉤」，「盡遣了閑愁，聊共月華小住」，秋月成了人們可以相伴相慰，和睦共處的親朋好友。

比如，同樣寫秋蟲，周密的〈西塍秋日即事〉：「絡緯（紡織娘）聲聲織夜愁」。絡緯的斷續嘶鳴，彷彿在織紡一張束縛詩人精神的愁網。而李叔同這首歌詞寫到秋蟲時，卻是那樣的親切和溫馨：「四壁涼蛩，如來相語」，「蟲吟侑酒，掃盡閑愁」，秋蟲的叫聲沒有給他添憂，反而能與他「對話」，助他飲酒，使他消「愁」，感受如此不同。

其他如寫夜空的「天高氣清」，「銀河耿耿」，「星河皎潔」；寫氣象的「雨斂雲收」，「滿庭風露」，「夜涼如水」；寫聲音的「一聲長笛，有誰人倚樓？」等等，也都無肅殺之氣，哀怨之情，為人們構築了一種清涼、幽靜、閑適的意境。這就難怪詩人在歌詞第一、二段的最後兩句，這樣吟詠：「如此良宵，人生難遇。」「金風颯颯，底事悲秋？」對秋夜之美，作了高度概括；也對前人的悲秋傳統提出了質疑與駁詰。

「如此良宵」一句，聽來並不陌生；我們在詩人作的〈春夜〉的歌詞中也讀到過同樣的讚嘆：「如此良宵，莫把這似水光陰空過了。」一般說，春夏秋冬四時的變遷，花草樹木萬物的盛衰，一定程度地影響著人們的思想感情。正如陸機在〈文賦〉中所說：「遵四時以嘆逝，瞻萬物而思紛；悲落葉於勁秋，喜柔條於芳春。」倘若說，春天正是東風送暖，萬物復蘇，群芳鬥艷，生趣盎然的季節，作「如此良宵」的讚嘆，是人之常情；那麼，李叔同對秋色也稱之為「良宵」，未免就有點特殊了。這說明作為唱歌教材，詩人不願將傷感情緒過多地傳達給學生。

無庸諱言，在這首歌詞中，畢竟流露了李叔同當時的思想感情中某些負面、消極的東西，正如他在〈春夜〉中所說的：「倒不如閑是閑非盡拋去」，在〈秋夜〉裡他也反覆寫到「盡遣了閑愁」，「掃盡閑愁」。這說明「閑是閑非」、「閑愁」等等，對他當時的思想構成一定干擾；他的傾心「春夜」、鍾情「秋夜」，很重要的一個原因就是為了能夠排除這些「閑愁」，摒棄這些「閑是閑非」，尋找心理的安適，帶有一種「忘情於山水」的自我陶醉的意味。因此，他在歌詞的最後，在讚譽秋夜清涼、寂靜之餘，吟詠：「好安排枕簟，獨尋睡鄉優遊」，也就不足為怪了。唐代詩人劉禹錫是以反對悲秋情調，樂觀、積極地描寫秋景而著名的，他在〈始聞秋風〉中曾有「馬思邊草拳毛動，雕眄青雲倦眼開」等詩句。李叔同這首歌詞與劉禹錫詩中那種催人警醒、奮發有為的積極精神，似乎存在不小的距離。

一九一六年

題陳師曾荷花小幅

師曾畫荷花，昔藏余家，癸丑之秋❶，以貽聽泉❷先生同學。今再展玩，為綴小詞。時余將入山坐禪❸，「慧業」❹云云，以美荷花，亦以自劭❺也。丙辰寒露❻。

一花一葉，孤芳致潔。昏波不染，成就慧業。

注：

❶癸丑之秋：即一九一三年之秋，當時李叔同在浙江第一師範學校任圖畫、音樂教員。❷聽泉：姓朱，是李叔同在浙江第一師範學校任教時的同事。據該校校長經亨頤《日記》一九一八年四月九日條：「宴同事七、八人，余與聽泉兩醉。」❸入山坐禪：坐禪，佛教用語，即坐而修禪，是佛教僧人修行的一種方法。此處指李叔同一九一六年十一月三十日入杭州大慈山虎跑寺試驗斷食。❹慧業：佛教用語，可解為能使修持者斷除煩惱，達到解脫之業；或解為生來就具有的智慧業緣。全詞實際上即指佛業。《維摩詰經・上・菩薩品四》：「知一切法，不取不捨，入一相門，起於慧業。」❺自劭：即自勉。劭，勸勉之意。《漢書・成帝紀》：「先帝劭農，薄其租稅。」❻丙辰寒露：丙辰，即一九一六年；寒露，二十四節氣之一，在當年的十月八日。

解：

此詩作於一九一六年十月，曾在一九二三年十二月出版的《南社叢刻》第二十二集發表，署名「李凡（息霜）」。原無題。《弘一大師全集》第七冊（福建人民出版社一九九一年版）刊載此詩時，題為〈題陳師曾荷花小幅〉。本書據此。

陳師曾（一八七六－一九二三），名衡恪，號槐堂，又號朽道人，江西修水人。現代中國著名的書畫篆刻家。幼年習訓詁，後留學日本，先後入東京弘文學院及高等師範學校。歸國後，從事美術教育事業，曾任北京國立美術專門學校教授。他善詩文、書法，尤長繪畫、篆刻。他的書法，篆、籀、隸、魏、真、行，諸體皆工。他畫山水得力於沈周、石濤諸家；作花果則取法陳惇、徐渭。其繪畫作品雄厚爽健，構圖新穎，自成一格；尤擅寫園林小景，能以寥寥幾筆，傳達出深遠意趣，清雋可愛。他的書畫篆刻頗為時人推重。吳昌碩曾為他的遺墨展覽題字曰：「朽者不朽」。齊白石也曾作詩道：「君無我不進，我無君則退。」著有《陳師曾詩文集》、《中國繪畫史》、《中國文人畫之研究》等等。

李叔同與陳師曾在二十世紀初葉，均以書畫篆刻，享譽中國文壇。「惺惺相惜」，兩人早就有密切的來往和交流。一九〇五年，日本書畫大家在東京創立以文會友的「淡白會」時，李、陳二人都在日本留學，同時報名參加。兩人既然都是中國留學生，又參加同一文化組織，便從此開始交往。辛亥革命以後的最初幾年，兩人從日本回國後都在江浙一帶任職，聯繫更為頻繁。如一九一二年，李叔同在《太平洋報》任美術編輯，主編《太平洋畫報》時，陳師曾應約在這個專版上，以「朽道人」為署名，陸續發表繪畫作品〈落日放船好〉、〈春江水暖鴨先知〉、〈古木幽篁〉、〈胯下之英雄〉、〈橋上人家看水流〉、〈嚴陵豈是羨魚者〉、〈柴門不正對江開〉等等，共十四五幅之多。同年四月間，李叔同、柳亞子等人，仿照日本「淡白會」的形式和經驗，在上海發起建立文美會，陳師曾當時正在南通師範任教，聞訊當即參加。文美會成立大會原定於當年五月底在上海舉行，因陳師曾恰在五月中旬「以事來滬」，李叔同等發起人感到「良朋快聚，機會難得」，特提前趕在五月十四日午後舉行。

除此之外，李、陳之間的私下藝事往還更多。如一九一七年，李叔同在書贈「孔爽仁弟」的擘窠大字聯：「永日視內典，深山多大年」上，押有三方印章，其中押在上聯的「襟上杭州舊酒痕」章和押在下聯的「息翁晚年之作」章，就是出自陳師曾之手。前印旁款「朽道人燈下鼓刀，意在悲盦（即趙之謙──筆者）」，後印旁款「師曾為叔同刻」。

一九一八年李叔同出家前夕，曾將自己所藏圖書、文具、書法作品等等，分贈給夏丏尊、豐子愷和劉質平等身邊親近的朋友和門生，作為紀念。但為什麼他將歷年所繪的多幅油畫，不辭千里之遠，送給北京國立美專呢？據說，這就是因為陳師曾當時正在這所學校擔任教授之職，李叔同可能認為有這位精通繪畫的朋友在此任教，將會對這些畫的價值作出更正確的評估，引起更多的重視，給予更妥善的保藏。這與他把所有的印章送給印友葉舟等人創辦的杭州西泠印社，其出發點是一樣的。這件事，十分有力地說明了李、陳兩人之間的相互信賴和相互推重的親切關係。

在李叔同終於出家以後，陳師曾仍然沒有割斷與這位故友的感情聯結。在李叔同贈給夏丏尊的《前塵影事》冊頁上，陳師曾曾題〈綺羅香〉一闋，詞中深情地詠嘆：「悵今日，勞燕西東，更說甚，紫嬌紅姹。好丹青付與知者，草鞋同樣掛」，表達了他對這位故友的懷念。

陳師曾與李叔同既有這樣深切的情誼，因而在交往過程中，把自己所畫的荷花小幅贈給李叔同，不足為奇；而且可能還遠不止這一幅。從該詩的短序中看出：李叔同把陳師曾這幅畫，先是珍「藏」於家；後來作為禮品，鄭重地「貽」贈同事朱聽泉；時隔三年之後，他仍有興趣對它再次「展玩」。這個過程表明李叔同對這幅畫是很重視、很欣賞的。但在一九一六年他再次「展玩」此畫時，由於心態已發生很大變化，欣賞的角度也隨之變異了。此時，他不再把視點只停留於這幅畫的藝術成就上，而是更多地寄託著他對人生的新的追求。

荷花，也稱蓮花，她的「出污泥而不染」的形象，歷來被人們用以比喻高潔的風格與節操。宋代理學家周敦頤所寫的〈愛蓮說〉，就因對蓮花這一品格進行生動描繪而膾炙人口。在佛教中，蓮花作為擺脫世俗污濁，步入清淨境界的象徵，受到廣泛的推崇和珍視。如佛教常用蓮花圖案裝飾佛座，因而佛座也稱「蓮座」或「蓮臺」。唐代道世在《諸經要集》十三中說：「十方諸佛，同出於污泥之濁；三身正覺，俱坐於蓮臺之上」，蓮臺在這裡就是被視為出離「濁世」的「淨地」。出於同樣理由，佛教也把佛國稱為「蓮界」，把佛寺稱為「蓮宇」，把僧居稱為「蓮房」等等。

李叔同在這首短詩中，正是從這個意義上，對這張荷花小幅加以由衷地讚頌。特別在詩中，李叔同用「慧業」這個佛教的專用褒詞，美化荷花，並以此進行自我勉勵，作為自我努力的目標，從中可以看出李叔同當時在思想上已進一步走近佛教。他寫這首詩後的不到兩年，最終遁入佛門，在此已顯露端倪。

一九一七年

貽王海帆先生

孤山歸寓，成小詩書扇，貽王海帆先生。

文字聯交誼，相逢有宿緣（前年五月，南社同人雅集湖上❶，始識先生）。**社盟❷稱後學**（先生長余三十二歲），**科第亦同年**（歲壬寅，余與先生，同應浙江鄉試，先生及第❸）。**撫碣傷禾黍❹**（今歲，余侍先生遊孤山，先生撫古墓碑，視「皇清」二字未磨滅，感喟久之），**怡情醉管絃**（孤山歸來，顧曲於湖上歌臺）。**西湖風月好，不慕赤松仙❺**（近來余視現世為樂土，先生亦贊此說）。

注：

❶雅集湖上：一九一五年五、六月間，南社曾在杭州西泠印社舉行過一次臨時雅集，與會的有柳亞子、高吹萬、姚石子和原在杭州的社員丁白丁、丁不識、丁展庵、陳慮尊、陳越流、王海帆、林秋葉等共二十七人。李叔同當時在浙江第一師範學校任教，也參加這次雅集，與王海帆初次相識。❷社盟：指李叔同與王海帆均為南社社員。❸「歲壬寅」句：一九〇二年秋，各省補行「庚子辛丑恩正并科」鄉試。李叔同當時正在南洋公學讀書，亦赴浙江杭州參加鄉試，與王海帆同科。後來王考中，而李落第，仍回南洋公學。❹禾黍：本為穀物名稱，此處另有含義。《詩・序》謂：西周亡後，周大夫過故宗廟宮室，盡為禾黍，憫宗周之顛覆，彷徨不忍去，而作〈黍離〉。後用於感慨亡國觸景生情之詞。此處指作者與王海帆對清代的覆亡，感慨不已。❺赤松仙：即赤

松子，古代傳說中的仙人。

解：

上詩作於一九一七年，最初發表於一九二三年十二月出版的《南社叢刻》第二十二集，署名李凡（息霜）。原無題。收入中國佛教協會一九八四年編《弘一法師》時，題為〈貽王海帆先生〉，本書據此。

王海帆（一八四五—一九一七），名毓岱，號少舫，別號舟枕山人，浙江餘杭人，為南社社員中年齡最長者。早年為人幕僚，工於筆札。以後周遊各地，足跡南至福建，北涉山東，所到之處，聲譽卓著。後來流寓蘇州滄浪亭畔，詩酒嘯傲。數年後處館杭州「八千卷樓」丁和甫家。晚年退老，仍寄寓丁氏「九思居」，與丁和甫及諸子唱酬為樂。著有《舟枕山人自述詩》一百四十韻。

作此詩時，王海帆已過古稀之年，寄居杭州丁和甫家養老；而李叔同不到四十歲，正在浙江第一師範學校任教。他陪同王海帆遊覽了西湖孤山，並欣賞了湖上歌臺的演奏，遊畢回寓，奉命寫成這首小詩題扇相贈。

南社社員尤墨君一九二〇年在浙江衢州祥符寺初見弘一法師時，曾就將法師的詩詞輯為《霜影集》一事，徵求他的高見，法師說：「貽王海帆詩，不記有此事。」有人由此懷疑此詩作者是否為李叔同。筆者認為，主觀上記不起不等於客觀上不存在。據分析，此詩很可能是整理王海帆遺物時發現，從而交《南社叢刻》發表。此詩既為李叔同出家前夕即興的應酬之作；後在《南社叢刻》上面世，又未經法師之手，因此法師記憶不起，也是合乎情理的。

這首詩追憶了他與王海帆的交誼和情緣，也描述了此次遊覽的幾個場景。作者在詩中自謙「後學」，反覆尊稱王海帆為「先生」，前後竟出現七次之多。特別是他把此次與王海帆的同遊，注為「侍先生遊孤山」，一個「侍」字，更反映了兩人的「代溝」距離。這種過分謙恭態度，說明李、王之間只是一般社友關係，決不屬於「忘年交」之類；因此全詩自然也沒有太多的感情交流。由於缺少這個「酵母」，這首小詩也就沒有太深的意蘊，作者只能頻頻借助於小字詮釋的幫忙，也就不足為怪了。說到底，這不過是一篇應酬之作罷了。

但是，詩的最後兩句：「西湖風月好，不慕赤松仙」，卻很值得人們注意。聯繫李叔同當時的生活經歷和心路歷程，這兩句詩雖僅短短十個字，卻反映了李叔同對自己的宗教信仰所作的重大決策。

一九一七年，正是李叔同出家的前一年。他此時對塵世生活相當厭倦，「作超現實的想望」，避世、遁世，成為他的主要思想傾向。那麼採取什麼形式：退隱山林或皈依宗教？如是後者，應當皈依何種宗教：道教、佛教或天理教？他一時拿不定主意。他彷徨在人生的十字路口上，躊躇思量，猶豫不決。

李叔同在一九一六年十一月底到虎跑寺試驗斷食前後的表現，很說明這一點。當時他很傾慕佛教。他回憶自己試驗斷食時，住在虎跑寺方丈樓下，看到出家人「那種生活，卻很喜歡而且羨慕起來了」，還把這看作是他「出家的近因」（見〈我在西湖出家的經過〉）。他在〈斷食日記〉中，還有「晚侍和尚念佛」、「晨覽《釋迦如來應化事跡圖》」等記載。這些都是他對佛教信仰的證明。但與此同時，他也信奉「天理教」。在他所寫的〈斷食日記〉中，曾出現「禱諸大神之前，神詔斷食，故決定之」，「敬抄《御神樂歌》二頁」，「誦《神樂歌》甚愉快」，「是晚感謝神恩，誓必皈依」等等文字。這裡所謂之「大神」、「御神」，即日本天理教神。他的日籍夫人是天理教信徒，李可能受到他夫人的影響，在出家之前，也信仰過日本天理教。然而在他試驗斷食後，又一度信奉起道教。如他下山後改名為「嬰」，就是化用道教教祖老子所說的「能嬰兒乎」之意。他還給自己取號「欣欣道人」，在用斷食時所攝照片製成的名片上，就印著這樣的文字：「丙辰嘉平一日，始入大慈山，斷食十七日，身心靈化，歡樂康強——欣欣道人記。」他為朱穌典書寫的「靈化」條幅，除署名「欣欣道人」之外，還鈐有「不食人間烟火」印章。以上種種跡象說明他在這個時期，也曾一度向道教作過某種傾斜。

對弘一法師為何最終沒有信仰道教，這首寫於一九一七年的小詩，從一個側面作了回答。

道教追求「飛昇」，所謂「一人得道，雞犬昇天」；這是李叔同所不贊賞的。在一九三六年底郁達夫來訪之後，弘一法師曾寫詩贈他，其中有一聯：「學士清平彈別調，道宗宏議薄飛昇」。前一句指弘一法師著有《清涼歌集》，後一句就是說弘一法師鄙薄道教的「飛昇」之說。

這首詩最後一句所說的「不慕赤松仙」，正是這一思想的反映。傳說中的「赤松仙」就是飄遊天際，脫離人間的道教神仙。在中國歷代的文人筆下，曾多次出現「赤松仙」的形象。早在漢劉向《列仙傳》中，就稱其「往往止崑崙山上，隨風雨上下」。《淮南子・齊俗訓》也稱其「吹嘔呼吸，吐故納新，遺行去智，抱素返真，以遊天渺，上通雲天。」《漢書・張良傳》則稱：張良輔漢功成，曾言「願棄人間事，從赤松子遊耳。」這些文字都說明赤松子是遠離塵世，超凡脫俗，逍遙天間的神仙。他歷來為道教所尊奉，成為道教崇拜的偶像。李白的〈題雍州崔明府丹竈〉曰：「葉縣已泥丹竈畢，神州當伴赤松仙。」孟浩然的〈宴梅道士山房〉也云：「忽逢青鳥使，邀入赤松家。」都證明了赤松仙在道教信徒心目中的位置。因此，李叔同詩中的「不慕赤松仙」，也就成為不慕道教的同義語了。

李叔同寫的這首小詩，在作為「詩眼」的最後這一句，對道教所信奉的「隨風上下」、「上通雲天」的赤松子，不表示羨慕，並注明自己「視現世為樂土」。從中透露了李叔同終於離棄道教的某些信息，應當引起弘一法師研究者的重視。

順便交代一句的是，李叔同傾斜道教的時間極為短暫，他最後還是皈依了佛教。這與他「視現世為樂土」的觀念有沒有矛盾呢？沒有。因為佛教自唐以後，逐漸從出世轉向入世。唐代惠能的〈無相頌〉就稱：「佛法在世間，不離世間覺；離世覓菩提，恰如求兔角。」經過千百年來的衍變，佛教成為一種出世而又入世的宗教。民國初年的大學者梁啟超就說：「佛教是入世的，乃非厭世。」值得注意的是，李叔同在認識上對佛教「入世」的一面，即它的「世間性」一面，一直十分重視和強調。他在《佛法十疑略釋》中說：「學佛法者雖居住山林之中，亦非貪享山林之清福，乃是勤修『戒』、『定』、『慧』，以預備將來救世之資具耳。與世俗青年學子在學校讀書，為將來任事之準備者相似。」佛教徒即使撒手西歸，但在修得正果成佛之後，還是要回到世間，普度眾生的，這也就是他晚年常說的「去去就來」的涵義所在。這也許正是他最後離道從佛的重要原因吧!?

一九一三—一九一八年

直隸❶省立第一師範附屬小學校歌

文昌❷在天，文明之光。地靈人傑❸，效師長；初學根本，實切強；精神騰躍，成文章❹。君不見，七十二沽水❺，源遠流長。

注：

❶直隸：舊省名，天津為其所轄，後改名為河北省。❷文昌：星宿名，即文昌星，也稱文曲星，舊時傳說為主文運的星宿。唐裴庭裕《東觀奏記》：「初，日官奏文昌星暗，秋場當有事。」❸地靈人傑：意即地理環境優越，遂使人才輩出。明無心子〈金雀記・寄書〉：「久聞河陽山水奇觀，地靈人傑，嵇康、阮籍諸公咸集於此。」❹文章：此處不僅指文字、文辭，而應作廣義理解，意為禮樂、法度。《論語・泰伯》：「巍巍乎其有成功也，煥乎其有文章。」❺沽水：亦稱沽河、海河，華北地區最大水系，由潮白河、永定河等五大河在天津市匯合而成。由於舊時該河有大小支流共七十二條，故稱七十二沽水。

解：

直隸省立第一師範附屬小學，原為天津的文昌宮小學。其前身為清末的輔仁書院，李叔同少年時曾就讀於此，至今保藏下來的李叔同早年作文用紙，就印有「輔仁書院」字樣。該校校址在天津舊城西北角，現改為回民小學。此歌為曾在文昌宮小學讀過書的宋廷璋提供。據稱：當年音樂教師胡定九教他們唱這首歌時，介紹此歌詞為李叔同先生所作。此歌詞最早見於《李叔同——弘一法師》天津古籍出版社一九八八年版。後又發表於《李叔同——弘一法師歌曲全集》上海音樂出版社一九九〇年九月版。

整首歌詞大多是對學生的勸勉之詞。但值得注意的是第一句和最後一句，意含雙關，既點出這所學校的個性，又有對莘莘學子寄寓祝福，進行鼓勵的涵義。開頭的「文昌在天」一句，由於這所小學原為文昌宮小學，故用「文昌」二字起頭，使人聽了第一句，就知道這是什麼學校；同時也包含著文昌當頭高照，學生學必有成的良好祝願。最後的「七十二沽水，源遠流長」一句，進一步點明了這所小學地處沽水之濱的天津城，也暗示著學生的前程，就像這源遠流長的沽河水一樣，未可限量。看來，李叔同撰寫此一類型歌曲，也不外行。

一般說，當時校歌的作者，不外乎兩種人：一是請在社會上有影響的校友撰寫；二是由在該校執教的有成就的教員創作。直隸省立第一師範附屬小學約在一九一三年由文昌宮小學改名，李叔同曾在該校前身輔仁書院就讀，而此時他在文學界、音樂界享有一定聲譽，因此他可能應母校之請而作此歌。寫作時間大概就在一九一三年後的一二年內。

據現在掌握的史料，李叔同除這首〈直隸省立第一師範附屬小學校歌〉之外，還撰寫過另外兩首校歌。如果說這首校歌是以校友的身分寫作的，那麼創作後面兩首校歌的身分就不同了。他在浙江省第一師範學校任教六年間，曾參與創作〈浙江省立第一師範學校校歌〉。不過他這次不是作詞，而是譜曲。歌詞作者是浙江一師的同事，文學家、翻譯家夏丏尊。歌詞如下：「人人人，代謝靡盡，先後覺新民。可能可能，陶冶精神，道德潤心身。吾儕同學，負斯重任，相勉又相親。五載光陰，學與俱進，磐固吾根本。葉蓁蓁，木欣欣，碧梧萬枝新。之江西，西湖濱，桃李一堂春。」

從一九一五年起，李叔同還曾受南京高等師範學校校長江謙之聘，兼任該校音樂、圖畫教員兩年。他雖然奔波杭寧兩地，頗為辛勞，但正如他在致李聖章函中所說：「及門數千，遍及江浙，英才蔚出」，並為此感到「私心大慰」。據《李叔同——弘一法師歌曲全集》（上海音樂出版社一九九〇年版）稱：他在該校任課期間，也曾欣然受命作過〈南京高等師範學校校歌〉，但歌詞和曲譜佚失，至今尚未找到，殊為可惜。

夢

哀遊子煢煢❶其無依兮，在天之涯。惟長夜漫漫❷而獨寐兮，時恍惚❸以魂馳。夢偃臥❹搖籃以啼哭兮，似嬰兒時。母食我甘酪與粉餌❺兮，父衣我以綵衣❻。月落烏啼❼，夢影依稀，往事知不知？汨❽半生哀樂之長逝兮，感親之恩其永垂。

哀遊子愴愴❾而自憐兮，弔形影悲❿。惟長夜漫漫而獨寐兮，時恍惚以魂馳。夢揮淚出門辭父母兮，嘆生別離。父語我眠食宜珍重兮，母語我以早歸。月落烏啼，夢影依稀，往事知不知？汨半生哀樂之長逝兮，感親之恩其永垂。

注：

❶煢煢：孤獨無依貌。晉李密〈陳情表〉：「煢煢孑立，形影相弔。」❷長夜漫漫：語出《史記》：「生

不逢堯與舜禪，長夜漫漫何時旦？」漫漫，長遠，無邊無際之意。❸恍惚：神智不清、神思不定之意。宋玉〈神女賦〉：「精神恍惚，若有所喜。」❹偃臥：即仰面而臥。《孫子・九地》：「坐者涕沾襟，偃臥者涕交頤。」❺甘酪與粉餌：前者為用牛、羊、馬等乳製成的乳漿；後者為用米、麥碾粉製成的糕餅，均為嬰兒食品。❻綵衣：綵，通「彩」，指彩色絲織的衣服。❼月落烏啼：語出唐張繼〈楓橋夜泊〉：「月落烏啼霜滿天」。這是描寫江南深夜的景色。❽汩：水流迅疾貌。屈原《離騷》：「汩余若將不及兮，恐年歲之不吾與」。❾愴愴：憂傷、悲痛貌。漢王袞《九懷・思忠》：「感余志兮慘慄，心愴愴兮自憐。」❿弔形影悲：語出李密〈陳情表〉「形影相弔」。弔，問。意即孤獨得連形、影互相存問時都感到悲傷。

解：

這首歌詞作於作者任教浙江第一師範學校的一九一三年至一九一八年之間。原曲作者為斯蒂芬・C・福斯特(Stephen Collins Foster, 1826–1864)，後收入豐子愷編《中文名歌五十曲》開明書店一九二八年版。

歌詞抒發了一位遊子對父母的緬懷和感恩之情，在這位遊子身上顯然疊印著李叔同自己的影子。李叔同撰此，既作為音樂教材，對當時浙一師的莘莘學子進行中國傳統倫理道德之一的孝道教育，同時也寄託著本人對父母的深切孝思。

李叔同五歲喪父，父親對他的感情影響並不太深；雖然他也有紀念父親的文字和活動，但大都出於道義或禮儀上的考慮。他與母親的關係可就大不相同了。他是母親一手撫養成人的，二十餘年來，一直生活在母親的關愛與呵護之下。特別是母親早就守寡，而他又是母親的獨子，其間關係又非尋常母子可比。因此他二十六歲時，與他相依為命的母親離他死去，對他感情的打擊是極為沈重的。他以後對學生豐子愷說過：母親的死留給他的「就是不斷的悲哀與憂愁，一直到出家」。

李叔同終其一生，一直保持著對他母親的深刻懷念，不論在日本留學時期，還是歸國後在浙一師任教時期，直到披上袈裟走進佛門之後的二十餘年的僧侶生活時期，莫不如此。

一九〇五年，母親逝世的當年，他將母親靈柩葬於天津的第二個月，即遠渡重洋，去日本留學。這固然因為他急於探索救國救民之道，但也不能排除母親的死給他帶來巨大的心靈創傷，以致不出國就無法從痛苦中自拔。因此，他初到日本時，心情仍然非常沈痛，在與朋友通信時，都用李哀署名。一個「哀」字，形象地概括了他當時的感情核心；直至第二年十月以後，才由「李岸」取代（見陳慧劍〈弘一大師名號考釋〉）。

在這裡，有一個與這種心境相聯繫的問題，值得我們重新思考。一九〇六年（即日本明治三十九年）十月四日，日本的《國民新聞》在第五版上登載了一篇關於李叔同在日本留學的報導，題為〈清國人志於洋畫〉，當該報記者採訪時問他：「你的雙親都在嗎？」他的回答：「都在。」這顯然與他當時父母雙亡的事實不符。現在論者普遍認為，這是由於記者的筆誤。但是李叔同在當年舊曆八月三十日（即十月十七日，這則報導登報後的第十三日），他把這張報紙寄給盟兄許幻園時，對如此重大謬誤，竟不置一詞。看來李叔同對此是表示默認的。因此筆者認為，這很大可能是出於李叔同的有意迴避。人們對自己生活中的傷痛與缺憾之處，常常諱莫如深，不願別人窺視和觸動。李叔同對記者作出「失實」的回答，可能是從這個心理出發的。這從一個側面反映了母親的死在他心靈上留下的傷痕有多大多深！

他回國後的七八年，對亡母眷念之殷，暫且不說；值得一提的是，李叔同走入佛門之後，儘管對妻子兒女的感情聯繫逐漸淡化，到了最後，基本瀕於「割絕」與「中斷」；但唯獨對自己的亡母卻始終念念不忘，眷戀與感恩的情懷，不絕如縷。每逢母親忌日，他都要為她念經迴向。如：一九二〇年四月二十一日，他「為亡母五十九週歲冥誕，手書《無常經》，以資冥福」；一九二一年四月二十一日，他「為亡母六十冥誕，先後敬書《贊禮地藏菩薩懺願儀》、《佛三身贊頌》二種，以為迴向」；一九三九年舊曆二月初五日，他又「為亡母謝世三十四週年，於《前塵影事》冊上，手書《金剛經》偈頌，迴向菩提」等等（以上均見林子青《弘一法師年譜》）。特別是在亦幻《弘一法師在白湖》一文中，還說到這樣一件事：「（一九二九年）十月十五日，天台靜權法師來金仙寺宣講《地藏經》、《彌陀要解》，弘一法師參加聽法，兩個月沒有缺過一座。靜師從經義演繹到孝思在中國倫理學上之重要的時候，弘師當著大眾哽咽泣如雨，全體聽眾無不愕然驚懼，座上講師亦弄得目瞪口呆，不敢講下去。後來我才知道滾熱的淚水是他追念母愛的天然流露，並不是什麼人在觸犯他傷心。」好一個「天然流露」！這說明他對母親的緬懷和感恩，出於一種潛在的本能。因此，僧衣並沒有解除他因感念母親劬勞而流淌的人子之淚。

聯繫李叔同對亡母的這一感情背景，他寫出像〈夢〉這樣的對父母之愛的深情頌歌，也就不難理解了。

歌詞一二兩段的開頭四句，抒寫了遠方遊子踽踽獨行的形象，並竭力渲染了他的孤獨感和寂寞感。有理由認為，這是李叔同對母親逝世後去日本留學最初幾年自己的處境和心情的追憶和再現；因為歌詞中的「遊子」，與他當時的身分相符；而那種「煢煢無依」、「愴愴自憐」、「弔形影悲」、「恍惚魂馳」的感覺，又與他喪母不久的心態完全吻合。但筆者覺得，除此之外，從藝術手法上看，歌詞的這樣描寫也為下文作出生動的鋪墊，營構鮮明的對照，使人們更能領悟後文所描寫的父母之愛的溫馨和魅力。

接下去的四句，便是全歌的點題之筆。第一段抒寫的是「似嬰兒時」，父母對他的悉心照料；第二段描繪的則是離家出門時，父母對他的反覆叮嚀。一、二兩段，時間不同：前為嬰兒，後為成人；場合各異：前者為「聚」，後者為「散」。但父母對子女的愛，卻始終如一，前後無異。從中可以看出，父母之愛是人間一種最永恒、最無私的愛。由此，也就自然引申出最後的一句：「汩半生哀樂之長逝兮，感親之恩其永垂。」雖然光陰荏苒，歲月流逝，但對父母的感恩則無窮無盡，歷久不衰。

這首歌詞從「夢」切入，也很有藝術見地。著名精神分析學創始人弗洛伊德說過：「夢是被壓抑慾念的虛假實現。」（見《夢的解析》）李叔同作這樣的描寫，不僅因為「日有所思，夜有所夢」，以此更能烘托「遊子」思戀父母的殷切；而且，由於夢是非現實的，也就大大強化了「遊子」夢醒後的失落和對父母昔日寵愛的緬懷。〈夢〉這首歌詞，正是通過這個切入口，生動地傳遞了作者李叔同對父母之愛的無限嚮往，表露了對這種愛的一去不復返的強烈痛苦。

長逝

看今朝樹色青青，奈明朝落葉飄零。看今朝花開灼灼❶，奈明朝落紅飄泊。惟春與秋其代序兮❷，感歲月之不居❸。老冉冉以將至❹，傷青春其長逝。

注：

❶灼灼：鮮明光盛貌。李白〈送客歸吳〉：「島花開灼灼」。❷春與秋其代序：代序，即代謝，輪換、更替

之意。語出《離騷》：「日月忽其不淹兮，春與秋其代序。」此句是指春和秋季節依次更替，光陰迅速流逝。

❸歲月之不居：居，停留。此句也指時光流逝之快。語出漢孔融〈論盛孝章書〉：「歲月不居，時節如流。五十之年，忽焉已至。」❹老冉冉以將至：語出《離騷》，見〈哀祖國〉注❹。

解：

這首歌詞是作者在一九一三年至一九一八年間任教浙江第一師範學校時期所作。最初載於豐子愷編《中文名歌五十曲》，開明書店一九二八年版，但未署詞作者姓名。後又被豐子愷收入他編的《李叔同歌曲集》，北京音樂出版社一九五八年版。署「李叔同作詞」。

這首歌詞與此一時期所寫的另一首歌詞〈悲秋〉，主題、構思幾乎一致，都是從描寫花開花落、葉生葉枯這些人們所習見的自然現象變化入手，感嘆光陰流逝之迅速，青春一去不復返。它雖然也寄託作者對年華逝去的傷感情懷，但不可否認，作為一首向學生教唱的「學堂樂歌」，李叔同的主要用意也是在於提醒莘莘學子，珍惜青春，勤奮學習。

儘管這首〈長逝〉與〈悲秋〉主題思想相同，但是兩者在體裁與用語上卻差異不小。如果說〈悲秋〉的結構近乎古詞，那麼這首〈長逝〉則採用了「離騷」體，而且直接引用了《離騷》中不少現成的詞句。如歌詞中的「春與秋其代序」，「老冉冉以將至」等，都見之於《離騷》。

李叔同早在一九〇五年就有感於西學輸入中國以後，中國傳統的詞章之學，被一些「不學之徒」鄙視、廢棄，幾有消滅之勢，曾經大力倡導選錄古典詩詞，作為「學堂唱歌」的歌詞；並親自動手，從《詩經》、《楚辭》和唐詩宋詞中選出十三篇，一一配以外國的曲調，編成《國學唱歌集》一冊，發行以後，影響很大。而在多年以後他所寫的這首〈長逝〉，承襲和延續了這一作法，說明李叔同對中國傳統詞章之學一貫的推崇和尊重，並大力予以弘揚的態度。

在那本《國學唱歌集》中，除附錄的「雜歌十章」以外，歌集中的歌詞，大都是古典詩、詞、曲的照錄。這首歌詞卻不同，它根據譜曲的需要，特別是結合學生特定的實際情況，既引用了《離騷》中大量詞句，但又大膽地作了某些修飾和改動，收到較好的效果。如《離騷》的「惟草木之零落兮」一句，在〈長逝〉中採用其意，而鋪陳、敷衍為四句，即歌詞開頭的「看今朝樹色青青，奈明朝落葉飄零。看今朝花開灼灼，奈明朝落紅飄泊」；這樣處理，更形象、更豐滿、更具感人的力量。特別是歌詞的最後兩句，《離騷》中原作「老冉冉其將至兮，恐修名之不立」。修名，即令聞、美名，全句意謂，年華將要逐漸衰老，我擔心自己的美譽尚未確立。在〈長逝〉中，作者把「恐修名之不立」改為「傷青春其長逝」，還順帶把「老冉冉其將至」的「其」字改為「以」字，以避免和下句在用字上有所重複。這樣的改動，不但更切全歌主題，而且也與在校學生的實際情況貼合；因為學生在校的主要任務是學習文、理方面的知識，還沒有遇到「立修名」的問題，那是他們從學校畢業踏上社會以後的事情。

我們從這裡看出李叔同在創作歌詞時，雖然認真學習和熱心運用我國傳統的詞章之學，但注意結合實際，靈活應用。其實，早在《國學唱歌集》的「雜歌十章」中，他已經進行了這方面努力；不過到了這時，他作得更加自覺和更為熟練罷了。

春夜

金谷園❶中，黃昏人靜。一輪明月，恰上花梢。月圓花好，如此良宵，莫把這似水光陰空過了。　英雄安在？荒塚蕭蕭。你試看他青史❷功名，你試看他朱門錦繡。繁華如夢，滿目蓬蒿❸；天地逆旅，光陰過客❹。無聊！　倒不如閑是閑非❺盡拋去，逍遙！倒不如花前月下且遊遨，將金樽❻倒；海棠睡去，把紅燭燒❼；荼蘼開未，把羯鼓敲❽。莫教天上嫦娥❾，將人笑！

注：

❶金谷園：金谷，地名，在今河南洛陽市西北。晉太康中，「征虜將軍」石崇建別墅於此，「冠絕時輩」，極為豪奢，「引致賓客，日以賦詩」（見《晉書・劉琨傳》），世稱「金谷園」。後人曾作詩記其盛況：「金谷賓遊盛，青門冠蓋多。」永康元年，石崇犯事被殺，家產籍沒，金谷園因此荒圮。❷青史：古以竹簡記事，竹色青，故稱史籍為青史。唐岑參詩：「古來青史誰不見，今見功名勝古人。」❸蓬蒿：蓬草和蒿草。見《禮・月令》：孟春之月，「藜莠蓬蒿並興」。此處形容雜草叢生，一片荒蕪。❹「天地逆旅」二句：見李白〈春夜宴從弟桃李園序〉：「夫天地者，萬物之逆旅；光陰者，百代之過客。」意即人生苦短，來去匆匆，瞬息即逝。❺閑是閑非：《李叔同——弘一法師歌曲全集》上海音樂出版社一九九〇年九月版作「聞是聞非」，「聞」當為「閑」之誤。❻金樽：酒杯。李白〈將進酒〉：「人生得意須盡歡，莫使金樽空對月。」❼「海棠睡去」二句：海棠，

花名，春季開花，紅色。宋惠洪《冷齋夜話》卷一：「《太真外傳》曰：『上皇登沉香亭，詔太真妃子。太真時卯醉未醒，命力士從侍兒扶掖而至。妃子醉顏殘妝，鬢亂釵橫，不能再拜。上皇笑曰：豈是妃子醉，直海棠睡未足耳。』」後人因以楊貴妃喻海棠。蘇東坡〈海棠〉詩，曰：「只恐夜深花睡去，故燒高燭照紅妝。」歌詞中的這兩句就是由此演化而來。❽「荼蘼開未」二句：荼蘼，花名，一名木香，開於晚春，色白。唐南卓《羯鼓錄》：「時當宿雨初晴，景色明麗，小殿內庭，柳杏將吐。（玄宗）睹而嘆曰：『對此景物，豈不得為它判斷之乎？』左右相顧，將命備酒，獨高力士遣取羯鼓。上旋命之，臨軒縱擊一曲，曲名〈春光好〉，神思自得，及顧柳杏，皆已發坼。」詩中借用這個典故，指荼蘼未開，就像唐玄宗那樣，縱擊羯鼓，催其吐花。❾嫦娥：即姮娥，漢劉安《淮南子．覽冥訓》：「羿請不死之藥於西王母，姮娥竊以奔月。」漢高誘注：「姮娥，羿妻。羿請不死之藥於西王母，未及服之，姮娥盜含之，得仙，奔入月中，為月精。」後遂用此典指代月亮。洪适〈南歌子〉：「舉酒勸嫦娥，長使清光滿。」

解：

此歌詞作於一九一三—一九一八年李叔同任教浙江第一師範學校時，為選曲填詞歌曲，原曲作者為法國歌劇作曲家弗朗索瓦．A．布瓦爾迪約(Francois Adrien Boiedieu, 1775–1834)，題後原有「齊唱與二部合唱」字樣。最初見於一九二八年出版的錢君匋編《中國民歌選》。為豐子愷編《中文名歌五十曲》、《李叔同歌曲集》所未收。後收入《李叔同——弘一法師歌曲全集》，上海音樂出版社一九九〇年版時，亦署：「李叔同作詞」。

感嘆時光荏苒，歲月不居，因此鼓吹秉燭夜遊，及時行樂，這是封建社會知識分子普遍追求的人生理想。〈古詩十九首〉中就歌詠：「生年不滿百，常懷千歲憂，晝短苦夜長，何不秉燭遊？」曹丕〈與吳質書〉也云：「少壯真當努力，年一過往，何可攀援？古人秉燭夜遊，良有以也。」李白〈春夜宴從弟桃李園序〉又一次發揮了這一思想：「浮生若夢，為歡幾何？古人秉燭夜遊，良有以也。」李叔同的這首歌詞，顯然與古代文人所嚮往的這一人生理想一脈相承，並對這一理想作了生動的發揮。

整首歌詞分為三個部分，第一部分開門見山，三言兩語，點出春夜景觀的特徵：「黃昏人靜」、「花好月圓」，從而規勸人們面對如此良宵，切勿讓其空過。第二部分作者進一步申述莫負良宵，「及時行樂」的理由，這裡除了如李白文章開頭兩句：「夫天地者，萬物之逆旅，光陰者，百代之過客」那樣從自然意義上說明人生的短暫性，也即歌詞中所唱的「天地逆旅，光陰過客」之外，還從社會意義上表白了人生的無常性：多少「英雄」，當年「青史功名」，「朱門錦繡」，如今留下的唯有「荒塚蕭蕭」，「滿目蓬蒿」。這種人間的「今昔盛衰」的嬗變，往往令人更為觸目驚心。第三部分作者進一步寫出怎樣度過、打發如此良宵，那就是拋去一切「閑是閑非」所帶來的煩惱。一邊倒滿酒杯暢飲，一邊盡情地品花賞月。這樣的立意，與李白文章中的「開瓊筵以坐花，飛羽觴而醉月」相似，都是有「花」，有「月」，有「酒」，人們徜徉在這樣的「春夜」之中，能不心曠神怡？值得注意的，作者在這裡巧妙地應用了幾個典故，把「海棠」、「荼蘼」和「明月」這些審美客體擬人化，那「海棠」是會「睡」的，那「荼蘼」是能聽的，那「嫦娥」是會「笑」的，一句話，她們都是有知覺、有靈性、有感情的。那麼，作為審美主體的人，又豈能無知無情，自然應當與審美客體互相擁抱，融合無間的了！

作者在這首歌詞中，對古代文人「浮生若夢」、「及時行樂」的思想，引起如此強烈共鳴，並進行了盡情的抒發，這當然有其社會原因。李叔同早就對人生的短暫、無常，有所感悟。如一八九四年，他才十五歲，所作古詩就有這樣的句子：「人生猶如西山日，富貴終如草上霜。」一九〇〇年他所作的〈老少年曲〉也感嘆「朱顏鏡裡凋，白髮愁邊繞。一霎光陰，底是催人老。」但那時還只限於個人身世之感。隨著年歲遞增，社會閱歷日益豐富，特別是他的家庭接二連三發生重大變故；作者寄予殷切期望的辛亥革命又遭失敗，這就使他對人生的感傷帶有更深廣的社會內容。然而李叔同創作這首歌詞時，畢竟還是積極入世的，沒有到了看破紅塵的境地，所以他尋找擺脫人生困擾的方法，並未超越塵世範圍。他如此贊同古代文人所熱衷的及時行樂的人生態度，以此忘卻、排遣種種人生煩惱，道理也就在這裡。

最後要說的是，從歌詞的第一句看，似乎這次春夜之遊的地點就在金谷園。其實建於一千六百年前的金谷園，這時早已不復存在了。那麼，作者為什麼這樣寫呢？這是因為石崇當年在金谷園舉行的遊宴，一向被歷代文人視為曠古的雅事。李白文末，就以「如詩不成，罰依金谷酒數」結束，可見他就是把金谷園的遊宴作為典範來尊崇的。同時，還因為石崇當年為金谷園遊宴寫有〈金谷詩序〉（見《全晉文》卷三三）。文中突出了「感性命之不永，懼凋落之無期」的思想，與歌詞的整個主題也完全合拍。因此歌中的「金谷園」只是虛指、泛指，作者借此典故，無非要強化春夜遊宴的品位，渲染春夜遊宴的氣氛，並能更好地寄寓自己對人世的滄桑巨變，今昔盛衰的感慨。

鶯

喜春來日暖風和，園林花放新鶯啼。聽花間清音百囀❶：嚦嚦❷，嚦嚦。聽花間清音百囀：嚦嚦，嚦嚦，嚦嚦；嚦嚦，嚦嚦，嚦嚦，嚦嚦。

注：

❶囀：鳥鳴宛轉。庾信〈春賦〉：「新年鳥聲千種囀。」❷嚦嚦：形容清脆流利的黃鶯鳴聲。

解：

此歌詞作於一九一三—一九一八年李叔同在浙江第一師範學校任教時期。最早見於豐子愷編《中文名歌五十曲》，開明書店一九二八年版。但未署詞作者姓名。後又被豐子愷收入他編的《李叔同歌曲集》，北京音樂出版社一九五八年版，署「李叔同作詞」。

這是李叔同歌詞中寫春的又一首小品。它擷取「鶯啼」這個角度，由小見大，渲染春日的繁華和喧鬧。詩人在歌詞的開頭，只簡單地點到春天的「日暖風和」，百花爭放，使春的視覺形象顯得比較籠統和蒼白；然而，詩人緊隨其後，卻在營造春天的聽覺形象上落力，著重描寫從花間傳來的一聲接一聲黃鶯的宛轉啼鳴，使得春色忽然變得如此豐富多彩、熱鬧非凡。試想，如果此歌詞僅靠開頭兩句概念化的春景描畫，而沒有對鶯的嚦嚦啼鳴的抒寫，這春天豈不黯然失「色」，索然無趣！

美學上有所謂「通感」說，認為人的五官對自然界的各種感覺，如聲覺、色覺、味覺、觸覺等，是互相呼應，互相象徵，互相貫通的。所以，「許多意象可以借聲音喚起來」，「聽著聲音，就能見到顏色」（見朱光潛《詩論．詩與樂——節奏》）。歷代詩人深得其中三昧，在描寫春景時，常常借重鶯啼這個聽覺形象。如「兩個黃鸝鳴翠柳」，「打起黃鶯兒，莫教枝上啼」，「草滿啼鶯處」，「睡起流鶯語」等等，以此補充春的視覺形象的不足，或加強春的視角形象的力度。李叔同這首「鶯」的歌詞，就是承襲了古人的技法，為描寫鶯啼的藝術效果，提供了新的例證。

但是，在前人詩篇中，描寫鶯的啼聲所應用的象聲詞，並不一樣。有用「間關」，如白居易〈琵琶行〉：「間關鶯語花底滑」；也有用「嚦嚦」，如王實甫《西廂記》第一本第一折：「恰便似嚦嚦鶯聲花外囀」。李叔同在〈鶯〉中採用「嚦嚦」作為鶯啼的象聲詞，這大概因為在一首歌詞中，採用什麼象聲詞，既要考慮到與全詞文字的和諧，又要注意與曲譜韻律的協調吧!?

值得注意的是，全歌詞重疊、反覆使用「嚦嚦」這一象聲詞。第一處出現「聽花間清音百囀」的後面，用了兩個「嚦嚦」；第二處出現時，又連用了七個「嚦嚦」；前後共用了九個同一象聲詞。在我國古代詩詞中，也經常採用重複的象聲詞，如《樂府・木蘭詞》中有「唧唧復唧唧，木蘭當戶織」，以重複的象聲詞「唧唧」，烘託木蘭日復一日地不斷織布，辛勤勞苦。徐渭的吟〈蟹〉詩中也有「郭索郭索，還用草縛。」以重複的象聲詞「郭索」，描繪了橫行無忌的螃蟹，一經草縛後的狼狽相。但像這首歌詞中一連用了九個同一象聲詞，卻不多見。就是作者自己所寫的其他詩詞，雖也多次重複使用同一象聲詞，如〈秋夜〉（之二）中的「唧唧唧唧」蟲鳴；〈歸燕〉中的「呢喃呢喃」燕語，但其出現的頻率也沒有這首歌詞之高。探究作者意圖，可能借此與歌詞中的「清音百囀」一句呼應，為「百囀」的「百」字作出詮釋。但是更重要的，通過重複使用「嚦嚦」這一象聲詞，能產生一種強烈的音樂效果，有利於營造「春意鬧」的藝術意境。

在外國近代歌曲中，直接將鳥鳴聲引入歌詞，反覆出現同一象聲詞，以強化其藝術效果的，並不少見。如西洋歌曲中各種〈夜鶯曲〉等等就是典型的例子。具有深湛音樂知識的李叔同，當然了解這種類型歌曲的套路及其藝術魅力。他的這首〈鶯〉，就是借鑑西洋歌曲，在這一方面所作的可貴嘗試。

採蓮

採蓮復採蓮，蓮花蓮葉何蹁躚❶！露華❷如珠月如水，十五十六清光❸圓。採蓮復採蓮，蓮花蓮葉何蹁躚！

注：

❶蹁躚：形容旋轉的舞姿。❷露華：即露水，於晴朗無風的夜間或清晨，凝結在蓮花、蓮葉等植物之上的水珠。❸清光：見〈夜泊塘沽〉注❻。

解：

此歌詞作於一九一三—一九一八年李叔同在浙江第一師範學校任教期間。最初見於豐子愷編《中文名歌五十曲》，開明書店一九二八年八月版。題下注有「三部合唱」字樣，但未署詞作者姓名。後又被豐子愷收入他編的《李叔同歌曲集》，北京音樂出版社一九五八年版，署「李叔同作詞」。

對自然的讚頌，是李叔同任教浙江第一師範學校時所作歌詞的突出主題之一。一年四季的景色，他幾乎都作過描畫與謳歌。他讚頌自然秀色的視角，有全景式的，如〈西湖〉、〈春夜〉、〈秋夜〉、〈冬〉等；但也有裁取畫面一角，加以謳歌的。這種形式，類似文學中的小品，篇幅雖不長，但即興而作，清新別致。

這篇〈採蓮〉就是李叔同所作的歌詞小品之一。李叔同歌詞，寫過冬景（如〈冬〉），寫過春光（如〈春遊〉、〈春夜〉），也寫過秋色（如〈早秋〉、〈秋夜〉），但還沒有一首是正面描寫炎夏的。這首〈採蓮〉補償了這個缺憾。李叔同裁取「月夜採蓮」這一畫面，從此入手，描畫夏日景色，這是頗具藝術慧眼的。因為蓮花成熟於夏季，是夏季景觀的一大特徵。楊萬里那首〈曉出淨慈送林子放〉詩就說：「畢竟西湖六月中，風光不與四時同。接天蓮葉無窮碧，映日荷花別樣紅。」李叔同寫採蓮，不僅抓住了夏日景觀的特色，而且荷花的紅葩綠葉，相映成趣，璀璨一片，更能引起人們的審美聯想，產生審美的愉悅。

尤其是詩人把採蓮的畫面，安排在月夜之下：天際掛著一輪圓月，皎潔明亮，清涼如水；湖面接天的荷葉上，滾動著點點夜露，映照圓月的銀輝，就像珍珠般晶瑩。這樣的時空背景，自然給採蓮的場面，增添了無限的藝術情趣。而且此時，正值暑氣逼人的炎炎夏日，在人們面前出現在月光如水的夜晚採蓮的畫面，它所產生的美感當然不限於視覺，還會給人們的心理上帶來清涼、爽快的感覺，其營造的審美效果自然更加強烈。

秋夜（之二）

眉月一彎夜三更，畫屏深處寶鴨❶篆烟❷青。唧唧唧唧，唧唧唧唧，秋蟲繞砌鳴。

小簟❸涼多睡味清。

注：

❶寶鴨：也稱金鴨。古代一種金屬香爐，因作鴨形，故名。❷篆烟：指香爐中升起的裊裊烟縷，猶如篆體書法一般彎曲有致。❸簟：竹席。

解：

這是李叔同以〈秋夜〉為題所作的兩首歌詞中的一首，寫於一九一三—一九一八年他在浙江省立第一師範學校執教時期。最早見於豐子愷編《中文名歌五十曲》，開明書店一九二八年八月版，但未署詞作者姓名。後該歌又被豐子愷收入他編的《李叔同歌曲集》，北京音樂出版社一九五八年版，署「李叔同作詞」。

在兩首同以「秋夜」為題的歌詞中，前首〈秋夜〉分上下兩段，篇幅較長，含意也較多，不僅對秋夜景觀全面鋪開描寫，而且敘景兼抒情；但這首〈秋夜〉僅短短五句，只擷寫秋夜景色中一個很小的斷面。如果前者是長歌，後者只能算是短曲，相當於文學體裁中的小品。

這首歌詞儘管篇幅較小，由於作者的藝術修養和寫作技巧，寫得也很有層次，很有韻味。作者在有限的天地裡，遊刃有餘，抓住幾個具有特徵意義的景物，一一寫來：斜掛天際的一彎眉月（時值三更，大概是下弦月吧）；畫屏深處的香爐中飄出幾縷裊裊青烟；砌下斷斷續續傳來秋蟲聲聲鳴叫；鋪在身下的竹席又是那樣涼意襲人，等等。從遠到近，從視覺、聽覺到觸覺，層層遞進，構築出初秋深夜的靜謐和幽涼的意境。

受夠夏日暑熱折騰、眠不安席的人們，多麼需要睡個安穩覺呀！作者在營造「天涼好個秋」的氛圍之後，用「睡意清」三個字作結，這完全切合此時此地人們的心理需要，自能帶給人們很大的審美愉悅。值得注意的是，作者在這裡不用「睡意」而用「睡味」，不用「濃」而用「清」，正是對這種審美情趣的強化。一個「清」字，既是由以上景語引出，又是對以上景語回應，把人們對秋夜景色的欣賞，由五官的感覺，進入心靈的感受，很值得玩味。

冬

一簾月影黃昏後，疏林掩映梅花瘦❶。牆角嫣紅點點肥，山茶❷開幾枝？　小閣明窗好伴侶，水仙凌波❸淡無語。嶺頭不改青蔥蔥，猶有後凋松❹。

注：

❶「一簾月影」二句：化用宋林逋〈山園小梅〉二首之一頷聯「疏影橫斜水清淺，暗香浮動月黃昏」兩句。❷山茶：屬綠色灌木或小喬木，產於南方，深冬開花，紅瓣小蕊。作者曾於一八九九年作〈詠山茶花〉一首，對它備加讚賞，詳見該詩箋注。❸凌波：本來為描寫女子行路步履輕盈的樣子。曹植〈洛神賦〉：「凌波微步，羅襪生塵。」這裡是形容水仙花的神韻。❹後凋松：凋，草木枯萎、衰敗。《論語・子罕》：「歲寒，然後知松柏之後凋也。」「後凋松」即由此演化而來。

解：

這首歌詞作於李叔同一九一三—一九一八年在浙江第一師範學校任教時期。最初見於豐子愷編《中文名歌五十曲》，開明書店一九二八年八月版。但未署詞作者姓名。後被豐子愷收入他編的《李叔同歌曲集》，北京音樂出版社一九五八年版時，署「李叔同作詞」。

這首歌詞是李叔同詩詞作品中頗具藝術特色的一篇，它再一次證明作者不愧為寫景的大手筆。中國古代詩人常以「花」寫春景，以「雪」寫冬景，留下了許多千古名句。如寫「春」的「紅杏枝頭春意鬧」（宋祁），「桃花依舊笑春風」（崔護），「春城無處不飛花」（韓翃），「林花謝了春紅，太匆匆」（李煜）等等；寫「冬」的「獨釣寒江雪」（柳宗元），「風雪夜歸人」（劉長卿），「北風吹雁雪紛紛」（高適），「淺山寒雪未消時」（寇準）等等，這些詩句，千百年來一直傳誦人口。然而李叔同這首歌詞，卻不拘一格，雖寫「冬」景，不用「雪」，卻用「花」。全詩先後寫了梅花，寫了山茶，寫了水仙，又寫了松樹。作者通過這些嚴冬淩寒盛開的花木的特寫，把冬日深蘊的意趣，形象地傳遞給讀者。

難得的是全詩僅短短五十二個字，寫了四種花木；而四種花木卻各有自己的丰采和芬芳，不僵死、不概念、不孤立。這就不能不歸功於李叔同紮實的繪畫功底，他把繪畫技巧引入歌詞中，取得很大成功。

首先，我們在這首歌詞中看到豐富的色彩：素色的臘梅，嫣紅的山茶；淺淡的水仙，濃綠的松林；籠罩其上的，還有黃色的月影。（這裡要說明的一點是，林逋那首〈山園小梅〉詩中所稱「暗香浮動月黃昏」，「黃昏」兩字，「黃」是一個意思，「昏」是一個意思，是形容月色是淡黃的、迷濛的，而不是聯結為一個詞，指日暮時分。楊慎《升庵詩話》卷一引《葦航紀談》便說：「『黃昏』乃兩字，非一字也。『月黃昏』，謂月為之昏而黃，非謂人定時也。」這首歌詞的第一句，既從林逋這個詩句演化而來，「黃昏」二字也當作如是解。）總之，李叔同的這首歌詞把單色調的冬景，渲染得如此絢麗多彩，確實值得人們稱道。

其次，從這首歌詞中，我們也看到了遞進的層次。李叔同是把四種花木，置於一定背景上進行描繪的。這裡有近景，如「小閣明窗」，屋沿「牆角」；有中景，如簾外「掩映」的「疏林」；還有遠景，如昏黃的「月影」，遙望始能得見的「嶺頭」。整首歌詞所構築的畫面，不是平面的、淺表的，而是由近及遠，從淺入深，多層推進。

其三，我們在這首歌詞中，還看到了鮮明對比。這是李叔同擅長的、慣用的文藝手法。他在後來（一九二八年）給豐子愷的信中稱對比手法，「較有意味」，是「今也不妨採用」的「陳腐老套頭」。在該詩的第一段中，作者把梅花的「瘦」硬和山茶的「肥」腴進行對比；第二段中，他又以水仙的淡雅、纖巧、一枝獨秀和松樹的蔥蘢、挺拔、漫山遍野相互映襯，使這四種花木各自的特色更加突出和強烈，大大加強了全詩的藝術感染力。

色彩、層次、對比，這是一幅好的繪畫作品所不可或缺的因素。由於這首歌詞在以上幾個方面的處理上具有獨到之處，因而它就像一幅精緻的水彩畫一樣，具有較高的審美情趣。冬天，本來是肅殺的、凜冽的，卻被李叔同抒寫得如此生意盎然，熱鬧非凡，沒有作者的爐火純青的藝術才能，焉能至此?!

西湖

看明湖一碧，六橋❶鎖烟水。塔影參差❷，有畫船自來去。垂楊柳兩行，綠染長堤。颺❸晴風，又笛韻悠揚起。

看青山四圍，高峰南北齊❹。山色自空濛❺，有竹木媚幽姿。探古洞烟霞❻，翠撲鬚眉。雲❼暮雨，又鐘聲林外啟。

大好湖山如此，獨擅天然美。明湖碧，又青山綠作堆。漾晴光瀲灩，帶雨色幽奇。靚妝比西子，儘濃淡總相宜❽。

注：

❶六橋：杭州西湖蘇堤原有橋凡六，即映波、鎖瀾、望山、壓堤、東浦、跨虹，為宋朝蘇軾所建。蘇東坡曾在〈軾在潁州與趙德麟同治西湖〉詩中稱：「六橋橫絕天漢上，北山始與南屏通。」這是一解。另一解是西湖裡湖原也有六橋，名環璧、流金、臥龍、隱秀、景行、濬源，為明代楊孟瑛所建，見田汝成《西湖遊覽誌》。❷塔影參差：參差，高低不齊。西湖周圍原有雷峰、保俶兩塔。雷峰塔位於夕照山上，保俶塔位於寶石山上，遙相呼應。前者壯觀，後者秀麗，有「雷峰如老衲，保俶若美女」之說。雷峰塔於一九二四年農曆八月廿七日坍圮，詩人作此歌詞時，雷峰塔猶存。❸颺：即揚。❹高峰南北齊：即指南高峰與北高峰。西湖群山以天竺山為主峰，環湖分為南北兩支，兩支山脈中最著名主峰為南、北高峰，兩峰遙遙相對，南高峰高二五六・九公尺，北高峰高三○○公尺，因稱「高峰南北齊」。❺空濛：雲氣迷茫貌。❻古洞烟霞：指西湖南高峰下烟霞嶺的石屋、

水樂、烟霞等三古洞。此三洞為石灰岩溶蝕而成，洞頂有鐘乳石倒懸，洞景古樸幽奇，引人入勝。❼晉：見〈老少年曲〉注❸。❽「漾晴光」四句：由蘇東坡〈飲湖上初晴後雨〉詩：「水光瀲灩晴方好，山色空濛雨亦奇，欲將西湖比西子，淡妝濃抹總相宜」演化而來。「漾晴光瀲灩」句：漾，水波動盪貌；瀲灩，水波相連貌。謝惠連〈泛南湖至石帆〉詩：「瀲灩繁波漾」。全句意謂西湖在陽光照耀下，水波粼粼。「靚妝比西子」句：靚妝，脂粉的妝飾。左思《蜀都賦》：「都人士女，袨服靚妝。」西子，即西施，春秋末年越國的美女。全句意謂西湖綽約多姿，可與盛裝的西施比美。

解：

此歌詞為李叔同在一九一三—一九一八年間任教浙江第一師範學校時期所作。原曲作者為蘇格蘭作曲家亞歷山大・C・麥肯齊(Alexander Campbell Mackenzie, 1847–1935)，為三部合唱。最初見於豐子愷編《中文名歌五十曲》，開明書店一九二八年八月版。

李叔同對杭州西湖的湖光山色，非常讚賞，一往情深。早在一九〇二年即光緒二十八年七月，他第一次到杭州，參加各省補行庚子辛丑恩正並科鄉試時，曾與文耀齋、田毅侯等「故舊」，「輒飲湖上」（見李叔同〈西湖夜遊記〉）。由於這次在杭州只「住了約一個月」，自己又在考試中落選，心緒不佳，因而對西湖僅為匆匆而過，未及細細欣賞，沒有留下太深的印象。九年以後，即一九一二年七月，他受邀到杭州浙江第一師範學校（原稱浙江兩級師範學校）任教，「這回到杭州倒住得很久，一直住了近十年。」（弘一法師〈我在西湖出家的經過〉）因此與西湖時常謀面，多次泛舟其上，全面、深入地領略了她的迷人景色。

就在第二次到杭州的第六天的「入晚」，他偕浙江兩級師範學校同事夏丏尊（國文教員）、姜丹書（圖畫、手工教員）同遊西湖。夏丏尊曾作〈湖上呈哀公〉七絕二首：「遠峰寒碧夕陽殷，相翠空溟西子鬟。欲去依依有餘戀，晚紅新月霧中山。」「數星燈火漾疏村，四起梵鐘破暮痕。為問風流李學士，可添畫意和詩魂？」李叔同在遊湖後也寫了一篇文言體散文，記述此次「夜遊」，把西湖的晚景描寫得極為生動、美妙：「於時，晚暉落紅，暮山披紫。遊眾星散，流螢出林。湖岸風來，輕裾致爽。乃入湖上某亭，命治茗具，又有菱芰，陳粲盈几。短童侍坐，狂客披襟，申眉高談，樂說舊事。莊諧雜作，繼以長嘯，林鳥驚飛，殘燈不華。起視明湖，瑩然一碧，遠峰蒼蒼，若隱若現，頗涉遐想。」「漏下三箭，秉燭言歸。星辰在天，萬籟俱寂。野火暗暗，疑似青磷。垂楊沈沈，有如酣睡。歸來篝燈，斗室無寐，秋聲如雨，我勞如何？」後來，李叔同的這篇佳文和夏丏尊的上述兩首詩同載於一九一三年五月出版的《白陽》雜誌創刊號。

第二年，即一九一三年，李叔同在致友人、廣東籍的南社社員陸丹林信中，記敘了另一次遊湖，又盛讚西湖之美：「昨午雨霽，與同學數人泛舟湖上。山色如蛾，花光如頰，溫風如酒，波紋如綾。才一舉首，不覺目酣神醉。山容水態，何異當年袁石公遊湖風味。惜從者（指陸丹林——筆者）棲遲嶺海，未能共揖西湖清芬為悵耳。」在李叔同歷年的文章、書信中，也有道及各地景觀的，但像對西湖那樣作出如此絢麗描繪，給予如此深情禮讚的，並不多見。

作為這一審美情趣的折射與延伸，李叔同在浙江第一師範學校擔任音樂教員期間，又寫了好幾首關於西湖的讚歌。如〈早秋〉：「十里明湖一葉舟，城南烟月水西樓」；〈月夜遊西湖歸寢〉：「正紅牆斜倚，天外笙歌起」等等。這首題為〈西湖〉的歌詞，就是其中最為突出的一首，它配以蘇格蘭的名曲，無疑對陶冶學生情操，提高學生對西湖的欣賞水平，起到很大的作用。在這則歌詞裡，李叔同對西湖作了全景式的描寫，把讚賞的目光，從十里湖面，引向湖的周邊景觀：那六橋，那雙塔，那南北高峰，那烟霞古洞，……這說明作者已深入到西湖湖光山色的方方面面，顯然不是初到西湖者所能把握的。

值得探討的是，李叔同一九一八年就在西湖之畔出家，在虎跑寺披剃，在靈隱寺受戒。因此有人把李叔同的出家，歸罪於西湖這一特殊的生活環境。浙江第一師範學校校長經亨頤就持此說。一九一八年七月他在安定中學畢業式上致勉勵詞時，曾說：「吾浙人近來蕭率之氣，甚至消極而思入山者，頗有其人。西湖之勝，誤我浙人不少。」言下之意，隱指李叔同的「入山」，是受了「西湖」之「誤」。這種說法未免失之片面。

雖然，李叔同對西湖情有獨鍾，備加讚賞，在撰文、作歌、通信時，多次情不自禁地用文學語言抒寫西湖的風姿，但是從以上幾段摘引的文字中看出，整個情緒是積極的、樂觀的。就在李叔同出家前一年所寫的貽王海帆的詩中，也在讚美「西湖風月好」之後，特為注明：「近來余視現世為樂土。」這怎能說西湖之「勝」，「誤」導他「入山」呢?!

不錯，李叔同在出家二十年後，即一九三七年，曾應杭州《越風》雜誌之約，寫過一篇〈我在西湖出家的經過〉，說到觸發他出家動機的兩件事：一次到湖心亭吃茶，聽夏丏尊說到「我們這種人做和尚倒是很好的」，覺得很有意思，遂成為他出家的「遠因」；後來到環境幽靜的虎跑寺，試驗斷食半月，接觸了寺院生活，十分喜歡、羨慕，便成為他出家的「近因」。這兩件事只是發生的地點在西湖周邊而已，與西湖本身的美色似無直接關係。即使退一步說，把西湖之美，作為李叔同出家的動因，那也只是「外因」。哲學上認為，外因是條件，內因是根據，外因通過內因而起作用。如果沒有李叔同對生命脆弱的感悟、自身潛在的佛教思想影響、藝術家獨特的生活追求和對現實社會的不滿與失望等等複雜的主觀因素，他難道會毅然作出出家的抉擇嗎?!根據李叔同當時的思想發展趨向，我們完全有理由認為，即使他不居於西湖之濱，也會最終遁入空門的。

由此看來，經亨頤此說，是不是對地理環境，在一個人發展過程中所起的影響和作用，作了過高的估計？

月夜遊西湖歸寢

正紅牆斜倚，天外笙歌起。更碧空無際，眼底哀歡裡。故宮禾黍已成蹊❶，〈清商〉、〈水調〉哀而屬❷。剩有嫦娥停機❸竊笑：「天上人間異。」

注：

❶「故宮禾黍」句：「故宮禾黍」，見〈貽王海帆先生〉注❹；蹊，小路。全句意指故國衰落已久。❷清商水調句：〈清商〉、〈水調〉，為〈清商怨〉、〈水調歌頭〉縮寫，均為詞牌名。屬，連接，跟隨。全詞指哀怨的吟詠此起彼伏，連接不斷。❸嫦娥停機：嫦娥，見〈春夜〉注❾，但嫦娥並無織布的記載，此處可能與「織女」的典故混為一談。織女，星宿名，傳說與牛郎，即牽牛星，結為夫婦，隔銀河而居，每年七月七日乃得一會。

解：

這首歌詞未見公開發表，僅在浙江省政治協商委員會文史資料室存檔的鍾伯英的回憶文章中記載。鍾伯英，杭州人，是李叔同在浙江第一師範學校任教時的學生。他在一九八〇年所寫的回憶李叔同文章中寫到：此歌詞是李叔同「一九一八年出家離校前上音樂課時，發給學生的自寫歌曲」。這首歌詞中反映出來的情調、用筆，與李叔同同一時期所作的其他詩詞相近。如「天外笙歌起」、「嫦娥停機竊笑」，可在作者所寫的〈秋夜〉、〈春夜〉等歌詞中，發現相似或相同的形象；如「故宮禾黍已成蹊」，也可在〈貽王海帆先生〉的七絕中找到類似情緒的詩句。因此稱這首歌詞為李叔同所作，是可信的。

這首歌詞在「故宮禾黍已成蹊」之後，插入〈清商〉、〈水調〉兩個詞牌，似乎有些突兀。其實，作者對此別有用意。古樂府有〈清商曲辭〉，多哀怨之音，宋晏殊按此作詞，取名〈清商怨〉。周邦彥因晏詞起首有「關河秋思望處滿」之句，改名為〈關河令〉，亦按此填詞一首。全詞如下：「秋陰時作漸向暝，變一庭清冷。佇聽寒聲，雲深無雁影。更深人去最靜，但明壁、孤燈相映。酒已都醒，如何消夜永？」〈清商〉之後的〈水調〉，也是詞牌的縮寫。唐大曲有〈水調歌〉，後截取該歌首段填詞，而名為〈水調歌頭〉。蘇軾所作〈水調歌頭〉中，有「明月幾時有？把酒問青天。不知天上宮闕，今夕是何年？」成為膾炙人口的千古名句。

歷代詩人在描寫事物時，除以聲、以形等等為喻之外，也常以典為喻。這種技法雖較少見，但只要運用得好，常能取得意想不到的藝術效果。如李賀〈李凭箜篌引〉：「空山凝雲頹不流」，化用了《列子・湯問》關於秦青悲砍歌「響遏行雲」的典故；「石破天驚逗秋雨」，化用了《藝文類聚》中師曠彈琴，「大雨隨之」的典故。這些典故的引用，都大大加強了對李凭箜篌音樂效果的表現力。李叔同在這首歌詞中也運用了這一技法，他把〈清商〉、〈水調〉引入歌詞，其用意也就是通過這些詞牌，引起人們對某些名作（如上文提及的周邦彥、蘇軾的作品）內容的聯想，從而借助古人之筆，為「月夜」營造出一種更靜謐、更淒清、更哀怨的意境和氛圍；同時，這樣處理，也能留給人們以更大的思索空間。試想，如果聯繫蘇軾的「不知天上宮闕，今夕是何年」名句，去讀歌詞中最後的那句「嫦娥停機竊笑：『天上人間異』」，一問一答，一呼一應，不是使我們更加深了對它的理解層次嗎!?

豐年

五日一風，十日一雨，太平樂利賡多黍❶。穀❷我婦子，娛我黃耇❸，歡騰熙洽❹歌大有❺。年豐國昌，惟天降德垂加祥❻。穰❼穰，穰穰，穰穰！歲復歲兮富康。

我倉既盈，我庾惟億❽，頌聲載路❾慶豐給。萬寶告成，萬物生茂，躋堂稱觴❿介眉壽⓫。年豐國昌，惟天降德垂加祥。穰穰，穰穰，穰穰！歲復歲兮富康。

注：

❶賡多黍：賡，連續、繼續。黍，穀物名，子粒供食用或釀酒。全詞意即連年豐收。❷穀：此處作動詞，意即贍養。❸黃耇：黃，黃髮；耇，老年。全詞指老人。《詩·小雅·南山有臺》：「樂只君子，遐不黃耇。」❹熙洽：指時世清明安寧。語出班固〈東都賦〉：「重熙而累洽」。❺大有：指五穀豐收。《穀梁傳·宣公十六年》：「五穀大熟，為大有年。」❻加祥：加倍的吉祥，大量的賜福。❼穰：莊稼豐熟。《史記·天官書》：「所居野大穰」。❽我倉既盈，我庾惟億：全句出自《詩·小雅·楚茨》。倉、庾，均為積穀之處，前者在屋內，後

者為露天。盈、億，都是滿或多的意思。全詞指稻穀豐收，裝滿穀倉。❾載路：出自《詩・小雅・生民》：「厥聲載路」，形容聲音響亮，充滿道路。❿躋堂稱觴：即登堂舉杯。語出《詩・豳風・七月》：「躋彼公堂，稱彼兕觥。」⓫介眉壽：介，祈求。眉壽，長壽，古以豪眉為壽者相，故云。全詞為祝酒之詞，語出《詩・豳風・七月》：「為此春酒，以介眉壽。」

解：

這首歌詞作於一九一三年至一九一八年李叔同任教浙江第一師範學校期間，最初發表於豐子愷編《中文名歌五十曲》，開明書店一九二八年八月版，為兩部合唱。但未署詞作者姓名。後被豐子愷收入他編的《李叔同歌曲集》，北京音樂出版社一九五八年版時，署「李叔同作詞」。配曲所用的曲譜，為德國作曲家韋伯(Carl Maria Ernst von Weber, 1786–1826)的歌劇《自由射手》第三幕，女主人公阿嘉特結婚時，伴娘們合唱的歌曲：〈給你繫上新娘的花環〉。曲調來自民間。

這首歌詞直接描寫農業豐收，以及豐收給農民帶來的喜悅，唱出了作者對農民的最良好的願望。這樣充滿歡慶氣氛的歌詞，在作者歌曲作品中是較為罕見的。

舊中國是個農業國，農業經濟是國家經濟的主體和命脈，農民佔全國人口的絕大多數。農業豐收與否，農民的生活狀況如何，關係到國家的盛衰，決定著祖國的命運。因此，在那時，「五穀豐登」被目為「國泰民安」的物質基礎和重要保證，因而成為億萬人民最良好的願望；就連封建社會的皇帝，每年都要舉行隆重的祭天儀式，祈求風調雨順，五穀豐登。

基於以上理由，中國歷史上許多憂國憂民的知識分子，對農業、農村和農民的狀況總是給予極大的關注。在古代詩人的筆下，我們不難讀到大量精彩的以農村和農民生活為抒寫對象的作品。其中固然不乏像辛棄疾〈清平樂・村居〉那樣地熱情謳歌農村美好環境和農民美好人性、人情的詩篇；但是更多的還是像李約的〈觀祈雨〉、白居易的〈觀刈麥〉、〈杜陵叟〉、李紳的〈憫農二首〉、聶夷中的〈傷田家〉那樣深刻地揭露農民遭受沈重剝削，掙扎在饑餓線上的悲慘情景的作品。

李叔同這首〈豐年〉卻是描寫農業豐收以後農民的富足生活和喜悅心情的。但是在當時即便農業豐收，農民會不會因此富康起來，頌聲載道，舉杯慶賀？這是極少可能的。《資治通鑑・後唐紀五》中馮道對莊宗有幾句話說得好：「農家歲凶則死於流殍，歲豐則傷於穀賤；豐凶皆病者，唯農家而已。」後唐如此，民國以後何嘗不如此！李叔同創作這首歌詞的時期，我國一方面自然災害頻仍，農業歉收，民不聊生。就以李叔同所在的浙江省來說，其較為嚴重的天災就有：一九一二年八月至十月，溫、處兩屬水災，淫雨山洪，再加潮汐驟漲，沖毀民房三十餘萬間，淹田四十餘萬畝，青田全城沖沒，傷亡七八千人。一九一四年夏諸暨、紹興、嵊縣、湯溪等九縣大旱。嵊縣四月未雨，湯溪七十天未雨，受災田畝無數，農民大饑。一九一七年秋奉化發現蝗災，晚稻之穗大半變成白色，稻桿多被咬斷，受災田畝遍及八鄉，甚至顆粒無收，等等。（見《浙江歷史大事記》）而另一方面又兵禍不斷，烽烟四起，社會動亂。處在這種天災人禍的背景之下，他在這首歌詞中所描述的畫面，不過是烏托邦式的空想而已。

儘管如此，李叔同在歌詞中所表達的對農民「歲復歲兮富康」的衷心祝願，還是應當肯定的。它說明了作者這時雖然埋頭藝術，不問政治，但對下層的勞動人民仍然保持著深厚的感情。特別是在這首歌詞中，作者反覆把「年豐」和「國昌」聯繫在一起讚頌，又一次地生動體現了他的愛國主義思想，反映了他對祖國興盛的深切關懷。

值得注意的是，在這首歌詞中，作者把實現豐收的唯一希望，寄託於冥冥的上蒼，反覆謳歌：「惟天降德垂加祥」。這說明了什麼呢？其一，可能因為舊中國農村為小農經濟，農業科學技術又相當落後，農業的收成很大程度上決定於氣候和雨水等自然條件。只有風調雨順，農業才能增產豐收，從而使農村的婦幼溫飽，老人歡娛。因此，作者熱烈期待天公多多賜福農民，使其年年豐收，歲歲富康。但是，作者在這裡忽視了一個重要因素，即社會因素。在當時的社會制度下，就是天公作美，五穀豐登，統治階級的盤剝隨之加重，農民又何能「富康」？其二，也是更重要的一點，從李叔同世界觀演變的軌跡看，他當時對現實社會日益失望，正在嚮往著超現實的彼岸世界。他在這段時間，常常把自己的視線，投向冥冥上蒼。他在這首歌詞中對天那樣的崇仰、信賴，寄予那樣殷切的期望，是不是也反映了他思想變化的這個重要信息呢?!

人與自然界

嚴冬風雪擢貞幹❶，逢春依舊鬱蒼蒼。吾人心志宜堅強，歷盡艱辛不磨滅，惟天降福俾❷爾昌。　浮雲掩星星無光，雲開光彩逾芒芒❸。吾人心志宜堅強，歷盡艱辛不磨滅，惟天降福俾爾昌。

注：

❶擢貞幹：擢，拔；貞幹，同楨幹，樹木的主幹。全句形容樹木受到風雪酷烈的摧殘。❷俾：使。❸逾芒

芒：逾，通「愈」，更加。芒芒，遠、大、多貌。全句形容星光更加燦爛。

解：

這首歌詞為李叔同一九一三至一九一八年任教浙江第一師範學校時期所作。係三部合唱歌曲。原曲為一七六九年托馬斯・斯科特(Thomas Scott)作詞，一八二七年塞薩爾・馬蘭(H. A. Cesar Malan)作曲的基督教復活節讚美詩〈天使們，把巖石挪開吧〉。約翰・牛頓(John Newton)作詞的祈禱讚美詩〈來吧，我的靈魂，穿戴起來吧！〉也配過此曲。兩歌旋律相同，但節拍不同，前者為四／四拍，後者為二／二拍。〈人與自然界〉用二／二拍。

此歌詞最早發表於豐子愷編《中文名歌五十曲》，開明書店一九二八年八月版。但未署詞作者姓名。後被豐子愷編入《李叔同歌曲集》，北京音樂出版社一九五八年版時，署「李叔同作詞」。該歌在杜庭修編《仁聲歌集》，仁聲印書局一九三二年十二月版發表時，在李叔同原來的兩段歌詞之後，陳哲甫增作第三、四兩段歌詞。歌詞如下：

狂風撼竹亂次行，風過勁節彌昂藏。吾人心志宜堅強，歷盡艱辛不磨滅，惟天降福俾爾昌。

驟雨摧花困眾芳，雨霽依然錦繡場。吾人心志宜堅強，歷盡艱辛不磨滅，惟天降福俾爾昌。

這是陳哲甫繼〈送別〉之後，又一次為李叔同增寫歌詞。

全詞突出地宣傳了「吾人心志宜堅強」思想。它以自然現象的變化為比喻，說明人們不能為一時的艱難困苦所動搖，應當堅持奮鬥，最後必能取得光輝的勝利。如果說，李叔同所寫的大量向學生教唱的抒情歌曲，能夠潛移默化陶冶學生情操，那麼，這首以說理為主的〈人與自然界〉，對培養學生的品格、意志，無疑起到更直接的提醒、勸導作用。

李叔同，作為浙江第一師範學校一名音樂圖畫教員，長期以來，既教書，又教人，在向學生傳授藝術知識的同時，也很注意在道德、品格方面對學生進行針對性輔導。這是許多畢業於浙一師，受過李叔同教育的學生所一致津津樂道的。

如一九一五年夏畢業的李鴻梁在回憶中說到：他當學生時性格豪爽，但又失於耿直，一有情緒，不能自制，表露於外。李叔同對他性格中積極的一面熱情鼓勵，曾送他一副對聯，上聯是「拔劍砍地」，下聯是「投石沖天」，還有一張橫幅：「豪放」，充分肯定他的優點；但對他的性格不足之處，也不放過，常常從正面或側面進行勸誡。在他畢業前夕，即將去日本度暑的李叔同，曾臨別贈言，留信給他，反覆叮囑李鴻梁「處世要『圓通』，否則不能與世水乳交融」等等。

特別是一九一六年畢業於浙一師的劉質平，對這一點的體會就更為深刻。他在畢業後去日本留學研習音樂時，曾因學業上遇到某些障礙，一度灰心喪氣，萌生退學之念，李叔同特馳函勸導，不厭其煩地提出幾點「宜注意者」，如：「宜重衛生，俾免中途輟學」；「宜慎出場演奏，免受人之忌妒」；「宜慎交遊，免生無謂之是非」；「勿躐等急進」；「勿心浮氣躁」等等。這些苦口婆心的勸導，對劉質平穩定學習情緒，免除種種煩惱，務實循序，耐心向學，自有其不容忽視的作用。

這首〈人與自然界〉是李叔同教書兼教人，重視學生道德品格教育的又一次生動體現。李叔同了解自己的學生，對莘莘學子易患劉質平留學東京時那樣的心高氣浮的習病，見成功即忘乎所以，遇困難則灰心喪氣，早有所察。因而在這首歌中痛下針砭，反覆強調：「吾人心志宜堅強，歷盡艱辛不磨滅。」他在給劉質平的信中曾這樣說：「學稍有所得，即深自矜誇；學而不進，即生煩心，或抱悲觀，皆不可。必須心平氣定，不急進，不間斷，日後自有適當之成績。」把信中的這段話當作前面幾句歌詞的詮釋來讀，不是極其恰當和貼切嗎?!

令人深思的是這首歌詞的最後一句：「惟天降福俾爾昌」。這樣立意和構思的句子，在作者同一時期所寫的另一首歌詞〈豐年〉中也曾出現。那首〈豐年〉的一二兩段曾兩次謳歌「惟天降德垂加祥」。如今這首〈人與自然界〉，又在一二兩段兩次歌頌「惟天降福俾爾昌」。「惟天」，「惟天」！贏得農業的豐收，「惟天」；個人克服困難，造就事業，也「惟天」。人們不禁要問：「天」為何擁有這樣偉大的威力？李叔同在歌詞中一再寄於殷切期望的「天」，其具體涵義又是什麼？聯繫李叔同那個時期的思想狀態，他這時逐漸對現實社會感到失望以致厭煩，而對超現實的彼岸世界開始發生興趣，那麼，前面兩首歌詞中反覆強調的「惟天」，是不是反映了他對彼岸世界的憧憬、嚮往和美化呢?!

歸　燕

幾日東風過寒食❶，秋來花事已闌珊❷。疏林寂寂雙燕飛，低徊軟語❸語呢喃❹。呢喃，呢喃，呢喃，呢喃。雕梁❺春去夢如烟，綠蕪❻庭院罷歌絃❼。烏衣門巷❽捐秋扇❾，樹杪❿斜陽淡欲眠。天涯芳草離亭晚，不如歸去歸故山，故山隱約蒼漫漫⓫。呢喃，呢喃，呢喃，呢喃。不如歸去歸故山。

注：

❶寒食：節令名，在清明節的前一天。「東風過寒食」，是指燕子飛來的時節。❷闌珊：衰落、殘盡的意思。「秋來花事已闌珊」，是指燕子飛去的時節。❸軟語：原指溫和而委婉的話。這裡用來形容燕子宛轉的啼鳴。❹呢喃：象聲詞，燕鳴聲。劉季孫〈題饒州酒務廳屏〉：「呢喃燕子語梁間，底事未驚夢裡閑。」❺雕梁：雕刻的屋梁，借指豪華住宅。李煜〈虞美人〉詞：「雕梁玉砌應猶在。」❻綠蕪：蕪，叢生的草。全詞指長滿雜草的荒廢庭院。❼歌絃：絃，指琴瑟一類樂器，全詞指以琴瑟伴奏而歌唱。❽烏衣門巷：烏衣巷，在今南京市東南秦淮河南岸。三國時，吳國曾在此處駐軍設防，兵士都穿烏衣，因而得名。東晉時，這裡成了王導、謝安等高官的住宅。作者在詩中用以泛指豪華門第、貴族人家。❾捐秋扇：捐，捨棄。全詞意即秋涼以後，扇被棄置不用。語出《玉臺新詠》卷一漢班婕妤〈怨詩序〉。東漢武帝時班婕妤失寵，供養於長信宮，乃作賦自傷，並為〈怨詩〉一首，自比「合歡扇」，「常恐秋節至，涼飆奪炎熱，棄捐篋笥中，恩情中道絕。」此處借指豪華人家的敗落，猶如秋風起時，扇子被丟棄一樣。❿樹杪：見〈老少年曲〉注❶。⓫蒼漫漫：蒼，青色；漫漫，形容面積之廣。這裡指故山茫然一片青色。

解：

這首歌詞作於一九一三至一九一八年李叔同在浙江第一師範學校任教期間，最初見於豐子愷編的《中文名歌五十曲》，開明書店一九二八年八月版。但未署詞作者姓名。後被豐子愷編入《李叔同歌曲集》，北京音樂出版社一九五八年版時，署「李叔同作詞」。配曲作者為英國作曲家約翰・P・赫拉(John Pyke Hullak, 1812–1884)，為四部合唱。

該歌詞曾收入杜庭修編《仁聲歌集》（仁聲印書局一九三二年十二月發行），陳哲甫補作第二段歌詞如下：

雙雙燕子語關關，似語久客心懸懸，時序變遷天忽寒，西風吹薄雙襟單。呢喃，呢喃，呢喃，呢喃。整翮振羽穿碧天，計程已度萬家烟，形影相隨喝與餐。去年今日辭故園，今年昨日賦返旋，不如歸去心安然，當似春歸在客先。呢喃，呢喃，呢喃，呢喃。不如歸去心安然。

這是陳哲甫繼〈送別〉、〈人與自然界〉之後，第三次為李叔同歌曲增寫歌詞。

在古詩中，春燕、秋雁常是詩人題詠的對象。李叔同在這首歌詞中，借燕子寓情寄意，抒寫了他對人世滄桑的無限感慨和對退隱生活的強烈嚮往。

李叔同在這首歌詞中巧妙地引用了「烏衣門巷」的典實。唐代著名詩人劉禹錫，曾以「烏衣巷」為題，寫過一首七言絕詩：「朱雀橋邊野草花，烏衣門巷夕陽斜，舊時王謝堂前燕，飛入尋常百姓家。」劉禹錫借此抒發了他對世事變遷的感慨。清人施補華《峴傭說詩》曾稱讚此詩說：「若作燕子他去，便呆。蓋燕子仍入此堂，王謝零落，已化作尋常百姓矣。如此則感慨無窮，用筆極曲。」

李叔同在〈歸燕〉中引入這則典故，也正是寄託自己對滄海桑田的深沈感嘆。歌詞中首先寫到春歸的燕子，對語呢喃，飛來築巢；但見「雕梁」、「庭院」都非舊時情景，昔日豪族聚居之地已成一片被人棄置的廢墟；而當年鼓樂喧鳴的繁華景象也一去不復返；唯剩夕陽慘淡，奄奄西下。作者通過燕子眼睛，寫出了昔與今、盛與衰、榮與枯的升沈交替，從中彷彿聽到作者面臨歷史變遷從心靈深處發出的沈重顫音！

然而至此，作者還只揭示了整首歌詞涵義的一半，而且是並不重要的一半。緊接在前面一番感慨之後，作者寫道：「不如歸去歸故山」，這既是對燕子的寄語，也是對自己前景的嚮往。全歌詞的要害之處正在這裡。

故山（也即故家、故里、故鄉、故國），始終是中國傳統文化中的一種價值取向。當人的感情受挫，生活失意時，就會想起「歸去來兮」的生活選擇，希望回歸「故山」尋找溫情與慰藉。根據李叔同當時的思想傾向，他所說的「歸去」不是一般意義上的「歸家」、「歸鄉」、「歸田」，他要「歸去」的「故山」是一種遠離塵世干擾，能使心靈獲得安寧，精神得以解脫的「隱士」境界。他在後來接連寫過〈幽居〉、〈幽人〉兩首歌詞，對自己所傾慕的隱士生活藍圖，作了具體描繪：「在山之麓，在水之濱」；「磐石為牀，長林為屋」；「當風且振衣，臨水可濯足」；「時逍遙以徜徉」，「放高聲震山谷」等等，字裡行間流露了作者對這種生活的羨慕和追求。因此，李叔同此時所嚮往的「歸去」，說得確切一點，實際上就是「歸隱」。

當然，在現代社會裡，這樣的「故山」是不易尋覓的，這樣的「歸去」也是比較艱難的，因此李叔同接下去寫道：「故山隱約蒼漫漫」。「漫漫」兩字，不由得使人們想起屈原在《離騷》中詠嘆的那兩句：「路漫漫其修遠兮，吾將上下而求索」。作者當時也正在生命的十字路口上，徘徊彷徨，尋尋覓覓。

幽居

唯空谷❶寂寂，有幽人❷抱貞獨❸。時逍遙以徜徉❹，在山之麓。撫磐石❺以為床，翳❻長林以為屋。眇❼萬物以達觀，可以養足❽。

唯清溪沉沉，有幽人懷靈芬❾。時逍遙以徜徉，在水之濱。揚素波以濯足❿，臨清流以低吟。睇⓫天宇之廓寥⓬，可以養真⓭。

注：

❶空谷：典出《詩・小雅・白駒》：「在彼空谷」。《傳》：「空，大也。」《疏》：「以谷中容人隱焉，其空必大，故云空谷。」❷幽人：幽居之人，指隱士。❸貞獨：孤高、堅貞的情操。❹徜徉：自由自在的往來。❺磐石：厚重的石塊。《古樂府・孔雀東南飛》：「磐石方且厚」。❻翳：遮蔽。❼眇：通「秒」，微小。《莊子・德充符》：「眇乎，小哉」，此處引申為蔑視。❽養足：養成知足之心。❾靈芬：靈，善也；芬，香也。全句意指美好、高尚的品德。❿濯足：見〈大中華〉注❷。⓫睇：斜視、流盼。⓬廓寥：中國佛教協會編《弘一法師》作「寥廓」。空闊、高遠。《楚辭・遠遊》：「上寥廓而無天」。⓭養真：即養性。曹子建〈辯問〉：「君子隱居以養真」。

解：

這首歌詞作於李叔同一九一三年至一九一八年在浙江第一師範學校任教時期。根據內容分析，應作於此一時期的後半階段。最初見於豐子愷編《中文名歌五十曲》。配曲採用德國作曲家寇肯(Friederich Wilhelm Kücken, 1810–1882)一九二七年作曲，德國女詩人謝濟(Helmina von Chezy, 1783–1856)一八一二年作詞的歌曲〈真摯的愛〉。這首歌曲在德國家喻戶曉，並廣泛流傳於世界各地。英譯歌題改作〈我怎能離開你〉。

這是一首對隱士生活的熱烈讚歌，也是作者當時思想傾向的一個真實寫照。

中國古代很多文人懷有一種隱士情結。儘管他們奉行「達則兼濟天下，窮則獨善其身」的儒家哲學，但時刻準備著退卻或退出。他們在平時追求閑散的生活形態、知足的人生態度和達觀的處世方式；一當政治處於黑暗時期，或自身在政治上不得志的時刻，為維護一己的理想和人格，則往往拒絕與統治者合作，自覺退出政治舞臺，隱居田園，回歸自然。在淡泊人生中，品嘗藝術化的生命情趣，實現自我道德完善。歷史上陶淵明、林和靖、鄭板橋等人的被廣泛傳誦，說明中國文人對隱士、準隱士或半隱士的生活模式是認可和讚賞的。

李叔同作為中國舊時代一名知識分子，也具有這種士大夫的文化心態。他早就嚮往回歸自然、自得其樂的田園隱居生活，在一九〇一年所寫的〈清平樂・贈許幻園〉、〈和宋貞城南草堂原韻〉等詩詞中，對遠離市囂、閑適安逸的「城南草堂」生活方式，表示了由衷的羨慕，情不自禁地發出「門外風花各自春，空中樓閣畫中身」、「情適〈閑居賦〉，閉戶著書自足」等讚嘆。

這種對田園隱居生活的嚮往，意味著對名利角逐的自覺退出，對卑瑣人生的自覺摒棄。因此李叔同對東方朔式的「大隱隱於朝」的退隱模式，是並不贊同的。他在一九〇四年所寫的那四首《滑稽傳》題詞〉中對東方朔的評估，雖然與對淳于髡、優孟、優旃的不同，他以「我欲蹈海乘風歸，瓊樓高處斜陽微」等詩句，對東方朔進行揶揄和反諷。

當民主主義革命高潮在中國洶湧興起之時，李叔同也曾投身其中，並曾發出「度群生，那惜心肝剖。是祖國，忍孤負」，「看如今，一擔好山河，英雄造」等豪言壯語，但是在革命進入低潮之後，李叔同既回天無力，又不願與社會黑暗勢力同流合污，便退出政治中心，就任浙江第一師範學校音樂、圖畫教員。他在幾年的藝術教育生涯中，躲進了藝術之宮，把視線更多地投向自然。他寫了那麼多對自然界的讚歌：寫寒冬的生機，寫秋日的明淨，寫春天的絢麗，寫夏夜的清涼。在他的筆下，自然界顯得如此閑適恬靜、賞心悅目，這正從一個側面折射了李叔同對污濁的現實社會，特別對黑暗政治生活的厭倦和嫌棄。

然而學校畢竟還屬於此岸世界。你不過問政治，政治會來過問你。為了徹底擺脫塵世的紛擾，他想到了隱士生活，因此從讚頌自然，到希冀親身回歸自然，也就成為順理成章的了。

這首歌詞就是在這樣一種時代和心理背景下寫出來的。

歌詞一開頭以「空谷寂寂」和「清溪沉沉」描寫幽居的環境，與塵世的污濁和喧囂，形成了強烈的對比。接下去詩人用「抱貞獨」、「懷靈芬」，抒寫幽人的孤芳峭拔、貞潔高尚、不隨流俗的情操和懷抱。值得注意的是，在歌詞中重複出現「時逍遙以徜徉」一句，它突出描寫了隱士的自由自在和無所羈絆，不僅指他的行動，更指他的精神，在一種閑適自在的生命狀態中自由舒卷。

當然，隱士的生活方式是原始的、古樸的，正如歌詞中所寫的那樣，以石為牀，以林為屋，河濱洗足，水邊作詩……但這不是他們的不足，而正是他們的優勢所在。因為人們一旦擺脫物慾的束縛，消解了「心為形役」的境況，反能進入一種閑適自在的精神境界，出現廣闊的視野和博大的胸懷，養成至真至美的品格和情操，體驗到生命的真正旨趣。這也就是歌詞最後的「眇萬物以達觀，可以養足」，「睇天宇之廓寥，可以養真」的意蘊所在。我們從歌詞中看出詩人所嚮往的隱士生活，固然有現實政治的原因，也具有一種人格自勵的道德意味。

然而，李叔同所謳歌的「幽居」生活，不過是想像、嚮往而已，根據他當時的主觀與客觀條件，這種生活根本不可能成為現實。李叔同後來終於披上袈裟，走進佛門，從一定意義上說，也許這就是他當時所能找到的一種幽居生活的替代方式吧!?

幽人

深山之麓，三椽老茅屋，中有幽人抱貞獨。當風且振衣，臨流可濯足❶。放高歌震空谷：嗚❷，嗚，嗚，嗚，嗚！濁世泥途污，濁世泥途污。道孤，道孤，行殊，行殊。吾與天為徒，吾與天為徒。

注：

❶「當風」二句：出於《文選．左思〈詠史〉》詩八首其五：「被褐出閶闔，高步追許由。振衣千仞岡，濯足萬里流。」詩中的許由是上古時代隱士。相傳堯讓位於他，不受，遁耕於箕山之下；後又召他為九州長，他不欲聞之，洗耳於穎水之濱。見《史記．伯夷傳》。全句意指居於高山水濱，不染世塵。後人常用於吟詠隱居的典實。❷嗚：象聲詞，感嘆聲。

解：

此歌詞作於一九一三至一九一八年李叔同執教浙江第一師範學校時期。根據內容分析，應作於這一時期的後半階段。曲作者不詳，為四部合唱。最初見於錢君匋編《中國民歌選》，開明書店一九二八年九月版。豐子愷一九二八年編《中文名歌五十曲》和一九五八年編《李叔同歌曲集》，均未收入此詞。現據《李叔同——弘一法師歌曲全集》，上海音樂出版社一九九〇年版。

這首歌詞與〈幽居〉的主題思想一致，都是對隱居者的謳歌，只是角度不同而已。倘若說，〈幽居〉著重從旁觀者視角，描寫隱居者的生活和精神狀態，那麼這首〈幽人〉則主要以隱居者本人的口吻，傾吐了他退隱山林的動機和目的。因此後者可視為前者的「續篇」，與前者互相呼應，互為補充。由於〈幽人〉在一定程度上反映了作者李叔同當時的思想苦悶和心理取向，因而它是我們研究李叔同這一時期思想發展軌跡的一篇不可忽視的文字。

李叔同在歌詞的後半部分，借幽人之口，訴說了現實世界的污濁。值得注意的是，可以用來形容「污濁」的詞彙很多，李叔同在歌詞中卻以「泥途」的形象作為比喻，是頗具深意的。「泥途」亦稱「泥塗」，最早見於《左傳・襄公十三年》。作者在這裡使用這個詞語，既指現實社會的污穢不堪，猶如泥濘的道路；更含有「人在路上」的涵義，巧妙地點出了幽人在這個世界裡的「遊子」身分，因而他懷有強烈的陌生感、孤獨感和恐懼感，最後產生「回歸」自然母體的衝動，也就不難理解的了。這就為下文，作了有力的鋪墊。

作者緊接著用「道孤」和「行殊」，正面抒寫了「幽人」在社會中的不幸遭遇和處境。這是全篇的核心所在，對整首歌詞起到承先啟後的作用。幽人的「道孤」和「行殊」，是社會「污濁」的必然結果，又是他歸隱深山的直接原因。「道」，這裡是指思想、學說；「行」，這裡是指行為、舉動。在當時那個魚龍混淆、是非顛倒的社會裡，一切有識、有志、有為之士，必然受到孤立和歧視。他的思想和主張不可能得到響應，他的行為和舉措也不會被人們理解，他甚至還因此被目為乖僻、異端，而受辱、挨罵，以致被流放、下獄、殺頭。正如《楚辭‧漁父》裡屈原回答漁父所說的那句話：「世人皆濁我獨清，眾人皆醉我獨醒，是以見放。」這樣的際遇，對一個具有社會良知、希冀對國家對人民有所作為的人來說，是極為痛苦的。

這種由於「道孤」和「行殊」所帶來的痛苦，在李叔同內心自然引起了強烈的共鳴。因為他一生也經常身處這樣的困境。

李叔同早在幼年，就憤世嫉俗、舉止特別。據胡宅梵〈記弘一大師之童年〉稱：李叔同「至十餘歲，嘗見乃兄待人接物，其禮貌輒隨人之貴賤而異，心殊不平，遂反其兄之道而行之。遇貧賤者敬之，富貴者輕之。性更喜蓄貓，而不平之心，時亦更趨偏激，往往敬貓如敬人，見人或反不致敬。人有目師為瘋癲者，師也不為意。」（見林子青《弘一法師年譜》一八九四年條注❶。）一個「瘋癲者」的稱號，說明人們對特立獨行的李叔同偏見之深。

到了成年，李叔同作為具有先進思想的知識分子，也就是當時所謂的「新學中人」，強烈不滿封建社會的舊思想、舊制度、舊風俗、舊習氣……並且就力之所及，鼎故革新。他的這些行為，不被當時的社會所認可，常常遭到非議和反對。例如，一九〇五年母親王氏在上海逝世，他打破外喪不進宅的舊例，運靈回津，曾受到一批家人的抵制。後來由於他的力爭，總算停靈於家。開弔出殯時，他又廢除舊式的繁文縟節，對喪儀進行了一系列革新。這在前面已經說到，此處就不贅述。問題是家族、鄉人對他的這一舉措的反映是「李三爺辦了一件奇事」。不說「好」事，而說「奇」事，從中說明他們對李叔同此舉的不理解、不支持，評頭品腳，大驚小怪，甚至帶有一定奚落諷刺的意味。

令他更苦惱的是，某些革新舉措，就連同一營壘的人，也不以為然，橫加指責。前文已經提及的一九〇六年，他留學日本時，一次約歐陽予倩會面，歐陽遲到了五分鐘，他拒絕接見。這本是改變中國舊有懶散生活習慣，提倡嚴格時間觀念的正確做法，但卻為歐陽予倩所誤解，竟說「他的脾氣異常的孤僻」。

尤其是李叔同提出的正確的主張和意見，一旦遭到反對，他不會隨聲附和，輕易放棄，這就給他帶來了更多的痛苦。一九一五年他把自己認可的吳夢非所繪的幾張具有中國風格的油畫，應徵送到「巴拿馬太平洋萬國博覽會」參展，誰知被博覽會的籌備處無故退回。他因自己的融東西方藝術於一爐的審美標準不被接受，而耿耿於懷。他對學生說：「我們的作品過了百年以後，總會有人了解的。」多麼的傷感，多麼的氣憤！

從以上這些事例看出：「道孤」、「行殊」，既是歌詞中「幽人」的感慨，也迴響著李叔同本人的心聲。既然不能「兼濟天下」，那就「獨善其身」吧！幽人在自己的「道」和「行」得不到理解，無法付之實踐，但又不願放棄自己的理想，隨波逐流的情勢下，剩下的一條路就是「歸隱」。這也正是李叔同當時的嚮往。

值得注意的是最後的兩句「吾與天為徒」。與李叔同在〈人與自然界〉、〈豐年〉中對「天」的態度相比，反映了作者此時在人天關係的認識上，向前跨進了一步。他在〈人與自然界〉、〈豐年〉中，視「天」為「神」，把「天」看成能給人們降福的超自然的力量，祈求它自上而下給予庇佑；但在〈幽人〉中他則把天「人」化，拜天為師，希冀得到天的直接指引和點撥。如果前者還是把天視為與自己距離很遠的「彼岸」世界，那麼，後者就已將自己與天置於同一世界之中，其心理距離大大地縮短了。

從「求天保佑」到「以天為師」，這反映了作者當時思想發展的轉折，他的後來終於出家，是不是從中可以找到某些預兆!?

天風

雲滃滃❶，雲滃滃，擁高峰。氣蔥蔥，氣蔥蔥，極巃嵸❷。蒼聳聳，蒼聳聳，凌絕頂❸。側足❹縹緲乘天風。咳唾生明珠❺，吐氣噓長虹。俯視培塿❻之壘壘，烟斑黛影❼半昏蒙。仰觀寥廓之明明，天風迴碧空。天風盪吾心魄兮，絕於塵埃之外，遊神太虛❽。天風振吾衣袂兮，超乎萬物之表，與世長遺❾。

莽洋洋❿，莽洋洋，浮巨溟⓫。紛矇矇，紛矇矇，接蒼穹⓬。浪洶洶，浪洶洶，攢鋩鋒⓭。揚洩汗漫乘天風⓮。散髮絮雲霞⓯，長嘯驚蛟龍。俯視積流之茫茫，百川四瀆齊朝宗⓰。仰觀寥廓之明明，天風迴碧空。天風盪吾心魄兮，絕於塵埃之外，遊神太虛。天風振吾衣袂兮，超乎萬物之表，與世長遺。

注：

❶滃滃：雲氣四起貌。❷巃嵸：山勢險峻貌。❸凌絕頂：凌，登、升。絕頂，山的最高峰。杜甫詩：「會

當凌絕頂。」❹側足：形容因畏懼而不敢正立。《後漢書・杜喬傳》：「臣側足而立。」❺咳唾生明珠：語出《莊子・秋水》：「子不見夫唾者乎？噴，則大者如珠，小者如霧，雜而下者不可勝數也。」❻培塿：小土丘。❼烟斑黛影：指斑駁的雲霧，隱約的青山。❽太虛：古人對天空的一種稱呼。❾長遺：長辭、永別。❿莽洋洋：水流無邊無際貌。⓫巨溟：大海。⓬接蒼穹：蒼穹，亦作穹蒼，即青天。全句意指水天連接，浩瀚一片。⓭攢芒鋒：攢，聚集。芒鋒，亦作鋒芒，刀劍等武器的刃口和尖端。全句形容浪濤滾滾像刀劍密布。⓮揚洩汗漫句：揚洩，飛翔、升騰。汗漫，不著邊際。《淮南子・俶真訓》：「徙倚於汗漫之宇。」全句指乘著天風漫無邊際地飛騰。⓯粲雲霞：粲，鮮明貌，全句形容散開的長髮比雲霞還鮮艷。⓰「百川四瀆」句：四瀆，古人對江、河、淮、濟等四條獨流入海大川的總稱，此為泛指；朝宗，原指諸侯朝見天子，後借指河流入海。《書・禹貢》：「江漢朝宗於海。」全句指大小江河都匯集於大海。

解：

此歌詞作於李叔同一九一三年至一九一八年任教浙江第一師範學校時期，根據內容分析，應作於這一時期靠後階段。最早見於豐子愷編《中文名歌五十曲》，開明書店一九二八年版。

這是一篇富於浪漫主義色彩的詩歌，詩中充滿飄逸的風格和奇譎的想像，在李叔同整個詩歌創作中，這樣的詩篇並不多見。

全詩描寫的是詩人憧憬自己駕馭自然界天風，遨遊長空的種種景象。第一部分抒寫詩人飛越山峰時之所見；第二部分抒寫詩人飄過海洋時之所睹。李叔同雖然終其一生沒有坐過飛機，但他對從上而下俯瞰地面自然景觀的描寫，卻如此逼真和豐富，這不能不令人佩服他的高超的想像能力和非凡的描寫才華。

詩人在歌詞中穿插抒寫自己馳騁天際時的那些形體和動作，更令人讚賞。如第一部分的「咳唾生明珠，吐氣噓長虹」，第二部分的「散髮紮雲霞，長嘯驚蛟龍」。它所營造的形象和意境，是那樣的汪洋恣肆，舒展自如；是那樣的驚天動地，叱咤風雲；是那樣的有聲有色，華瞻瑰麗。這樣的構思當然是誇張的、虛構的，但完全符合詩人當時特定的心態，生動地反映了詩人對脫塵超俗、自由自在生活的急切嚮往和強烈期待。

中國文人歷來是「內重於外」，把精神看得重於血肉之軀。魏晉時期的嵇康就說過：「精神之於形骸，猶國之有君也。」所以他們總是不安於現實社會加於他們身上的種種束縛，竭力追求精神的自由，維持一種內心的自覺。特別當他們在生活中遇到挫折的時候，更表現了對這種自由的渴望。為此，他們縱酒作樂者有之，如「竹林七賢」等。怡情山水者有之，如陶淵明、謝靈運等。至於鍾情於浪漫主義的文學藝術，讓想像的翅膀任意翱翔，以展示其個體自覺者更不少見。唐代大詩人李白就是較具代表性的一位，如在他所寫的〈古風〉之十九、四十一首中，就盡情地抒發了漫游天際的奇譎、瑰麗的想像：他登上雲臺朝拜神仙，駕著鴻雁飛翔高空；早上在天海戲嬉，黃昏轉到日落的地方歇足；天帝邀他遨遊仙境，還以玉杯盛滿瓊漿賜飲……他在詩中這樣吟詠：「永隨長風去，天外恣飄揚。」強烈地嚮往著精神的無拘無束，充分自由。

李叔同當時身處清末民初這樣一個動亂的時代，既不滿於社會的黑暗和污濁，又無力擺脫，思想極為苦悶矛盾，因而他對精神自由的追求也就更為強烈、更為迫切。他在這首歌詞中幻想乘風遨遊太空，上下翱翔，隨心所欲，無所羈絆，與李白的「永隨長風去，天外恣飄揚」的立意非常接近。

但是，李白畢竟尚未忘懷現實。他在〈古風〉的結尾這樣吟道：「俯視洛陽川，茫茫走胡兵。流血塗野草，豺狼盡冠纓。」詩人隨神仙升入天庭時，洛陽一帶安史叛軍殘殺無辜，耀武揚威的情景，忽然映入他的眼底。他的飄然飛升的舉動也就戛然而止了。而李叔同這首〈天風〉，卻缺乏這一點積極的內容，歌詞中帶有濃鬱的消極遁世色彩，從兩段歌詞最後重複出現的六句中可以看出李叔同所嚮往的太空，是「絕於塵埃之外」、「超乎外物之表」，特別是最後一句「與世長遺」，表示了他要永遠脫離現實世界的意向。

倘若我們不是把目光停留在這首〈天風〉，而是聯繫他在同一時期所寫的其他作品，特別是那首作於一九一七年的〈貽王海帆先生〉，就會對李叔同當時的思想狀況有個較為全面的判斷。在那首短詩中，李叔同吟道：「西湖風月好，不慕赤松仙。」還特為加注稱：「余視現世為樂土。」可見他對現實世界還是留連、眷戀的，而對赤松仙那樣的脫離人世，飄游天際，吐雲吞霧，隨風上下，並不怎麼羨慕和讚賞。這兩首創作於同一時期的詩詞作品，形象地折射出李叔同當時極為錯綜複雜的心態，存在著出世和入世兩種觀念的尖銳矛盾和激烈碰撞。

落花

紛紛，紛紛，紛紛，紛紛；紛紛，紛紛，紛紛，紛紛。惟落花委地❶無言兮，化作泥塵❷。寂寂，寂寂，寂寂，寂寂；寂寂，寂寂，寂寂，寂寂。何春光長逝不歸兮，永絕消息。憶東風之日暄❸，芳菲菲❹以爭妍。既垂榮以發秀❺，倏❻節易而時遷。春殘！

覽落紅之辭枝兮，傷花事其闌珊❼。已矣！春秋其代序以遞嬗❽兮，俛念遲暮❾。榮枯不須臾❿，盛衰有常數。人生之浮年若朝霞兮，泉壤興哀⓫。朱華易消歇，青春不再來。

注：

❶委地：堆積地面。❷化作泥塵：語出陸游〈卜算子．詠梅〉：「零落成泥碾作塵。」❸東風之日暄：暄，暖。東風即春風，也稱暄風。楊凝〈送客歸淮南〉：「暄風百草齊。」全句意謂春風逐日送暖。❹芳菲菲：指春天花草芬芳。❺垂榮以發秀：榮，花的通稱。秀，據《詩．豳風．七月》注：「不榮而實曰秀。」全句意即花落果結，形容殘春景色。❻倏：忽然，迅疾。❼闌珊：見〈歸燕〉注❷。❽代序以遞嬗：依次更替，按序演變之意。❾俛念遲暮：俛念，即俯念，低頭沉思之意；遲暮，指年老。全句意謂隨著季節的變更，使人想到了年老。❿須臾：片刻，言時間短促。⓫泉壤興哀：泉壤，即泉下、地下；全句意即死亡帶給人們悲痛。目前有的版本（如李芳遠編《弘一大師文鈔》和《弘一大師全集》第七卷福建人民出版社一九九二年版等），「興哀」均作「興衰」，既費解，又與上句「盛衰有常數」用字重複，誤。此據豐子愷《中文名歌五十曲》。

解：

此歌詞作於一九一三至一九一八年李叔同在浙江第一師範學校任教期間。根據內容分析，似作於該時期的靠後階段。最初見於豐子愷編《中文名歌五十曲》，開明書店一九二八年版。

有人把〈落花〉視為與〈長逝〉、〈悲秋〉等歌曲一樣，「都是感嘆時間不駐、青春易逝的作品」；還說此歌「令人確信時間一去不復返的客觀事實」，「給人一種時間不以人們意志為轉移的向前飛逝之感」，等等（見陳星：《李叔同歌曲尋繹‧傷青春其長逝》，世界文物出版社一九九四年版）。

這樣的理解未免失於淺表。我們並不否認這首歌詞，作為對學生教唱的學堂樂歌，有警策青年學子把握青春、珍惜光陰的涵義。但是作者在這首歌詞中還表現了對生命現象和生死關係所作的哲理思考，這卻是〈長逝〉、〈悲秋〉兩歌未曾觸及的，而這正是這首歌詞的深層意義所在。

李叔同在浙一師的學生、文學家曹聚仁卻看出了這一點。他在《人世間》一九三四年第九期上著文這樣說：「〈落花〉是他（李叔同）中年後對生命無常的感觸。那時期他是非常苦悶的，藝術雖是心靈寄託的深谷，而他還覺得沒有著落似的。」他所作的這些表述和概括，雖然簡略，但畢竟觸到問題的核心。

李叔同在這首歌詞中的開頭雖然用了較長篇幅，描述了春殘花落的種種景象，但這決不只是一般的借景抒情，而是以落花為比喻，揭示了青春必將流逝、生命終須殞滅這一人生的普遍現象。尤其是作者在歌詞中由落花想到：「榮枯不須臾，盛衰有常數。人生之浮華若朝露兮，泉壤興衰。」更把這種思考推進到一個哲理的層次。而這也正是全歌的點題之筆。

「榮枯不須臾，盛衰有常數」這兩句出於曹植〈贈丁翼〉詩：「積善有餘慶，榮枯立可須」，詩人卻反其意而用之，認為人生的榮和枯是有一個漸進過程（即所謂「不須臾」）；人們的興和衰也是有不以人的意志為轉移的規律的（即所謂「有常數」）。在此認識基礎上，作者筆鋒一轉，指出，儘管如此，人們最終還是要由生到老到病到死，不可能永遠年輕，也不可能永遠不死。作者在這裡引用了「朝露」這個意象。這是古人形容人生苦短常用的比喻，除了人們熟知的曹操〈短歌行〉中所詠：「對酒當歌，人生幾何，譬如朝露，去日苦多」之外，在《漢書‧蘇武傳》中，也有「人生如朝露」的說法。李叔同在這首歌詞中又一次用「朝露」比喻生命現象，還直接與「泉壤」，即「死亡」的意象聯繫在一起，這就明白無誤地傳遞了詩人對「人生無常」的又一次感悟。

其實，李叔同對「人生無常」的體會，由來已久，並一再見之於筆端。這一點，在本書的第一篇〈斷句〉的箋注中，已有所說明。在此後所寫的文字中，凡是涉及「老」、「病」、「死」等方面內容的，都不免要歸結到「生命無常」的感悟。如寫於一九〇〇年的〈老少年曲〉詞，感嘆：「一霎光陰，底是催人老。」寫於一九一三年七月十六日致許幻園的信：「今日又嘔血……，誦范肯堂〈落照〉（絕命詩）云：『落照原能媲旭輝，車聲人迹盡稀微。可憐步步為深黑，始信蒼茫有不歸。』通人亦作乞憐語，可哂也。家國困窮，百無聊賴，速了此殘喘，亦大佳事。」一九一四年農曆七月〈題夢仙花卉橫幅〉中，有感於「大姊逝」、「母亦棄養」，他寫的第一句就是「人生如夢耳，哀樂到心頭」。這首〈落花〉無非為這一感悟，提供了一個新的注腳而已。

本來，人的生老病死，生命的變化不定，是一種客觀現象，由於觀點不同，可以有積極和消極兩種結論：可以因此而珍惜生命，奮發有為；也可以因此悲觀失望，看破塵世。李叔同由於身體、家庭等等獨特的原因，常常是從後一種意義上來理解「人生無常」的意義的。當他投身於救國救民的事業，政治情緒飽滿之時，這種「生命無常」的思想處於潛藏狀態；在寫作〈落花〉的這個時期，他不滿現實社會黑暗，又無能為力；躲進藝術之宮後，仍然不能擺脫苦悶。於是，消極的「人生無常」觀念便又乘虛而入，佔領了他思想中的重要位置。因此他在這首歌詞中流露了這種情緒，是不足為怪的。

據說，釋迦牟尼在「王子」時期，遊歷四門，看透了「生、老、病、死」四相，頓悟生命之無常，道心由此迸發，棄俗修行，最終成佛；那麼，弘一法師在一九一八年的遁入空門，是不是也可以從他對「生命無常」的反覆、透徹的感悟中，找到某些思想契機呢？

朝陽

觀朝陽耀靈❶東方兮，燦❷莊嚴偉大之榮光。彼長眠之空暗暗兮，流絳彩❸以輝煌。觀朝陽耀靈東方兮，燦莊嚴偉大之榮光。彼瞑想之海沉沉兮，盪金波以飛揚。惟神，惟神，惟神！創造世界，創造萬物，錫予❹光明，錫予幸福無疆。觀朝陽耀靈東方兮，感神恩之久長。

注：

❶耀靈：發射靈光。❷燦：光彩耀眼，此處作動詞用。❸絳彩：深紅的色彩。❹錫予：賜給。

解：

此歌詞作於一九一三至一九一八年李叔同在浙江第一師範學校任教時期。根據歌詞內容分析，應寫於這一時期的靠後階段，可能就在出家前的最後一二年內。最初見於豐子愷編《中文名歌五十曲》，開明書店一九二八年版。題後有「男聲四部合唱」字樣。

這首歌詞突出地讚頌了神賜予人類的恩澤。

歌詞採用的是「比」的指物譬喻的藝術手法。它不是用主要篇幅直接寫神，而是著重對朝陽進行了熱情的謳歌。詩人在歌詞中運用華麗的辭藻，反覆讚頌了朝陽：是朝陽，喚醒了天空，使之由黑暗變得輝煌（如歌詞第一段所寫）；是朝陽，啟動了大海，使之由沉默變得翻騰（如歌詞第二段所寫）。總之，朝陽為宇宙帶來光明，帶來色彩，帶來生命。

最後一段，詩人運用類似《聖經》讚美詩中的語言，歌頌神就像「朝陽」那樣光照大地，他「創造世界，創造萬物」，「錫予光明，錫予幸福」。於是，順理成章地歸結到「感神恩之久長」一句收尾，點出了全詞的主題。

令讀者深思的是，詩人在〈人與自然界〉、〈豐年〉，把塵世的「吉祥」和「幸福」寄希望於天，一再出現「惟天」的字樣；而在〈朝陽〉中，卻由「惟天」一變而為「惟神」，在歌詞最後一段的第一句，連用了三個「惟神」。從抽象的「天」而演變為具象的「神」，這意味著李叔同思想上的重大變化，表明他向宗教靠近了一大步。各種宗教，包括佛教、基督教和回教，各有其崇拜的偶像，如佛教的釋迦牟尼，基督教的耶和華，回教的穆罕默德。這就構成了每個宗教各自頂禮膜拜的「神」。因此，對神的讚美和祈求，必然使李叔同迅速走近和靠攏宗教，以致最後虔誠地信奉宗教。

有一種說法：李叔同在這段時間，受其日籍夫人的影響，也信仰過日本「天理教」。在一九一六年底的《斷食日誌》中對此有所記載，如「禱諸大神之前，神詔斷食」；「暗記誦《神樂歌序章》」；「敬抄《御神樂歌》二頁」，等等，共有十數處之多。由於天理教信仰父母神（即「天理王命」），其教義認為世界和人類是父母神所創造的；人必須認識神的恩惠；要愉快地從事神聖勞動，彼此合作，互相親愛；消除前生惡業，實現康樂世界（見林子青《弘一法師年譜》一九一六年條注❾）。因此，歌詞中的「神」，可能指天理教的「父母神」。這種說法有一定道理。但李叔同當時的信仰比較龐雜，除天理教之外，尚有佛教、道教。歌詞中的「神」應作廣義理解，它作為「宗教」的同義語，說明李叔同此時對宗教的接近以至虔信，似更確切。

其實，李叔同接近宗教的這一動向，我們也可以從他這段時間其他言行中找到有力旁證。一九一六年秋，當他得知劉質平留學東京，因學習中遇到困難，思想極為苦悶時，便於舊曆八月十九日寫信給劉質平，在提了一些衛生、交友、求學等方面的「注意事項」之後說：「宜信仰宗教，求精神之安樂。據余一人之所見，確係如此，未知君以為如何？」在第二年，即一九一七年，他又寫信給劉質平，除對他進行言行、交友、學習進度等方面的種種規勸之外，又說：「君有崇信之宗教，信仰之尤善，佛、伊、耶皆可。」

把給劉質平信中的這些話，與〈朝陽〉這首歌詞聯繫起來讀，不難看出此時此刻，李叔同對神、對宗教是這樣衷心地讚美、期待和信仰，這從一個側面說明：他最終遁入空門，皈奉佛教，已是箭在弦上，為期不遠的事了。

月

仰碧空明明，朗月懸太清❶。瞰❷下界擾擾，塵欲迷中道❸！惟願靈光❹普萬方，
蕩滌垢滓❺揚芬芳。虛渺無極，聖潔神秘，靈光常仰望！

仰碧空明明，朗月懸太清。
瞰下界暗暗，世路多愁嘆！惟願靈光普萬方，拔除❻痛苦散清涼。虛渺無極，聖潔神秘，
靈光常仰望。

注：

❶太清：舊時對天空的一種稱呼。❷瞰：俯視。❸中道：語出《孟子・盡心下》：「孔子豈不欲中道哉？」趙岐注：「中道，中正之大道也。」❹靈光：神靈之光。❺垢滓：指世間的污穢和骯髒之物。❻拔除：中國佛教協會編《弘一法師》作「拔除」。拔除，即劈除或斬除之意。

解：

這首歌詞作於李叔同一九一三至一九一八年在浙江第一師範學校任教時期。根據內容分析，它可能作於作者出家前的最後一兩年內。最初見於豐子愷編《中文名歌五十曲》，開明書店一九二八年版。

這首歌詞與〈朝陽〉是同一時期的作品，主題也都是對神恩的謳歌。通篇雖然沒有直接提到「神」，但歌中再三稱月光為「靈光」，並以「虛渺無極」、「聖潔神秘」等文字來形容月光，可以看出這裡的「月」，不是〈月夜〉中「梧葉蕭疏搖月影」的月，也不是〈秋夜〉中「月掛簾鉤」的月，而是「神」的象徵。他的學生曹聚仁在《人間世》一九三四年第九期著文，就這樣說：「他在〈月〉中作超現實的想望，把心靈寄託於彼岸。」

為什麼李叔同寫了〈朝陽〉，又寫〈月〉呢？因為在中國文字中，「日」、「月」作為兩個對稱的詞彙，常被連用，包含著兩層意義：一是指交替升懸天際，普照大地的兩個發光的星體。如《詩經・小雅・天保》：「如月之恒，如日之升」；《易・離》：「日月麗乎天」；《後漢書・馮衍傳》：「其事昭昭，日月經天」等等，就是指的這層意義。另外還有一層意義是，它們又代表著一種時間的概念。如「日往月來」（《易・繫辭下》），「日久月深」（《五燈會元》），「日新月異」（《禮記・大學》），「日益月滋」（唐元稹〈上令狐相公詩啟〉）等等，就是指的第二種意義。

李叔同在〈朝陽〉中以日照為喻，讚詠神之恩的同時，又在〈月〉中以月光作譬，對神力給予歌頌，就是兼含以上兩層意義，反映了詩人祈求神的靈光能夠晝夜不息，天長地久，永遠照亮塵世的殷切願望。

應當看到，這首歌詞與〈朝陽〉的主題雖然相同，但側重面並不相同。如果〈朝陽〉重點是在驅趕塵世的黑暗，因而特別強調陽光的輝煌的話，那麼這首歌詞重點便在祛除人間的污濁，因而突出了月亮的皎潔和清涼。同時，這首歌詞與〈朝陽〉雖然都是採用傳統的「比」的藝術手法，但具體技法也不盡相同。如果〈朝陽〉用的是明譬，那麼這首歌詞卻用的是暗喻：全篇不著一個「神」字，但「神」的形象自在其中。正因為李叔同作了這樣不同的藝術處理，我們對〈朝陽〉和〈月〉這樣兩首同一主題的歌詞，便能在「同」中見出其「異」，於「不變」中發現其「變」。這正是李叔同藝術功力的精到之處。

晚鐘

大地沉沉落日眠，平墟漠漠❶晚烟殘。幽鳥不鳴暮色起，萬籟俱寂❷叢林寒。浩蕩飄風起天杪❸，搖曳❹鐘聲出塵表。綿綿靈響徹心絃，眑眑❺幽思凝冥杳❻。眾生病苦誰扶持？塵網❼顛倒泥途污。惟神憫卹敷❽大德，拯吾罪過成正覺❾。誓心稽首❿永皈依，暝暝⓫入定⓬陳虔祈。倏忽光明燭太虛，雲端彷彿天門破。莊嚴七寶⓭迷氤氳⓮，瑤華翠羽⑮垂繽紛。浴靈光兮朝聖真，拜手承神恩！仰天衢⑯兮瞻慈雲⑰，若現忽若隱隱。鐘聲沈暮天，神恩永存在。神之恩，大無外。

注：

❶漠漠：寂靜無聲。《荀子・解蔽》：「聽漠漠而以為啕啕。」❷萬籟俱寂：萬籟，自然界各種聲音。常建〈題破山寺後禪院〉：「萬籟此俱寂，但餘鐘磬聲。」此處取該詩句詩意。❸天杪：天際。❹搖曳：飄蕩。鮑照〈棹歌行〉：「搖曳高帆舉」。此處形容鐘聲。❺呦呦：幽靜貌。《漢書・安世房中歌》：「清思呦呦」。❻冥杳：也作杳冥，指天空、高空。顧非熊〈笑韓將軍〉：「笑聲隨風入杳冥」。❼塵網：原指人在世間種種拘束，如魚在網中。東方朔〈與友人書〉：「不可使塵網名韁拘鎖」。此處泛指現實世界。❽敷：布施。❾正覺：佛教徒以洞明真諦，達到大徹大悟境界為正覺，故也稱佛為正覺。❿稽首：舊時所行之跪拜禮。《書・舜典》疏：「稽首為敬之極」。⓫瞑瞑：昏暗迷亂貌。⓬入定：佛家用語，僧人靜坐斂心，不起雜念，使心定於一處，曰「入定」。白居易〈在家出家〉詩：「中宵入定趺跏坐，女喚妻呼多不應。」⓭七寶：佛教名詞，說法不一。《大阿彌陀經》以黃金、白銀、琉璃、水晶、硨磲、琥珀、珊瑚為七寶。後泛指多種寶物。⓮氤氳：見〈化身〉注❸。⓯瑤華翠羽：瑤華，古代傳說是一種能延年益壽的花，後借指仙花。翠羽，綠色的鳥羽，古時的寶物之一。⓰天衢：即天街，佛之居處。⓱慈雲：即佛。見〈題夢仙花卉橫幅〉注⓰。

解：

這首歌詞作於李叔同一九一三至一九一八年在浙江第一師範學校任教時期。根據內容分析，這首歌詞應作於此一時期的靠後階段，可能在李叔同出家前一、兩年之內。最早見於豐子愷編《中文名歌五十曲》，開明書店一九二八年版。題下有「三部合唱」字樣。

在李叔同出家前夕，接連寫了〈朝陽〉和〈月〉等兩首謳歌神恩的歌曲；如今他又寫了篇幅更長的〈晚鐘〉，又一次歌頌神恩在時間上的「永存在」和在空間上的「大無外」。人們常常把這三首歌曲，作為李叔同披剃出家、皈依佛教的三個顯明的信號。這當然是有道理的。但是不論從藝術或構思上說，這首〈晚鐘〉比起〈朝陽〉和〈月〉，都有了很大的發展。

首先，從藝術上說，〈朝陽〉與〈月〉等歌曲，從樹立視角形象入手歌頌神恩，把神比喻為輝煌的晨曦和清涼的月色；但是這首〈晚鐘〉則不同，它突出地在塑造聽覺形象上下功夫。

歌詞一開頭就描寫在「萬籟俱寂」、「幽鳥不鳴」的向暮時刻，忽然隨風傳來一聲聲晚鐘。歌詞前面四句對傍晚景色的描繪，正是為「搖曳鐘聲出塵表」構建背景、渲染氣氛。當然，這四句不單純是寫景，而是也借此隱喻現實世界的破敗與死寂。

從美學上說，鐘聲傳遞給人們的是一種莊嚴、肅穆的感情，因此鐘聲常與宗教結下不解之緣。唐張繼〈楓橋夜泊〉：「姑蘇城外寒山寺，夜半鐘聲到客船」；唐孟浩然〈夜歸鹿門歌〉：「山寺鳴鐘晝已昏，漁梁渡頭爭渡喧」；明張岱〈西湖十景・南屏晚鐘〉：「鐘聲出上方，夜渡空江水」，等等，寫的都是佛寺裡的鐘聲。而西洋著名畫家米勒名畫〈晚鐘〉，描繪「蒼茫暮色中，田野盡處隱隱地聳著教會的鐘樓，農家夫婦二人俯首作祈禱狀」（夏丏尊〈晚鐘〉文中語），畫的則是基督教教堂的鐘聲。由此看來，寺廟、教堂等宗教場所，常借助鐘聲，營造一種崇拜神祇的情感氛圍。

正是出於這一目的，李叔同在〈晚鐘〉這首歌詞中，抓住鐘聲大作文章，既描寫了鐘聲的狀態：「出塵表」、「沉暮天」，又描寫了鐘聲的效果：「靈響徹心絃」、「幽思凝冥杳」。其用意就在通過鐘聲的聽覺形象，喚起人們一種神聖的宗教情緒，為後文的誓心皈依佛教，衷心感謝神恩，作出有力的心理鋪墊。

其次，從構思或立意上說，這首〈晚鐘〉與〈朝陽〉、〈月〉則差異更大。倘若說〈朝陽〉與〈月〉抒發的還只是對神的一種仰慕和感恩的情緒，那麼這首〈晚鐘〉卻十分明白地表達了對神的誓心皈依。這就是說，前者還只是停留於「感」，後者則付之於「行」了。此其一。

其二，〈朝陽〉與〈月〉歌頌的只是一般的「神」；這首〈晚鐘〉，從字面上看，讚美的雖也是「神」，但實際上卻指的是具體的「佛」。歌詞中有這樣幾句：「惟神憫卹敷大德，拯吾罪過成正覺」，「誓心稽首永皈依，瞑瞑入定陳虔祈」。這裡的「正覺」、「皈依」、「入定」等，都是佛教的專用語。「皈依」，是指對佛的信奉；「入定」，是指成佛的一種重要修行手段；而「正覺」，正是人們對佛的又一種稱呼。特別是下文，當神出現於天際，人們仰望它若隱若現的身影時，歌詞這樣寫道：「仰天衢兮瞻慈雲。」這裡的「慈雲」即指佛。因為佛以慈悲為懷，如大雲之覆蓋世界，所以佛教徒也稱佛為「慈雲」。唐李世民為《三藏聖教》作序，就有「引慈雲於西極」之說。這些例證說明，〈晚鐘〉中歌頌的「神」，實際上就是「佛」，是「佛」的代名詞。

對〈晚鐘〉中「神」的涵義作這樣的理解，其實與李叔同這一時期的思想發展軌跡是吻合的。一九一六年，李叔同雖有信神、信仰宗教的意向，但皈依什麼教，卻還猶豫不決。從他一九一六年底所寫的〈斷食日誌〉和斷食以後所寫的文字中，看出李叔同當時尚在天理教、佛教和道教之間觀望搖擺，舉棋不定。但他很快就結束了這種狀態，一九一七年初他在給劉質平的信中就表示決心奉佛，「擬於數年內，入山為佛弟子（或在近一二年也未可知）。」

從徘徊在諸種宗教之間，到決定皈依佛教，這也是李叔同思想上的一個重大變化。這首〈晚鐘〉，是忠實反映了這個變化的。

〈晚鐘〉是李叔同出家前所寫的最後一首歌詞。如果把〈晚鐘〉與〈朝陽〉、〈月〉一起，比喻為李叔同出家皈佛的三個信號，那麼，這首〈晚鐘〉應當是最大、最亮、最耀眼的一個。

一九二九年

《護生畫集》題詞

眾生❶

是亦眾生，與我體同❷；應起悲心，憐彼昏蒙。普勸世人，放生戒殺；不食其肉，乃謂愛物。

注：

❶眾生：原泛指人類和一切動物。而佛教所謂「眾生」，範圍更為廣泛。據《俱舍論》卷八稱：眾生有四種形態：一、卵生，指從卵殼而生，有雞、雀、烏鴉等；二、胎生，指從母胎而生，有「人及畜生至二足蟲」等；三、濕生，指從濕氣而生，如「腐肉中蟲、廁中蟲、屍中蟲」等；四、化生，指無所依託，借業力而出現者，如諸天神、餓鬼及地獄中受苦者。總稱之為「四生」。❷「是亦眾生」二句：是從宋黃庭堅〈戒殺〉詩的前二句「我肉眾生肉，名殊體不殊」演化而來。

生的扶持

一蟹失足，二蟹持扶。物知慈悲，人何不如!?

今日與明朝❶

日暖春風和，策杖遊郊園。雙鴨泛清波，群魚戲碧川。為念世途險，歡樂何足言。

明朝落網罟❷，繫頸陳市廛❸。思彼刀砧❹苦，不覺悲淚潸❺。

注：

❶此「護生畫」，原題為〈懸梁〉，後接受弘一法師建議改畫，題為〈今日與明朝〉。弘一法師一九二八年舊曆八月廿二日致信豐子愷說：「原畫意味太簡單，擬乞重畫一幅，題名曰〈今日與明朝〉，將詩中『雙鴨泛清波，群魚戲碧川』之景補入，與『繫頸陳市廛』相對照，共為一幅，則今日歡樂與明朝悲慘相對照，似較有味。此雖是陳腐之老套頭，今亦不妨採用也。」❷網罟：捕捉魚鱉鳥獸的工具。《易・繫辭》：「作結繩而為網罟，以佃以漁。」❸市廛：語出《孟子・公孫丑》：「市廛而不徵。」本指市場上免稅提供的儲存貨物的屋舍、場地；後用以稱商店集中的場所。❹刀砧：即刀和砧板等切割食物的用具。❺潸：淚流貌。《詩・小雅・大東》：「潸焉出涕。」

母之羽❶

雛兒依殘羽，殷殷戀慈母。母亡兒不知，猶復相環守。念此親愛情，能勿凄心否？

《感應類鈔》❷云：「眉州❸鮮于❹氏，因合藥碾一蝙蝠為末。及和劑時，有數小蝙蝠，圍聚其上，面目未開，蓋識母氣而來也。一家為之灑淚。」今略擬其意，作〈母之羽〉圖。

注：

❶此畫的畫面，為一群小雞，圍觀母雞被殺後殘留在地面的幾片羽毛，似依戀不捨，故取題為「母之羽」。❷感應類鈔：該書係遴選歷代筆記中有關物類相感應的記述，匯集而成。上述所引故事，曾見於宋釋贊寧所撰《感應類從志》一書（收入明陶宗儀纂《說郛》）。❸眉州：古地名，後改眉山縣，在四川省中部。❹鮮于：複姓。

親與子

今日爾吃他，將來他吃爾。循環作主人，同是親與子。

參用宋黃庭堅❶詩句。

日本風俗，有以雞肉與卵，置於飯上而食之者，名「親子井❷」。親謂父母，子謂兒女；井者，彼邦俗解，謂是陶製大盌也。雞為親，卵為子，以此二物，共置盌中，故曰「親子井」。

注：

❶黃庭堅：（一〇四五—一一〇五）北宋詩人、書法家。字魯直，號山谷道人。洪州分寧（今江西修水）人。治平四年進士。歷任縣尉、國子監教授、知縣、校書郎、著作佐郎等職。他出於蘇軾門下，而與蘇軾齊名，世稱「蘇黃」。著有《山谷集》。此詩參用的黃庭堅詩句，可能就是他的〈戒殺詩〉，見《全宋詩》卷一〇二七。

❷井：漢字為井之本字。此為日本文，讀如唐步利，指盛餚之瓷缽。

仁獸

麟❶為仁獸，靈秀所鍾。不踐生草，不履生蟲。緊❷吾人類，應知其義。舉足下足，常須留意。既勿故殺，亦勿誤傷。長我慈心，存我天良。

兒時讀《毛詩·麟趾章》❸，注云：「麟為仁獸，不踐生草，不履生蟲。」余諷其文，深為感嘆，四十年來，未嘗忘懷。今撰「護生」詩歌，引述其義；後之覽者，幸共知所警惕焉。

注：

❶麟：「麒麟」的簡稱，亦作「騏驎」。古代傳說中的一種動物。其狀如鹿，獨角，全身黃色，生鱗甲，尾像牛，蹄像馬，多作為吉祥的象徵。❷緊：意同「惟」。此處用作語助詞。❸毛詩：《毛詩》，指西漢初毛亨、毛萇所傳的《詩經》。東漢時鄭玄曾為作注。下文所謂「注」，即出自鄭玄。〈麟趾章〉，即〈周南・麟之趾〉。

兒戲

教訓子女，宜在幼時，先入為主，終身不移。長養慈心，勿傷物命，充此一念，可為仁聖。

沉溺

莫謂蟲命微，沉溺而不援；應知惻隱心，是為仁之端❶。

注：

❶「應知惻隱心」二句：語出《孟子・公孫丑》：「今人乍見孺子將入於井，皆有怵惕惻隱之心。」，「惻隱之心，仁之端也。」惻隱心，即同情心；仁，儒家的一種道德觀念，其核心指人與人相親相愛。全句意即一個人有了同情心，就開始進入「仁」的道德境界。

暗殺

若謂青蠅❶污，揮扇可驅除；豈必矜❷殘殺，傷生而自娛。

注：

❶青蠅：蒼蠅的一種，也叫「金蠅」。❷矜：肆意、急於。

訣別之音❶

落花辭枝，夕陽欲沉；裂帛❷一聲，淒入秋心。

注：

❶按該「護生畫」畫面所示，兩隻飛鳥翱翔藍空，其中一隻被箭射中，墮地之時發出淒叫，似向同伴訣別，故謂「訣別之音」。❷裂帛：形容聲音清厲，如撕裂布帛時所發之音響。白居易〈琵琶行〉：「曲終收撥當心畫，

四絃一聲如裂帛。」

生離歟？死別歟❶？

生離嘗惻惻❷，臨行復回首：此去不再還，念兒兒知否？

注：

❶按該「護生畫」畫面所示，屠夫牽老羊出圈欲殺，老羊回頭張望小羊，似向其告別。詩人有所感寫了以上四句詩。這首詩後來曾以俄羅斯民歌〈草原〉譜曲，作為弘揚佛法的歌曲流播，後收入《李叔同——弘一法師歌曲全集》上海音樂出版社一九九〇年版。❷惻惻：悲痛貌。全句由杜甫〈夢李白〉詩：「死別已吞聲，生別常惻惻」演化而來。

倘使羊識字

倘使羊識字❶，淚珠落如雨；口雖不能言，心中暗叫苦。

注：

❶字：指該「護生畫」中某麵店招牌上，寫有「羊肉大麵」四字。

乞命

吾不忍其觳觫，無罪而就死地❶。普勸諸仁者，同發慈悲意。

注：

❶「吾不忍其觳觫」二句：出自《孟子・梁惠王上》：「吾不忍其觳觫，若無罪而就死地也。」觳觫，恐懼顫抖貌，形容該「護生畫」中老牛面對執刀屠夫，驚恐萬端淚如雨下，如乞其勿殺的狀態。

農夫與乳母❶

憶昔襁褓時，嘗啜老牛乳。年長食稻粱，賴爾耕作苦。念此養育恩，何忍相忘汝。西方之學者，倡人道主義❷。不啗❸老牛肉，淡泊樂蔬食。卓哉此美風，可以昭百世！

注：

❶這首白話詩曾被譜曲，作為弘揚佛法的歌曲傳播。原曲為一八一九年德國賓策(August von Binzer)作詞的大學生歌曲〈我們建造了一所皇皇大廈〉，採用該國一首圖林根民歌曲譜。這首詩配以歌曲時題名改為〈知恩念

恩〉，後收入《李叔同——弘一法師歌曲全集》，上海音樂出版社一九九〇年版。❷「西方之學者」二句：指第一次世界大戰之後，西方人道主義理論家，如史懷哲等，發動素食主義和各種保護動物的運動。這一運動聲勢浩大，曾遍及世界很多國家。❸啗：食，飲。

示眾

景象❶太淒慘，傷心不忍睹；夫復有何言，掩卷淚如雨。

注：

❶景象：指該「護生畫」中一家肉鋪門前，掛滿宰殺後的豬首，等待出售的場景。

喜慶的代價❶

喜氣溢門楣，如何慘殺戮？唯欲家人歡，哪管畜生哭。

注：

❶按該「護生畫」畫面所示，某家為辦喜宴，屠豬宰羊，斬雞殺鴨；只見梁上、缸內、地下，血肉一片，狼藉不堪，故稱「喜慶的代價」。

殘廢的美

好花經摧折，曾無幾日香。顦顇❶剩殘姿，明朝棄道旁。

注：

❶顦顇：同「憔悴」，枯槁、瘦弱。

生機❶

小草出牆腰，亦復饒佳致。我為勤灌溉，欣欣有生意。

注：

❶豐子愷在〈漫畫的描法〉（收入《豐子愷文集》第四卷，浙江文藝出版社一九九〇年九月版）中，曾論及此畫，指出：「……如〈生機〉圖所示：描寫破牆的磚縫中，生出一株小草來。這也是我的作品，載在《護生畫集》。這是觸目驚心的一種現象。天地的好生之心，如此周到，連破牆的磚縫中一粒草子也給以生長的機會。生物的貪生之心，如此強盛，不幸而托根於破牆的磚縫中，猶自努力掙扎，向上求生。區區小草，尚且如此，何況動物與人類。我看見這小草大吃一驚，覺得這是可歌可泣，值得描寫讚頌的景象。」弘一法師的以上題詩，

不僅讚頌了小草強盛的生命力，還勸說人們為小草的生長，助一臂之力，「我為勤灌溉」。這就比豐子愷的畫，具有更深的意蘊。

囚徒之歌❶

人在牢獄，終日愁欷❷；鳥在樊籠，終日悲啼。聆此哀音，淒入心脾。何如放捨，任彼高飛。

注：

❶據李叔同一九二八年舊曆八月廿四日致豐子愷信中稱：此詩原名〈淒音〉。文字出入較大，附錄如下：「小鳥在樊籠，悲鳴音淒慘；惻惻斷腸語，哀哀乞命詞。向人說困苦，可憐人不知；猶謂是歡喜，娛情盡日啼。」〈囚徒之歌〉曾由聞妙編曲，作為弘揚佛法歌曲傳播。歌曲改題為〈囚鳥之歌〉，為二部合唱。後收入《李叔同——弘一法師歌曲全集》，上海音樂出版社一九九〇年版。❷欷：抽咽聲。

投宿

夕陽落江渚❶，炊烟起村墅❷。小鳥亦歸家，殷殷戀舊主。

注：

❶江渚：江邊。渚，水邊。《國語・越語》下注：「水邊亦曰渚」。❷村墅：鄉村的房舍。唐祖詠《渡淮河寄平一》詩：「天色混波濤，岸陰匝村墅。」

雀巢可俯而窺

人不害物，物不驚擾；猶如明月，眾星圍繞。

誘殺

水邊垂釣，閑情逸致；是以物命，而為兒戲。刺骨穿腸，於心何忍？願發仁慈，常起悲愍❶。

注：

❶悲愍：慈悲哀憐之心。

倒懸

始而倒懸❶，終以誅戮。彼有何辜？受此荼毒❷。人命則貴，物命則微：汝自問心，判其是非。

注：

❶倒懸：意即頭向下、腳向上地倒掛。此詞原為人們處境極為困苦危急的比喻。《孟子・公孫丑上》：「民之悅之，猶解倒懸也。」作者此處直接用來描寫該「護生畫」所繪的雞鴨的遭遇，與下文「人命則貴，物命則微」一句呼應，含義深刻。❷荼毒：殘害。《書・湯誥》：「爾萬方百姓罹其凶害，弗忍荼毒。」

屍林❶

見其生，不忍見其死；聞其聲，不忍食其肉❷。應起悲心，勿貪口腹。

注：

❶屍林：是指該「護生畫」中以經營熟食聞名江南的「陸稿薦」老店，密密麻麻掛著待價而沽的燒熟的雞鴨。❷「見其生不忍見其死」四句：出自《孟子・梁惠王上》：「君子之於禽獸也，見其生，不忍見其死；聞

其聲，不忍食其肉，是以君子遠庖廚也。」

開棺❶

惡臭陳穢，何云美味？掩鼻傷心，為之墮淚。智者善思，能毋悲媿❷!?

注：

❶開棺：「棺」並非實指，而是喻稱該「護生畫」中醃製魚類的食物罐頭；且「罐」與「棺」諧音。❷媿：同「愧」。

蠶的刑具❶

殘殺百千命，完成一襲❷衣。唯知求適體，豈毋傷仁慈?!

布葛❸可以代綺羅❹。冬畏寒者，宜衣駝絨，以代絲綿。

注：

❶刑具：喻指抽繭出絲的繅絲用具。❷一襲：一套。❸布葛：指棉、麻織品。❹綺羅：指絲織品。

昨晚的成績❶

是為惡業，何謂成績？宜速懺悔，痛自呵責；發起善心，勤修慈德。

注：

❶按該「護生畫」畫面所示，此處所謂「昨晚的成績」，指有人用鼠籠捕獲老鼠一隻。

惠而不費❶

勿謂善小，不樂為之❷。惠而不費，亦曰仁慈。

注：

❶惠而不費：意謂給人以恩惠利益，而自己又耗費不多。語出《論語・堯曰》：「因民之所利而利之，斯不亦惠而不費乎！」按該「護生畫」畫面所示，一婦人以剩羹殘飯，餵養街犬。作者認為這也是「惠而不費」的善事。❷「勿謂善小」二句：語出《三國志・蜀書・先主傳》。裴松之注引《諸葛亮集》：「勿以惡小而為之，勿以善小而不為。惟賢惟德，能服於人。」

醉人與醉蟹❶

肉食者鄙❷，不為仁人。況復飲酒，能令智昏。誓於今日，改過自新。長養悲心，成就慧身❸。

注：

❶按此畫面所示，一食客以醉蟹過酒，喝得津津有味，醉意矇朧，故謂「醉人和醉蟹」。❷肉食者鄙：語出《左傳・莊公十年》：「肉食者鄙，未能遠謀。」肉食者，吃肉的人，引申為高官厚祿者。鄙，固陋不通。這裡所謂的「肉食者」，直指吃葷腥的人，不作引申義理解。❸慧身：在佛教中，「慧」是梵語「般若」的意譯。據慧遠《大乘義章》稱：「就實以論，真心體明，自心無闇，目之為慧。」這裡所謂的「成就慧身」，與上文「能令智昏」對應。

懺悔❶

人非聖賢，其孰無過？猶如素衣❷，偶著塵涴❸。改過自新，若衣拭塵。一念慈心，天下歸仁❹。

注：

❶「護生畫」的畫稿中原無此畫，是弘一法師建議添畫的。他在一九二八年舊曆八月廿一日致豐子愷、李圓淨的信中稱：「此畫稿尚須添畫兩張。其一，題曰〈懺悔〉。畫一半身之人（或正面，或偏面，乞詳酌之），合掌恭敬，作懺悔狀。其衣服宜以簡略二三筆畫之，不必表明其為僧為俗。其二，題曰〈平和之歌〉。（下略）」弘一法師寫成上詩，於一九二八年舊曆八月寄給豐子愷時，還特在信中又一次說明：「按此詩雖無佛教色彩，而實能包括佛法一切之教義，仁者當能知之。」可見他對這幅護生畫的重視。❷素衣：白色的衣服，常用以比喻清白的操守。陸機〈為顧彥先贈婦〉詩：「京洛多風塵，素衣化為緇。」❸塵涴：為塵土所沾污。韓愈〈合江亭〉詩：「願書岩石上，勿使泥塵涴。」❹天下歸仁：仁，古代儒家一種含義極廣的道德觀念。《禮記・中庸》在解釋「仁」的涵義時，認為：「仁者，人也，親親為大。」意指人與人互相親愛。但孔子所說的「仁」，包括恭、寬、信、敏、惠、智、勇、忠、恕、孝、悌等內容，範圍更為寬泛。本詩所說的「仁」，就是泛指一種至善的思想境界。「天下歸仁」，語出《論語・顏淵》：「一日克己復禮，天下歸仁。」

冬日的同樂❶

盛世樂太平，民康而物阜❷。萬類咸喁喁❸，同浴仁恩厚。昔日互殘殺，而今共愛親。何分物與我，大地一家春。

注：

❶此畫畫面為冬日陽光之下，一老一小，負暄屋外。其身旁圍著貓、犬、雞、鴨，熙熙攘攘，自得其樂。背後盆景，也綠葉婆娑，一片春意。此畫和所配之詩，原排在《護生畫集》第一幅。弘一法師在一九二八年舊曆八月給豐子愷信中稱：「朽人之意以為開卷第一幅，須用優美柔和之詩，至殘殺等文義，應悉避去，故此詩擬由朽人另作。」他的另作詩仍為五言八句，除四句與原詩相同外，其餘四句另寫，而且次序上也有所改動，並取題為〈夫婦〉。照錄於下：「人倫有夫婦，家禽有牝牡。雙棲共和鳴，春風拂高柳。盛世樂太平，民康而物阜。萬類咸喁喁，同浴仁恩厚。」後來可能由於目次的變動，仍用原詩。❷物阜：物產豐盛。阜，盛多、豐富。《後漢書・劉陶傳》：「夫欲民殷財阜，要在止役禁奪。」❸喁喁：喁，本意為魚口露出水面。喁喁，謂眾人仰慕，如群魚之口向上。《史記・司馬相如傳》：「延頸舉踵，喁喁然，皆爭歸義。」此句由此演化而來。

老鴨造像

罪惡第一為殺，天地大德曰生。老鴨札札❶，延頸哀鳴。我為贖歸，畜於靈囿❷。
功德迴施群生，願悉無病長壽。

戊辰❸十一月，余乘番舶❹，見有老鴨囚於樊❺，將齎送❻他鄉，以餉病者。謂食其肉，可起沈疴。余憫鴨老而將受戮，乃乞舶主，為之哀請，以三金贖老鴨。歸屬子愷圖其形，補入畫集，聊志遺念。

注：

❶札札：象聲詞。古人曾以此形容機織聲、墾地聲、蟬鳴聲等。如《文選・古詩十九首》：「札札弄機杼。」柳宗元〈田家〉詩：「札札耒耜聲。」本詩則用來形容鴨叫聲。❷靈囿：指飼養禽獸的地方。《詩・大雅・靈臺》：「王在靈囿，麀鹿攸伏。」❸戊辰：即一九二八年（民國十七年）。據載是年冬月，弘一法師雲遊至滬，訪舊友尤惜陰與謝國梁於客寓。聞二人發願相約赴暹羅（即今泰國）弘法，即動遠遊之念，結伴同船南行，路過廈門時，受陳敬賢居士挽請，遂滯留廈門。詩中所記之事即發生於是年冬赴滬途中。❹番船：外國輪船。❺樊：籬笆，此處指竹製籠子。❻齎送：遣送。

楊枝淨水

楊枝淨水，一滴清涼。遠離眾苦，歸命❶覺王❷。

放生儀軌❸：若放生時，應以楊枝淨水，為物灌頂，令其消除業障，增長善根。

注：

❶歸命：歸順。漢賈誼《新書》：「輻湊並進，而歸命天子。」❷覺王：佛的別稱。佛陀，意譯為淨覺，故佛也稱「覺王」。❸儀軌：禮法、規矩。《三國志・蜀書・諸葛亮傳評》：「撫百姓，示儀軌，約官職，從權制。」

我的腿❶

我的腿，善行走，將來不免入汝手，鹽漬油烹佐春酒。我欲乞哀憐，不能作人言。願汝體卹豬命苦，毋再殺戮與熬煎！

注：

❶按該「護生畫」畫面所示，一路人攜火腿、瓶酒送禮；一豬緊隨其後，凝視火腿。故畫題為「我的腿」。上詩原為該畫配詩，後因改用明代陶周望詩（即「挾弩隱衣袂，入林群鳥號。狗屠一鳴鞭，眾吠從之嚻。因果苟無徵，視斯亦已昭。與其噉群生，寧我吞千刀。」）配畫，此詩未用。詩見弘一法師一九二八年舊曆八月廿四日給豐子愷的信，載《弘一大師全集》第八冊，福建人民出版社一九九二年版。

平和之歌❶

昔日互殘殺，今日共舞歌。一家慶安樂，大地共平和。

注：

❶此詩也是弘一法師為《護生畫集》所作而未用的配詩。畫集原無此畫面，他在一九二八年舊曆八月廿一日給豐子愷、李圓淨的信中，建議增添此畫，並說到對此畫的構思：「以〈平和之歌〉一張作為結束」，「較以前之畫幅，加倍大（即以兩頁合併為一幅）。……其上方及兩旁，畫舞臺帷幕之形；其中間畫許多之人物，皆作攜手跳舞唱歌歡笑之形狀。凡此畫集中，所有之男女人類及禽獸蟲魚等，皆須照其本來之像貌，一一以略筆畫出（其禽獸之已死者，亦令其復活。花已折殘者，仍令其生長地上，復其美麗之姿。但所有人物之像貌衣飾，皆須與以前所畫者畢肖。俾令閱者可以一一回想指出，增加歡喜之興趣）。」他在一九二八年舊曆九月四日致豐子愷的信中，又寫出以上四句配詩。此畫後未畫，詩也就沒有刊用。以上兩信均載《弘一大師全集》第八冊，福建人民出版社一九九二年版。

解：

《護生畫集》是一本以宣傳戒殺、放生為主題的圖文並茂的圖書。全書共收「護生畫」五十幅，均為弘一法師門生、漫畫家豐子愷所繪；每幅畫配一首詩，除引用古人現成的詩詞外，全為弘一法師所作。上海佛教居士李圓淨參加該書的編纂；著名國學大家馬一浮為該書作序。

這本畫冊早在一九二七年弘一法師和豐子愷就著手策劃，原來只計劃編繪二十四幅畫出版。後來該書編纂者之一李圓淨居士向弘一法師建議：「畫集出版後，擬贈送日本各處。」弘一法師表示同意，但認為「若欲贈送日本各處非再畫十數頁，重新編輯不可。」（見弘一法師一九二八年舊曆八月廿二日致豐子愷信）。恰逢一九二九年正是弘一大師五十歲的壽辰，於是豐子愷便決定繪製護生畫五十幅，並由弘一法師配詩和書寫，於一九二九年二月由開明書店出版。

㈠

佛教主張「眾生平等」。這裡所說的「眾生」，不僅指人間的各種生命個體，也包括世界上一切有生命的各種形態的動物。因此，佛教要求所有佛教徒必須「戒殺生」。佛經中規定的「五戒」、「八戒」、「十戒」、「具足戒」等種種戒律，都把「不殺生」，作為第一「戒」。編繪《護生畫集》的直接目的是戒殺，弘一法師就曾稱《護生畫集》為《戒殺畫集》（見一九二八年舊曆八月初三致李圓淨信）；但從深層次說，弘一法師出版此書，遠遠超出佛教的戒律意義，他在該書跋語中提出本書「蓋以藝術作方便，人道主義為旨趣」。這就是說，它不僅宣傳戒殺，更要提倡護生。正如有的論者所說：「『戒殺』只是自我制約的消極行為；『護生』才是更積極的生命關懷。」馬一浮在畫集序言中對此說得更為深刻：「知生則知畫矣，知畫則知心矣，知護心則知護生矣。我願讀是畫者善護其心。」豐子愷後來對這一點解釋得十分具體。他在一九三八年四月九日所寫的〈則勿毀之已〉一文中說：「《護生畫集》之旨，是勸人愛惜生命，戒除殘殺，由此而長養仁愛，鼓吹和平。惜生是手段，養生是目的。故序文中說『護生就是護心』。」在同年五月五日所寫的〈一飯之恩〉一文中，他又說：「《護生畫集》的序文分明說是：『護生』就是『護心』。愛護生靈，勸戒殘殺，可以涵養人心的『仁愛』，可以誘致世界的『和平』。故我所愛護的，其實不是禽獸魚蟲本身（小節），而是自己的心（大體）。換言之，救護禽獸魚蟲是手段，倡導仁愛和平是目的。再換言之，護生是『事』，護心是『理』。聯繫《護生畫集》出版前後，國內外兵燹紛起，戰火遍地的社會大背景，該書出版的積極作用，自不待言。這是一方面。

另一方面，人類文明進入二十世紀，特別是第一次世界大戰以後，世界各國都意識到保護生命的重要意義。護生運動，即保護動物運動，在全球廣泛開展，各種保護動物組織也紛紛建立。連中國當時也不甘人後，建立了類似機構——保護動物會，該會的《護生警語》第一條，就說：「保護動物，是二十世紀人類祈求和平的應有認識和覺悟。」這時，作為這一運動的輿論指導，各種護生的理論、學說也在世界相繼湧現。例如史懷哲，他是本世紀最偉大的人道主義者之一，動物保護運動早期倡導者，就明確地提出：「只有當人認為所有生命，包括人的生命和一切生物的生命都是神聖的時候，他才是倫理的」，他還提出了著名的「敬畏生命」的命題。這就把人們對各種禁止殺生、保護動物、素食主義等行為的認識，從生態意義提高到了倫理即道德的意義。弘一法師出版《護生畫集》，是不是有意響應這一思潮，尚無文字記載；但從他為〈農夫與乳母〉的配詩中，提到：「西方之學者，倡人道主義」，可以證明他多少受到這一思潮的影響。

(二)

《護生畫集》共五十首配詩，其中十七首引用古人現成詩詞，餘下的均為弘一法師所作。他在選目與創作中，有一些可貴的思路，其中有兩點特別突出，值得人們重視。

其一，他十分強調正面宣傳，反對過多的渲染殘殺。他一面建議刪去某些「殘酷」、「粗暴」的畫面與文字，如他在一九二八年舊曆八月廿一日致信李圓淨、豐子愷說：「〈屍林〉、〈示眾〉、〈上法場〉、〈開棺〉皆佳，但因此類殘酷之作，一卷之內，不宜多收，故刪去。」他在上信中又說：「若紙上充滿殘酷之氣，而標題更用〈開棺〉、〈懸梁〉、〈示威〉等粗暴之文字，則令讀者起厭惡不快之感，似有不可。」從後來出版的《畫集》看，這幾幅畫及其標題仍然保留。這可能由於出版時間較緊，不宜調整太多。他另一面又建議增添「優美」、「柔和」的「正面作品」。如他說：「〈冬日快樂〉（即〈夫婦〉）可置於開卷第一幅，須用優美柔和之詩，至殘殺等文義，應悉避去。」（見一九二八年舊曆八月致豐子愷信）他還提出增畫〈懺悔〉、〈平和之歌〉：「朽人所以欲增加此二幅者，因此書名曰《護生畫集》，而集中所收者大多為殺生傷生之畫，皆屬反面作品，頗有未安。……新增之〈懺悔〉、〈平和之歌〉，乃是由反面而歸於正面之作品，以〈平和之歌〉一幅作為結束，可謂圓滿護生之願矣。」（一九二八年舊曆八月廿一日致豐子愷、李圓淨信）但弘一法師這點苦心，在十年後出版的《續護生畫集》，才得到了較好的體現。

其二，他善於運用各種思想材料，不拘於佛教一家的學說。他在畫集中，除了摘引杜甫、白居易、蘇軾、黃庭堅等人的戒殺詩作為配詩之外，在自寫的配詩中，還引用了《感應類鈔》的故事，引用了西方學者的素食主義學說，更引用了儒書的許多典故，如「肉食者鄙」，「惻隱之心」，「惠而不費」，「吾不忍其觳觫，無罪而就死地」，「見其生不忍見其死，聞其聲不忍食其肉」等等。特別是他還把儒家所鼓吹的「仁」，也作為最高的道德標準和努力實現的目標。如「應知惻隱心，是為仁之端」，「一念慈心，天下歸仁」，「充此一念，可為仁聖」等，與佛教的「慧身」、「覺王」等至高境界相提並論。

(三)

弘一法師對這本《護生畫集》的出版極為重視，為此不辭辛勞，付出很多的心血。當時他正駐錫溫州的慶福寺和江心寺；而該書的畫者、豐子愷和編者李圓淨寓居上海，他們之間頻繁通信、磋商，「郵遞訓示，積可盈尺」（李圓淨，《護生畫集》第三集跋）。弘一法師對此書的內容（包括圖畫、配詩和標題）、目次、版式、封面、印刷、用紙、裝訂，以至銷售等等問題，都提出許多具體的設想。除了以上注文中說到的關於畫面、配詩方面的種種意見以外，這裡不妨再舉幾例，從中可以看出弘一法師對該書的出版，考慮得何等周詳、何等全面——

如用紙。他說：「用中國舊式之紙料印刷，以用上等舊式之連史紙為宜。如嫌其價昂，可改用上等舊式之毛邊紙，或用溫州所出之舊式『七刀紙』。此種紙張顏色雖不潔白，然也頗古雅不俗也。」（見一九二八年舊曆八月二十三日致李圓淨信）

如裝幀。他說：「畫集雖應用中國紙印，但表紙仍不妨用西洋風之圖案畫，以二色或三色印之。至於用線穿釘，擬用日本式，即係用線索結紐者，與中國佛經之穿訂法不同。朽人之意以為此書須多注重未信佛法之新學家一方面，故表紙與裝訂，倘能至極新穎美觀奪目，則為此書之內容增光不小，可以引起閱者滿足歡喜之興味。」（見一九二八年舊曆八月十四日致豐子愷信）

如版式。他說：「對照之詩（即配畫的白話詩）所佔之地位，應較畫所佔之地位較小，乃能美觀。至大，僅能與畫相等，萬不能較畫為大。若畫小字大，則有喧賓奪主之失，甚不好看。」（見一九二八年舊曆八月二十一日致豐子愷、李圓淨信）

如印刷。他說：「將來印刷之時，其書與畫之配置高低，及封面紙之顏色與結紐線之顏色，能與封面畫之顏色相調和否？皆須處處注意。繪畫之後之文字，有排版之長篇戒殺文字，亦須排列適宜。其圈點之大小，與黑色之輕重，皆須一一審定。」（見一九二八年舊曆八月二十一日致豐子愷、李圓淨信）

如贈閱對象。他說：「畫集出版後，凡老輩舊派之人，皆可不送或少送為宜，因彼等未具新美術之知識，必嫌此畫法不工，眉目未具，不成人形。又對於朽人之書法，亦斥其草率，不合殿試之體格。此書贈與新學家，最為投機。青年學生，猶為合宜。至尋常之寺院，及守舊之僧俗，皆宜斟酌送之。」（見一九二八年舊曆八月初三致李圓淨信）如此等等。

一九二八年該書付梓前夕，他還特為專程趕赴上海，與豐子愷、李圓淨等人敲定一切。尤其難得的是，儘管弘一法師當時健康狀況不佳，神經衰弱嚴重，並時常為時疫如痢疾、感冒等所困，但他還親自動手為畫冊撰作並書寫配詩。他曾向豐、李二人表示：「朽人願竭其心力為之，俾此集可以大體完善，庶不負仁者期望之熱忱耳。」（見一九二八年舊曆九月初四致李圓淨信）

由於《護生畫集》的主題思想，即「護生就是護心」，在當時有一定的現實意義；又因為這本畫冊別開生面的設計構想和精益求精的印製質量，因而出版以後在社會上引起熱烈的反響。各出版社爭相出版該書，而且一版再版；直至今日，海峽兩岸多家出版社仍在繼續印刷出版。至於在佛教界，此書流傳則更為廣泛，大中書局、大雄書店、佛學書局等佛教出版機構相繼大量印刷發行。據不完全統計，《護生畫集》版本至今有十五種之多。每種版本每次印刷，少則一千五百冊，多則五千冊。加在一起，數字相當可觀。這樣的發行量在當時出版界並不多見。更難得的是，這本書還出過外文譯本。僅英譯本就有幾種，一九三三年八月中國保護動物會出版的黃茂林翻譯的英譯本就是其中一種，初版印數也達一千五百冊。這些數字顯示《護生畫集》的讀者覆蓋面相當大。

(四)

值得提出的是，作為這本畫冊主要策劃者的弘一法師，不僅是護生（戒殺）思想的積極宣傳者，而且是護生思想的認真實踐者。類似的事跡很多，大的方面暫且不說，即使對極微小的生命，弘一法師都很注意保護。不妨舉幾個例子：

一九二七年，有一次，他到上海豐子愷家，豐請他在藤椅上坐。他把藤椅輕輕搖動一下，然後慢慢地坐下去。起先豐不敢問，後來看他每次都如此，豐就啟問，弘一法師回答說：「這椅子裡頭，兩根藤之間，也許有小蟲伏著。突然坐下去，要把牠們壓死，所以先搖動一下，慢慢地坐下去，好讓牠們走避。」（見豐子愷〈為青年說弘一法師〉）

又如，一九四一年，他駐錫南安靈應寺，曾專門致函永春普濟寺的妙慧法師，託他做漉水囊一只，並隨信送去竹圈一個，要他代購白布，縫於其上，「以小蟲不得出者為宜」。弘一法師這樣做，因為水中有許多小蟲，每次用水前應用漉水囊過濾，以防殺害牠們的生命。

再如，一九四二年弘一法師臨終之前，還特在遺囑中關照侍僧妙蓮和尚：「死後裝龕，要用四個小碗填龕四腳，盛滿以水，以免螞蟻嗅味走上，致焚化時損害螞蟻生命，應須謹慎。既送化身窰後，仍須逐日將填龕腳小碗之水加滿，為恐水乾去，又引起螞蟻嗅味上來故。」

這些事例雖然比較瑣細，但由小見大，從中可以推見弘一法師在護生問題上，言行如一，嚴於律己，態度十分堅決。

(五)

這本畫冊配詩，採用的是「白話詩」體。這是弘一法師自己所下的定義。他在跋語中就明確說：「每畫一葉，附白話詩。」他在一九二八年舊曆八月致豐子愷信中也說：「朽人已十數年未嘗作詩。至於白話詩向不能作，今勉強為之。」他在一九二八年舊曆八月二十一日給豐子愷、李圓淨信中又說：「集中所配之對照文字，今擇其最適宜者用之。此外由朽人為作白話詩。但此種白話詩，多非出家人口氣，乞仁等勿謂此詩為余所作」，等等。令人奇怪的是，弘一法師出家前寫過很多首古體詩詞，其中相當一部分寫得比較精彩，至今膾炙人口，足見他是嫻熟此道的；為何此時忽然撿起「白話詩」這種他不熟悉的詩體，來為「護生畫」配詩呢？據他自己說：「但為導俗，令人易解，則亦不得不爾。」這說明他作出此種選擇是有苦衷的。既然他把《護生畫集》的讀者定位為：「專為新派有高等小學以上畢業程度之人閱讀為主」，倘若採用較為深奧的古體詩詞配詩，很難為這些文化水平的讀者所接受，只得勉為其難採用白話詩了。由此看出弘一法師為推廣這本畫集，宣傳護生思想，是煞費苦心的。

其實，弘一法師所說的「白話詩」，只不過在文字上不用文言而用白話，其格律（如字數整齊、押韻等等），仍不脫古詩的窠臼。所以嚴格地說，與「五四」運動以後成為詩歌正宗，被稱為「現代詩」或「新詩」的那種「白話詩」，並不是一個路子。弘一法師對自己寫的這些「白話詩」，也不滿意。他說：「所作之詩，就藝術上而論，頗有餘憾。一以說明畫中之意，言之太盡，無有含蓄，不留耐人尋味之餘地。一以其文義淺薄鄙俗，無高尚玄妙之致。就此二種而論，實為缺點。」因此他認為：「終不能登大雅之堂也。」（見一九二九年舊曆九月初四致豐子愷信）

其實，這些缺憾在他出家以後所作的各種形式的詩詞中都或多或少存在，不獨《護生畫集》為然。我們不否認弘一法師出家以後在佛學思想的研究與弘揚上取得很大成就，包括出版這本畫冊，宣傳護生思想所取得的成就；但也不諱言這一時期他的詩詞不僅在數量上急遽減少，藝術質量上也比以前大為遜色，這也許是因為魚和熊掌不能得兼吧！

一九三一年

《清涼歌集》

清 涼❶

清涼月，月到天心，光明殊皎潔。今唱清涼歌，心地光明一笑呵。　清涼風，涼風解慍❷，暑氣已無蹤。今唱清涼歌，熱惱消除萬物和。　清涼水，清水一渠，滌蕩諸污穢。今唱清涼歌，身心無垢樂如何。　清涼，清涼，無上究竟真常❸。

（俞綏棠❹配曲）

注：

❶清涼：本是清爽、涼快的意思，指生理上的一種感覺。如漢王逸《九思．哀歲》，就有「旻天兮清涼，玄氣兮高明」之句。但自佛經在中國傳譯後，此詞被賦予新義，把斷除一切煩惱，進入安適寧靜的心境，也稱為「清涼」；使它的涵義，由肉體感覺，昇華為一種精神境界。如《華嚴經》稱：「獲根本智，滅除眾苦；證無上法，究竟清涼。」弘一法師此處所說的「清涼」，取佛經之義。❷涼風解慍：語出〈南風歌〉：「南風之薰兮，可以解吾民之慍兮。」見《孔子家語．辨樂篇》。❸真常：與「真如」同義。佛教用語。《成唯識論》卷九稱：「『真』，謂真實，顯非虛妄；『如』，謂如常，表無變易。」一般解釋為絕對不變的「永恒真理」，或一切現象

之本質、本體。❹俞紱棠：（一九一四—一九九五），音樂家。浙江新昌人。自幼喜愛音樂，在小學和初中就讀時，即開始學琴。入寧波中學高中部後，成為當時在該校兼課的劉質平的學生。他的音樂才華深受劉質平賞識，曾被推薦在浙江省中等學校教育年會上表演鋼琴獨奏。高中畢業後考入上海新華藝術專科學校的藝術教育系，繼續受教於劉質平。就在就學期間，遵劉質平之命，為〈清涼〉一歌配曲。

山色

近觀山色蒼然青，其色如藍。遠觀山色鬱然翠，如藍成靛❶。山色非變，山色如故，目力有長短。自近漸遠，易青為翠；自遠漸近，易翠為青。時常更換，是由緣會❷。幻相現前，非唯翠幻，而青亦幻。是幻，是幻，萬法❸皆然。

（潘伯英❹配曲）

注：

❶靛：原為青藍色染料，這裡指一種顏色。❷緣會：諸種因緣的結合。對「因緣」，佛教根據不同場合有不同解釋。這裡所謂的「因緣」是指事物得以存在和變化的一切條件。❸法：佛教名詞，在佛教文獻中有多種釋義。這裡是泛指一切事物和現象，包括物質的和精神的，存在的和不存在的，過去的、現在的和未來的，如說「一切法」、「三世諸法」等等。❹潘伯英：生卒年、籍貫均不詳。惟知其為音樂家，曾在上海新華藝術專科學校就讀，受教於劉質平，畢業後留校執教。他除參與為《清涼歌集》配曲外，一九三七年還曾與劉質平、徐希

一合編過適用於初中簡師學生的《開明唱歌教材》。

花香

庭中百合❶花開。晝有香，香淡如；入夜來，香乃烈。鼻觀❷是一，何以晝夜濃淡有殊別？白晝眾喧動，紛紛俗務縈❸。目視色，耳聽聲，鼻觀之力，分於耳目喪其靈。心清聞妙香，「用志不分，乃凝於神。」❹古訓好參詳。

（徐希一❺配曲）

注：

❶百合：多年生草本，我國各地都有分布。夏季開花，花瓣六片，有紅黃、黃、白或淡紅色，可供觀賞。❷鼻觀：即鼻聞。朱熹〈梅花開盡，不及吟賞，感嘆成詩，聊貽同好〉詩之二，有「鼻觀殘香裡，心期昨夢中」之句。❸縈：《李叔同——弘一法師歌曲全集》上海音樂出版社一九九〇年版作「繁」。❹「用志不分」二句：出自《莊子》外篇〈達生〉：「孔子顧謂弟子曰：『用志不分，乃凝於神，其佝僂丈人之謂乎？』」意即人只有不三心兩意，才會使精神集中在一處。芝峰《清涼歌集達恉》稱這是莊子所說的話，誤。❺徐希一：（一九〇一——一九九一），音樂家，江蘇武進人。三十年代初就學於上海新華藝術專科學校，師從劉質平。學習成績優秀，尤長於音樂理論、作曲。畢業後留校任教務襄理，兼授樂理課。在任教期間，接受劉質平委託，為《清涼歌集》中〈花香〉一歌配曲。

世夢

卻來觀世間，猶如夢中事。人生自少而壯，自壯而老，自老而死。俄入胞胎，俄出胞胎，又入又出無窮已。生不知來，死不知去，蒙蒙❶然，冥冥❷然，千生萬劫不自知，非真夢歟？枕上片時春夢中，行盡江南數千里❸。今貪名利，梯山航海❹，豈必枕上爾！莊生夢蝴蝶❺，孔子夢周公❻，夢時固是夢，醒來何非夢?!擴大劫來，一時一刻皆夢中。破盡無明❼，大覺能仁❽，如是乃為夢醒漢，如是乃名無上尊❾。

（唐學詠❿配曲）

注：

❶蒙蒙：昏暗不明貌。唐常建〈湖中晚霽〉：「杳杳涯欲辨，蒙蒙雲復開。」❷冥冥：也是昏暗的意思。唐崔融〈韋長史輓詞〉：「冥冥多苦霧，切切有悲風。」❸「枕上」二句：語出唐岑參〈春夢〉：「洞房昨夜春風起，遙憶美人湘江水。枕上片時春夢中，行盡江南數千里。」此處引其三、四句，指夢中辛苦奔波，變幻莫測。❹梯山航海：即登山渡海，形容長途跋涉，歷經險阻。《宋書・明帝紀》：「日月所照，梯山航海；風雨所均，削衽襲帶。」這裡借指世途的艱險。❺莊生夢蝴蝶：出自《莊子・齊物論》：「昔者莊周夢為蝴蝶，栩栩然蝴蝶也。自喻適志與，不知周也；俄然覺，則蘧蘧然周也。」意思是，莊周夢見自己變為蝴蝶，根本不知道自己原來就是莊周；忽然醒來，分明自己就是莊周。後常用以比喻生命的變幻無常。如元馬致遠〈夜行船・

秋思〉：「百歲光陰如夢蝶，重回首，往事堪嗟。」❻孔子夢周公：出自《論語・述而》。孔子以周公為理想人物，對周公仰慕不已，以至經常夢見周公。到了晚年，身體衰老了，也不大夢到周公了，於是他便嘆息道：「甚矣，吾衰也！久矣，吾不復夢見周公！」後人常以此詠夢。❼無明：佛教名詞，亦稱「痴」、「愚痴」，有時與「惑」通用，稱為「愚惑」，是「佛經」中的「三毒」、「根本煩惱」之一。佛教認為「無明」是一切世俗世界的原始原因。《大乘起信論》稱：「當知世界一切境界，皆依眾生無明妄心而得主持。」這就是說，有此無明妄心，才會有世界一切境界。❽大覺能仁：仁，見《護生畫集・懺悔》注❺。「大覺能仁」，意即只有大徹大悟的人，才能達到至善的思想境界。❾無上尊：即極尊貴者，原稱一國國君為「至尊」或「天尊」，這裡是指釋迦牟尼佛。❿唐學詠：（一九〇〇－一九九三）音樂教育家，江西省永新縣人。曾入上海專科師範學校就讀，師從劉質平，為該校首屆畢業生。一九二一年赴法留學，次年入里昂國立音樂院，一九二九年畢業，獲該院桂冠學士學位。一九三〇年回國，任南京中央大學教育學院藝術科教授，至一九三七年。這一時期，曾應劉質平之約，為〈世夢〉譜曲；並為劉質平作曲的〈觀心〉和聲，成四部合唱曲。

觀心

世間學問，義理淺，頭緒多，似易而反難。出世學問，義理深，線索一，雖難而似易。線索為何？現前一念，心性❶應尋覓。試觀心性：在內歟，在外歟，在中間歟？過去歟，現在歟，或未來歟？長短、方圓歟，赤白、青黃歟？覓心了不可得，便悟自性真常❷。是應直下信入，未可錯下承當。試觀心性：內外、中間，過去、現在、未來，長短、方圓，赤白、青黃。

（劉質平❸配曲）

注：

❶心性：原是中國哲學範疇，指「心」和「性」。戰國時孟子就有「盡心知性」的說法。到了宋、明，成為我國唯心主義哲學內部爭論的焦點之一，由於對「心」和「性」的理解相異而形成程朱學派和陸王學派。佛教也盛談心性，但將「心性」理解為不變的心體，各宗對此也有不同見解。如空宗和相宗認為心、性是有區別的，而禪宗則認為沒有區別，如黃檗《傳心法要》說：「性即是心，心即是佛。」❷自性真常：佛教用語。自性，指一切事物自己固有的性質。真常，即真如，不妄為真，不變為常，一般均解釋為絕對不變的「永恒真理」，也譯為「佛性」。全句意即吾人心中本來具有的「永恒真理」（或「佛性」）。❸劉質平：（一八九六—一九七八）音樂教育家，浙江海寧人。在浙江第一師範學校就讀時，親受弘一法師教誨，與豐子愷並稱為弘一法師在浙江一師的兩大得意門生。劉於浙江一師畢業後，留日專攻音樂，得到弘一法師的資助。一九一八年回國後曾在上海城東女學任音樂教習，後與吳夢非、豐子愷等創立專門培養藝術教育師資的上海專科師範學校，負責教學業務。一九二九年前後在上海新華藝術專科學校任教，兼任藝術教育系主任。就在這一時期，弘一法師接受他的倡議，撰寫《清涼歌集》歌詞；並交付他配曲。他除自己為〈觀心〉一歌作曲外，還邀約唐學詠等四人為《清涼歌集》其他各歌配曲、演練、定稿。

解：

㈠

創作《清涼歌集》的動議大約產生於二十年代末的某一天（金梅《弘一法師傳》認為是一九二九年秋，弘一法師的友生們在白馬湖晚晴山房，為他慶賀五十華誕時作此動議）。當時弘一法師已出家十餘年，他在浙江第一師範學校的同事夏丏尊，和畢業於該校、時任上海新華藝術專科學校藝術教育系主任的劉質平，一同去拜謁弘一法師。飯後清談時，劉質平痛感當時靡靡之音充斥歌壇，惋惜弘一法師出家過早，不再有「長亭外，古道邊」一類典雅歌曲問世。弘一法師聽後為之憮然，接受夏、劉二人的勸請，應允撰寫歌曲若干首交給他們。他們自然驚喜不已。

弘一法師承諾作歌以後，即著手醞釀、準備。在一九二九年舊曆十月、十一月曾自廈門兩次致信劉質平，說到自己關於「作歌之事」的某些設想，規模相當龐大。他說：歌集擬收歌一百零八首，分作十編，陸續出版。一至九編各十首，第十編十八首。每年出一冊，或一年出兩冊，兩年出一冊，皆不能預定。但「總期首首有精彩，決不敷衍了事」。他還計劃先作十首，至遲在一九三〇年夏間作好，先印第一編出版。這些歌詞的主題、內容是什麼，兩信中隻字未提。至一九三〇年舊曆三月二十一日，他自溫州給劉質平的信中稱：「昨夕返溫州，以後為《清涼歌集》事，須常常與仁者通信。」由此看來，以上兩信中關於「作歌」的設想和計劃，與此信中所說的《清涼歌集》實際就是一回事；只是到了這時才以「清涼歌」命名罷了。有人把兩者截然分開，認為《清涼歌集》之外，弘一法師另有一套關於作歌的設想和規劃（見陳星《李叔同歌曲尋繹》，臺灣世界文物出版社一九九四年版），這種說法有待討論。

一九三〇年舊曆六月，弘一法師到上虞縣白馬湖晚晴山房的第三個月，劉質平來訪。弘一法師便與他「商榷」〈清涼歌〉，並擬定了第一集目錄，共收歌十首。弘一法師還集《華嚴經》偈句：「獲根本智，滅除眾苦；證無上法，究竟清涼」，書贈劉質平，「以為著述之紀念」。

一九三一年舊曆九月間，弘一法師又經再三斟酌，最後撰定《清涼歌集》第一輯，收歌詞五首：〈清涼〉、〈山色〉、〈花香〉、〈世夢〉、〈觀心〉。當時他正駐錫浙江慈溪縣白湖金仙寺，即致信閩南佛學院芝峰法師，因「歌詞文義深奧，非常人所能了解」，請他「用白話文字」「代撰歌詞注釋」，「詳解其義」。這就是後來附在《清涼歌集》後面的〈清涼歌集達恉〉一文。另一方面，弘一法師把這五首歌詞交給劉質平，囑他組織音樂界力量，為之配曲。劉質平接受這一任務後，除自己動手配曲外，還約請了他過去或當時的學生唐學詠、徐希一、潘伯英、俞紱棠等「音樂教育界錚錚者」，分別為歌詞譜曲。據稱，他們在配曲時，「反覆推敲，必得弘一法師印可而後定；復經上海新華藝術專科學校、浙江寧波中學等處實地演奏，始謀為刊行。」因此《清涼歌集》從一九三一年舊曆九月開始配曲，直至一九三六年十月才最後敲定，由開明書店印刷出版，中間持續了七年。正如夏丏尊所說：「歌曲僅五首，乃經音樂界師弟累葉之合作，費七年光陰之試練，亦中國音樂史上之佳話矣。」（以上三處引號內文字，均見夏丏尊為《清涼歌集》所寫的序言）。

弘一法師在交出撰寫的五首歌詞後，一直關注《清涼歌集》從配曲到出版的整個製作過程。僅從這段時期他給劉質平的信函中，就多次提及此事。如一九三二年舊曆二月六日信中問：「《清涼歌集》已成熟否？」一九三四年舊曆四月三十日信中又詢及：「《清涼歌集》能出版否？」並提示：「開明、世界（現蔡丐因任編輯事）及佛學書局，皆可印行，不需助印費。仁者僅任編訂校對之事，即可成就也。」直到《清涼歌集》出版後的一九三七年舊曆七月，他又致信了解讀者的「反響」：「《清涼歌集》出版後現象如何？」一九四一年舊曆正月十九日，當他得知《清涼歌集》絕版，又來信建議「將來時局平靖，乞仁者託上海慕爾鳴路一百十一弄六號大法輪書局陳海量居士經理，重印流通。以攝影製版為宜。其印資請彼向菲律賓性願法師商酌，決無困難。」……由此可見弘一法師對《清涼歌集》一書是極為看重和關心的。

《清涼歌集》的問世，引起當時僧俗各界人士的廣泛矚目。該書出版的當年冬季，時在福建省政府任職的中國現代著名文學家郁達夫，遊經廈門，曾偕廣洽法師、趙家欣等人赴日光岩拜見弘一法師。他回福州後即賦七律一首，由廣洽法師轉給弘一法師。詩的第三聯是「學士清平彈別調，道宗宏議薄飛昇」，在第一句之後，郁達夫特加注釋：「弘一法師著有《清涼歌集》。」看來，郁達夫對這一歌集是給予肯定和推崇的。國內出版界對此書反應也頗熱烈，繼開明書店出版這一歌集之後，一九四三年大雄書店出版的《妙音集》，一九五一年出版的《海潮音歌集》，先後轉載了這五首「清涼歌」，以滿足廣大讀者，特別是奉佛的讀者的需要。

(二)

《清涼歌集》所收的五首歌曲中的每一首歌詞，均包含著深刻的佛教哲理；而五首歌詞之間，又是環環緊扣，互相呼應，由淺入深，依次遞進，形成了一個整體。

第一首歌詞〈清涼〉，對全集起到開宗明義、提綱挈領的作用。這首歌詞從謳歌明月、涼風、清水給人們帶來舒適的生理感覺入手，呼籲人們奮力追求清淨的精神境界。因為人們一旦到達這種境界，「心地光明」、「熱惱清除」、「身心無垢」，就能領略自然和人生的真正樂趣，接近神聖的佛法真諦。

「清涼」境界是美妙的；那麼，怎樣才能完全到達這一精神境界呢？歌集的第二首歌詞〈山色〉，第三首歌詞〈花香〉，還有第四首歌詞〈世夢〉，都告誡人們：首先要破除和摒棄人在認識宇宙萬有時的雜染之心。當然，這三首歌詞的切入點和視角各有不同。

〈山色〉和〈花香〉兩首歌詞通過人們在不同空間（遠、近）和時間（晝、夜），對山色和花香的不同感覺（看山色，近青遠翠；聞花香，晝淡夜濃），說明「萬法皆幻」，宇宙萬有本來是不存在的。我們說它「有」，說它「存在」，指的它是各種「緣會」，即各種關係的產物；也是人的雜染之心，即主觀認識的產物，因而是極不可靠的。

〈世夢〉這首歌詞，在上述認識基礎上則進一步揭示：不僅人所感覺到的宇宙萬有（如目見的山色，鼻聞的花香）是不可靠的，就連一切人生世相也都是虛幻不實的。這就是歌詞所反覆強調的「夢時固是夢，醒來何非夢」，「一時一刻皆夢中」的哲理。回顧世人為什麼熙熙攘攘，紛紛擾擾，爭利於市，爭名於朝，甚至連「蠅頭小利」和「雞蟲得失」，也都斤斤計較、孜孜以求呢？就是因為他們不懂得「萬法皆幻」、「人生即夢」的真諦。因此，弘一法師在歌詞的最後順理成章地提出「破盡無明，大覺能仁」的規勸，希望人們克服「主觀心」和以「主觀心」觀察宇宙人生的「雜染心」，排除對物質慾望和名聞利養的「我執」（即自我執著），從醉生夢死的混沌中徹底擺脫出來。只有這樣，才能體悟宇宙人生的真相，摒棄種種煩惱和困惑，進入聖潔、明淨的「清涼」世界。

既然「破盡無明」如此重要，做到這一點的有效途徑又在哪裡？《清涼歌集》的第五首〈觀心〉，對此作了明確回答。這首歌詞強調的一個中心思想，便是「一念心性應尋覓」。這裡所說的「一念心性」，是貫穿整個宇宙人生的總「線索」；是開啟宇宙人生智慧之門的總鑰匙。「一念心性」之「心」，和「主觀心」、「雜染心」之「心」根本不同，正如歌詞所著重指出的，它是無始無終（即歌詞中所說的無過去、現在、未來），無內無外（即歌詞中所說的無內、外、中間），無形無色（即歌詞中所說的無長短、方圓，無赤白、青黃）的；也就是說，它不是有「我」而是無「我」的。因此，尋覓和把握了這種「一念心性」，就能夠無所罣礙，徹悟宇宙萬有「自性真常」的奧秘，步上「破盡無明，大覺能仁」的殿堂。

(三)

弘一法師出家後勤奮研習佛學經典，終其一生，構築了「以律為行，以華嚴為境，以淨土為果」的佛學體系。由於在佛教諸宗中，華嚴宗的理論較具深度，理論體系也較完整、縝密，因此弘一法師出家以後研習華嚴宗較為勤奮。從他的書信和著述中，檢閱他讀過而又加以精闢論證的《華嚴》各家疏注義解，就有四十餘種之多。《清涼歌集》作於他出家十年以後，這時他對佛學理論，特別是華嚴研究已頗有成就。這五首歌詞，互相聯繫，層層推進，從「萬法皆幻」，「人生即夢」，最後歸結到「尋覓心性」，正是弘一法師研究佛學理論，特別是《華嚴》心得的一次小結。特別是作為華嚴宗理論核心的「法界緣起說」，在《清涼歌集》的歌詞中得到了生動、形象的體現。就連歌集命名為「清涼」，也與《華嚴》密切相關。據載：唐代華嚴宗高僧澄觀（七三八—八三九）出家後在五臺山專攻《華嚴經》，唐德宗聽其講經，生「清涼之感」，遂賜號「清涼」，因此，其所著《華嚴疏鈔》，也被稱為《清涼疏鈔》。

這五首歌詞，除第一首為弘一法師撰作外，其他四首都是他依據古代佛教高僧的著述綴錄而成。第二首〈山色〉和第三首〈花香〉，依據的是明代高僧蓮池大師《竹窗隨筆》中的兩段文字；〈世夢〉依據的是蓮池大師《竹窗三筆》中的一段文字；〈觀心〉依據的是明代另一位高僧蕅益大師《靈峰宗論》的兩則法語〈示匯宗〉和〈示玄著〉。蓮池、蕅益是明代兩位具有較高學問修養的高僧，對華嚴思想都很有研究，他們的著作含有豐富的哲理思想。弘一大師對兩位高僧，特別是對蕅益大師是十分敬仰的，一再摘引他的法語自勵和教人。因此，他綴錄兩位高僧的著作，作為《清涼歌集》的歌詞，是毫不足怪的。但是弘一法師對兩位高僧的著作，並不是照搬照套，而是有所增刪。把蓮池、蕅益大師的原文和弘一大師的歌詞比較，不難看出兩者文字出入不小。這固然因為原作為散文，而弘一法師綴錄而成的則是歌詞，作者出於韻轍和字數的考慮，在綴錄時對文字作了某些調整，在所難免。但值得注意的是，弘一法師為了更加突出自己想要表達的某些佛教哲理，使歌詞的主題更為明白、透徹地傳達給讀者，在歌詞的不少處進行了原文所沒有的文字補充，以至修改。例如〈山色〉一歌，蓮池大師的原文如下：「近觀山色，蒼然其青焉，如藍色；遠觀山色，鬱然其翠焉，如藍之成靛也。山之色果變乎？山色如故，而目力有長短也。自近而漸遠焉，青易為翠；自遠而漸近焉，翠易為青。是則青以緣會而青，翠以緣會而翠。非唯翠之唯幻，而青亦幻也。蓋萬法皆如是矣。」作者在歌詞中，在「是由緣會」之後，添加了「幻相現前」四字；在「萬法皆然」之前，添加了「是幻，是幻」四字。儘管蓮池大師的原文包含著這樣的哲理，但經過弘一法師這兩處的文字增添，顯然把「萬法皆幻」思想更加強調了。又如在〈觀心〉一歌中，對於「心性」的解釋，蕅益大師的原文是這樣寫的：「能觀心性，則具一切佛法。且如此心，不在內、外、中間諸處；亦非過去、現在、未來；亦非自在、他在，共生、無因緣生，豈非即空。」弘一大師對此作了較大的改動。歌詞中出現兩處「試觀心性」。在第一處「試觀心性」之後，連用八個「歟」字，對「心性」有沒有所處的時間、空間，所現的形狀、顏色，提出疑問。在第二處「試觀心性」之後，弘一大師對以上所有的疑問，又一一予以肯定的回答。這樣的文字處理，把《靈峰宗論》這段文字中的核心思想表述得更突出、更明確，也更形象，較好說明了心性既是抽象的，也是具體的；既超越於時間、空間、形狀、顏色等等現象之上，又寄寓於以上諸種現象之中。這也就是佛經中所說的「非一切法，而能現一切法；非一切相，而能現一切相」。由於弘一法師的文字加工，使蕅益法師關於「一念心性」與宇宙萬有辯證關係的見解，集中而又生動地傳達給了讀者。這從一個側面證明，弘一法師此時的佛學理論修養，已經達到了相當的深度。

一九三五年

淨峰❶種菊臨別口占❷

乙亥❸四月，余居淨峰，植菊盈畦❹。秋晚將歸去，猶復含蕊未吐。口占一絕，聊以誌別。

我到為植種，我行花未開。豈無佳色在？留待後人來。

注：

❶淨峰：在福建省惠安縣東二十里，又名錢山，相傳為八仙李鐵拐成仙處。山巔有淨峰寺，始建於唐咸通二年（公元八六一年），清光緒三十年（公元一九〇四年）重修，一九八二年以來又全面重加修復。❷口占：見〈重遊小蘭亭口占〉注❷。❸乙亥：即一九三五年。❹畦：菜圃間劃分的長行。

解：

此詩最早見於一九四六年李芳遠編《弘一大師文鈔》，原無題（目次上題為〈將去淨峰留題〉）；現題據《弘一大師全集》第七冊，福建人民出版社一九九一年版。在淨峰寺所立的該詩手迹碑刻上，詩後署名「弘一老人」。

一九三五年舊曆四月十一日，弘一法師首次由泉州來惠安；十二日晨，即冒雨頂浪乘船抵淨峰寺，掛褡於此。他極為欣賞此間的山光水色，曾於這一年舊曆五月二十八日致函夏丏尊說：「淨峰寺在惠安縣東三十里半島之小山上，三面臨海（與陸地連處僅十分之一）。夏季甚為涼爽，冬季北風為山所障，亦不寒也。小山之石，玲瓏重疊，如書齋几上所供之珍品，惜在此荒僻之所無人玩賞耳。」他在同年舊曆九月六日致高文顯信的「附白」中也說：「淨峰居半島之中（與陸地連者僅十之二），山石玲瓏重疊，世所罕見。民風古樸，猶存千年來之裝飾，有如世外桃源。種植者以地瓜、花生、大麥為主。」他甚至產生在此「終老」的想法，在當年給高文顯的另一封信中，說：「今歲來淨峰，見其峰巒蒼古，頗適幽居，遂於四月十二日入山，將終老於是矣。」

也許出於為淨峰勝境增色添彩的願望，弘一法師在這裡種菊「盈畦」。這一行動，在弘一大師生平未見有第二次文字記載。如果能夠確定這是弘一大師一生的絕無僅有之舉，那麼由此可見他對淨峰的傾慕與留連了。

後來因為淨峰寺方丈去職他往，泉州承天寺的傳戒法會此時又堅請他講律，弘一法師在當年十月廿三日不得不離淨峰寺重返泉州舊地。以上這首口占，就是作於他離開淨峰寺的前夕。

這首五絕全詩明白如話，沒有弘一法師出家前所作某些詩詞中的華麗辭藻和旖旎情調，從中反映出他作為一代高僧的肅穆、淡泊的特色；但是更重要的是，我們在這首詩的字裡行間看出作者當年的思想品格和人生追求，看出佛學華嚴思想的某些閃光。

弘一出家以後，其佛學思想體系，是由華嚴為境，律宗為行，淨土為果三個部分組成。他除了對律宗用力很勤以外，對華嚴思想也有透徹了解；尤其是他對體現華嚴宗苦樂觀的「不為自己求安樂，但願眾生得離苦」這一頌文，領悟很深，並自覺地一再予以弘揚、傳播。有人統計：弘一法師出家後的最後十年，在閩南寫過《華嚴經》這一頌文的書法作品送人，前後多達數百幅；甚至在他臨終的前四天，還寫了一百多幅這一頌文的書法作品，分送泉州中學學生。

弘一法師不僅是這一《華嚴經》光輝思想的積極宣傳者，而且是忠實的身體力行者。他幾十年如一日，節衣縮食，「食不過午，衣不過三」，布衲草履，破被舊席，過著苦行僧般的生活；他高度警惕名聞利養的侵襲，拒不收受財物饋贈，再三堅辭「法師」、「律師」、「大師」尊號等等。這在當時僧俗各界，都是有口皆碑的。他這樣做既有律宗各種戒律的約束作用，更有《華嚴經》苦樂觀的思想影響。他在解釋自己這些行為的思想契機時，曾這樣說過：他的生活儉樸，是為了「惜福」，「願以我的福氣，布施一切眾生」（見〈青年佛徒應注意的四項〉）；他的戒絕名利，為的也是「不久將為賢為聖，往生極樂，速成佛道，分身十方，普能利益一切眾生耳」（見〈改過實驗談〉）。他說的這一切，不正是《華嚴經》「不為自己求安樂，但願眾生得離苦」這一頌文的具體演繹嗎!?

聯繫弘一法師當時這些思想和行為的背景，細讀前面這首〈淨峰種菊臨別口占〉，不難看出這首短詩決不是弘一法師對自己種菊過程的簡單抒寫，而是蘊含著他的捨己為人的願望。我們從詩中，彷彿聽到弘一法師這樣的「內心獨白」：我在這裡種植了滿畦的菊花，為它鬆土、播種、灌溉，流了不少汗水，付出很多辛勞。如今我要走了，卻看不到菊花的綻開。那不要緊，就把它的璀璨佳色留給後來的人們欣賞吧！詩中沒有惋惜，沒有埋怨，而是心甘情願，甚至興高采烈。這是多麼廣闊的胸襟和崇高的氣度。它是弘一法師為「不為自己求安樂，但願眾生得離苦」這一華嚴苦樂觀所作的又一個生動注腳；它也是弘一法師追求個人道德自我完善的再一次縮影。

一九三七年

廈門第一屆運動會歌

禾山❶蒼蒼，鷺水蕩蕩，國旗遍飄揚。健兒身手，各獻所長，大家圖自強。你看那，外來敵，多麼狓猖❷！請大家想想，請大家想想，切莫再彷徨！請大家，在領袖領導之下，把國事擔當。到那時，飲黃龍❸，為民族爭光！到那時，飲黃龍，為民族爭光！

注：

❶禾山：與下句的「鷺水」，分別為廈門境內的主要山脈與河流，後常用作廈門的代稱。❷狓猖：同「披猖」，猖狂、囂張的意思。❸飲黃龍：黃龍，府名，契丹天顯元年（九七五）置，治所在今吉林農安縣。金天眷三年（一一四〇）改為濟州。南宋初抗金名將岳飛曾對部下說：「直抵黃龍府，與君痛飲爾」，黃龍府即指此。一說岳飛誤以當時金人佔據的燕京城為黃龍城，所謂「直抵黃龍府」，實指燕京而言。作者此處借用岳飛這個典故，意即把當時侵佔我國領土的日本帝國主義徹底打敗。

解：

此歌詞作於一九三七年五月。據一九三七年五月《佛教公論・佛教消息》載：「廈門市當局決定於五月二十日起在中山公園舉行全市第一屆運動大會，因慕弘一法師為音樂界名家，大會籌備委員會函請弘一法師編撰大會會歌。弘一法師慨然應允而作此。」此則材料見於林子青一九四四年版《弘一大師年譜》民國二十六年丁丑條；但無原歌詞。原歌詞最初見於一九八四年中國佛教協會編《弘一法師》「歌曲篇」。

前面各詩的箋注中，多次說到李叔同出家之前，一直關心著國家和民族的盛衰興亡，他寫作的大量詩篇，參與的許多社會活動，十分清晰地貫串著一條憂國—報國—救國的愛國主義紅線。他後來的毅然出家，當然有他個人獨特的生命追求；但作為一個愛國的知識分子，他不滿當時的社會現狀，擔憂國家、民族的前途，卻又報國無門，回天無力，這也是促使他出家的重要原因之一。因此他在出家以後，並沒有安於青燈黃卷的靜謐生活，仍然關注著祖國的命運，感應著社會的脈動。胡秋原在劉心皇《弘一法師新傳》序中，曾說：「僧衣並未能解除李叔同的眼淚，甚至使他的眼淚更多。此因他並未能忘記世間。」特別當日本帝國主義侵佔我國東北三省，又步步向關內進逼，發動全面侵華戰爭，中國處境岌岌可危的緊急時刻，弘一法師那顆藏在袈裟後面的心，更無法平靜，掀起了陣陣狂波巨瀾。最能說明這一點的是葉青眼在〈千江印月集〉一文中一段回憶：弘一法師曾有一次「於當食之頃，潸然出涕」，對他的弟子這樣說：「吾人所吃的是中華之粟，所飲的是溫陵之水，身為佛子，於此之時，不能共紓國難於萬一，為釋迦如來張點臉面，自揣不如一隻狗子。狗子尚能為主守門，吾人一無所用，而猶腼額受食，能無愧於心乎！」（見《弘一大師永懷錄》）由此可見，弘一法師當時為自己不能直接為抗日戰爭效力，而感到多麼痛心和羞愧！

因而在抗日戰爭前後，出家以後的弘一法師在自己力所能及的範圍內，努力為抗戰事業作出自己的貢獻。

據印西和尚在〈弘一法師〉一文中回憶：一九三九年弘一大師六十壽辰，當時居於西天目山麓的他，聯合「在浙緇素弟子」阮毅成、徐浩、姜卿雲、施叔範等人，發起徵文集資，為弘一祝壽。遠在福建的弘一法師知道此事以後，「即致書數千里外，囑以所集之資，轉奉衛國將士，及避難同胞，庶乎有用。」（見《弘一大師永懷錄》）

除了從物質上支援抗戰以外，弘一法師更主要的是從思想上希圖喚醒國人奮起救國。他當時在泉州、廈門、漳州等地駐錫，反覆書寫「念佛不忘救國，救國必須念佛」的字幅，到處贈人。「救國必須念佛」，難道念佛竟有如此巨大威力？弘一法師對此有自己的詮釋。他在一九四一年冬，為泉州大開元寺結七念佛所書寫的「念佛不忘救國，救國必須念佛」警語後面，特加題記說明：「佛者，覺也。覺了真理，乃能誓捨身命，犧牲一切，勇猛精進，救護國家。是故救國必須念佛。」弘一法師根據當時他的僧侶身分，利用自己嫻熟的書法藝術，大力宣傳抗戰，其效果究竟如何，暫且不說；但從中至少可以看出他在民族危難時刻，對抗日救國事業的一片赤誠之心。

正是由於他當時不忘祖國危機，熱心抗日救亡事業，當一九三七年五月廈門第一屆運動會召開之際，運動會籌委會請他為運動會譜歌，他「欣然從命」，承擔起這一任務，也就成為理所當然的了。

至於弘一法師如何為廈門第一屆運動會製作會歌，目前研究界有三種說法：

一說弘一大師只作曲未配詞。如沈繼生〈弘一法師遊閩四十年〉（載《人物》一九八三年第四期）說：這首歌的歌詞，是由廈門第一屆運動會的籌委會提供的。籌委會因弘一大師出家前，是我國第一個以五線譜作曲的音樂家，對作曲很有修養，於是決議函請他為會歌譜曲。也就是說運動會籌委會把撰好的現成歌詞寄去，請他配以曲譜。

一說弘一大師只是修改曲、詞，並未創作。如陳慧劍《弘一大師傳》（臺灣三民書局一九七八年版）稱：運動會籌委會通過聘請弘一法師譜製「運動大會歌」的決議案不久，託人送去已經譜好的大會會歌，請弘一大師審閱修改。弘一大師看過以後，覺得歌詞沒有交代舉行運動會的「地點」，似乎不妥，於是便將原歌的第一、二句：「鼓聲冬冬，軍樂揚揚」，改為「禾山蒼蒼，鷺水茫茫」，並對曲譜中幾個不夠悠揚的小節，作了改正。

一說曲詞皆為弘一大師所作。如林子青《弘一大師年譜》（一九四四年版）民國二十六年丁丑（一九三七年）條下稱：「為廈門市第一屆運動大會編撰會歌。」錢仁康所編的《李叔同——弘一法師歌曲全集》上海音樂出版社一九九〇年版，也持此說。該書刊載此歌時，有詞又有曲，並在題下署「釋弘一作詞作曲」。

一九四〇年

《續護生畫集》題詞

盥漱避蟲蟻

盥漱❶避蟲蟻，亦是護生命。充此仁愛心，可以為賢聖。

注：

❶盥漱：洗手漱口。盥，以手承水沖洗。《左傳・僖公二十三年》：「奉匜沃盥」。《疏》：「盥，澡手也。」

燕子飛來枕上

燕子飛來枕上，不復見人畏避；只緣無惱害心，到處春風❶和氣。

注：

❶春風：此處比喻溫和可親的氣象或氛圍。

關關雎鳩男女有別

雎鳩在河洲❶，雙雙不越軌。美哉造化❷工，禽心亦知禮。

注：

❶「雎鳩」句：此句從《詩經・周南・關雎》篇首句「關關雎鳩，在河之洲」演化而來。雎鳩，水鳥名，俗稱魚鷹，相傳雌雄有定偶，故《詩經》以喻君子之配偶。河洲，水中可居之地。❷造化：指自然界的創造化育。《莊子・大宗師》：「今一以天地為大鑪，以造化為大冶。」

敝衣不棄為埋豬也

敝帷埋馬，敝蓋埋狗❶。敝衣埋豬，於彼南畝❷。

注：

❶「敝帷埋馬」二句：典出《禮・檀弓》：「仲尼之畜狗死，使子貢埋之，曰：『吾聞之也，敝帷不棄，為埋馬也，敝蓋不棄，為埋狗也』。」指破舊之物亦自有其用。作者借用此一典故，還有另一層含意，即物我平等，即使豢養之馬、狗、豬等牲畜死亡，也應給予埋葬，不使露屍於外。❷南畝：語出《詩經・豳風・七月》：

「饁彼南畝。」原謂向陽的田地，後泛指農田。

解　放❶

至誠所感，金石為開❷。至仁所感，貓鼠相愛。

注：

❶據該護生畫畫面所示，一貓用腳打開捕鼠籠，放關閉其中的小鼠逃逸，故稱「解放」。❷「至誠所感」二句：典出漢劉向《新序・雜事四》：「昔者，楚熊渠子夜行，見寢石，以為伏虎；關弓射之，滅矢飲羽。下視，知石也，卻復射之，矢摧無跡。熊渠子見其誠心，而金石為之開，況人心乎？」意即至誠可以感動萬物。

採　藥

攜兒謁長老❶，路過靈山❷腳。老蟒❸有好意，贈我長生藥。

注：

❶長老：對年老德高之僧的稱謂。《景德傳燈錄・禪門規式》：「凡具道眼有可尊之德者，號曰長老。」❷靈山：佛家稱靈鷲山為靈山，道家稱蓬萊山為靈山。此處泛指仙山。❸蟒：巨蛇。《爾雅・釋魚》郭璞注：「蟒，

蛇最大者，故曰王蛇。」

解：

《續護生畫集》，後改稱《護生畫集二集》，共收護生畫六十幅。於一九四〇年十一月由開明書店出版。

一九三九年，即抗日戰爭爆發的第三年，弘一法師駐錫福建永春普濟寺，而豐子愷當時正避寇廣西，在內遷的浙江大學裡擔任藝術教育、藝術欣賞課教師。為了紀念弘一法師六十壽辰，豐子愷擬出《續護生畫集》，繪製了六十幅護生畫。弘一法師收到豐子愷從宜山寄來的《續護生畫集》畫稿，「歡感無盡」；雖然當時紙張、人工漲價，但他對出版此書的決心仍然很大：「此續集將來必須出版，未可中止。」他還答應繼續擔負《續集》的繕寫任務；但對題句的撰作，除二十八首引用前人現成的詩文之外，三十二首由今人補題。這補題部分，由於他當時年邁體虛，沒有應承。正如他在《續集》的跋語中所說：「己卯秋晚，續護生畫繪就，余以衰病，未能為之補題，勉力書寫，聊存遺念可耳！」

那麼，弘一法師到底有否為《續護生畫集》撰作題句？如有，撰寫了哪些題句？又用什麼署名？對此，目前學術界認識並不統一，至少有兩種意見，一種是以林子青為主編的《弘一大師全集》第八卷（福建人民出版社一九九二年版）為代表，該卷把《續護生畫集》中凡署名「即仁」的題句，都作為弘一法師作品收入。此種編法起源於李芳遠編《弘一大師文鈔》（一九四六年北風書店版），該書把署名「即仁補題」的四則題句，以《續護生畫集題偈》為題，收入「讚頌」輯內。另一種是以豐陳寶、豐一吟編輯的《豐子愷文集》第七卷（浙江文藝出版社一九九二年版）為代表，該書把《續集》三十二則「補題」

的題句，均作為豐子愷的作品收入，意即弘一法師沒有為《續集》撰作任何題句。

筆者考證了一九三九年至一九四〇年間，即《續護生畫集》製作時期，法師致豐子愷、李圓淨的書信及其他有關材料，認為以上意見和處理均不正確。弘一法師在《續護生畫集》中曾撰作過六則題詞，並非全由豐子愷一人獨力撰寫；但他所用的署名是「學童」，而不是「即仁」。根據是兩點：

第一，弘一法師在一九四〇年舊曆五月廿五日在永春普濟寺，覆信豐子愷稱：「惠書及畫集文詞皆收到，至用歡忭。文詞甚佳。朽人暇時，擬隨力稍為潤色。〈盥漱避蟲蟻〉之畫，作時人裝束，與〈人譜〉原文似未合。擬由朽人另擬撰一偈，下署『學童』之名。」

寫這封信的背景是，一九三九年弘一法師接到弟子豐子愷寄來的《續護生畫集》畫稿六十幅後，雖對出版此書決心很大，但當時他畢竟已近六十歲，精力大不如前，不僅不能撰作該書題句，連繕寫的任務也勉為其難。他便將撰作續集題句的任務，委託給豐子愷，「擬請仁者代懇浙大同人分撰」，並在信中將應由今人寫作題句的畫幅篇名，一一依次開列於後。豐子愷接信後欣然應命，在一九四〇年舊曆五月把續集的題句寫就寄給弘一法師。為了保證題句的質量，法師沒有原封不動付梓，答應豐子愷「隨力稍為潤色」。事實上，他對豐子愷寄來的題句進行過很大加工。豐子愷後來回憶：「第二集中（題句）雖有許多是我作的，但都經法師修改。」既稱「修改」，補寫、改寫，以至推倒重來，都是可能的。如《續集》第十五幅護生畫：〈盥漱避蟲蟻〉，畫面「作時人裝束」，本來法師建議由今人撰寫題句，豐子愷卻配以〈人譜〉中的一段文字。〈人譜〉是明代劉宗周匯集古代賢人數百條嘉言懿行而編成的一本講道德修養的書，弘一法師認為以古訓配今畫似乎「不合」，便自己動手重寫一首，並致信豐子愷特為交代：此題句下署「學童」之名。

因此，「學童」為弘一的署名，是有他本人寫下的文字作為根據。這當是有力證明。

第二，弘一法師在寫給豐子愷此信的半個月後，即一九四〇年舊曆六月十日，又在普濟寺寫信給《續集》編輯李圓淨，信中稱：「其補題詩偈者（指《續集》中今人題句——筆者），除『學童』之名外，大約係豐居士所作，隨宜署多名耳。」

《續集》中今人撰寫的題句所用的七個署名中，「智顗」是子愷的諧音，「嬰行」是子愷的法名，連同直接寫為「子愷」者，都是豐子愷的署名當無疑問，留下的四個署名，弘一法師信中認為：「除『學童』之外」，其餘的「大約」也是豐子愷署名，只因豐子愷不願重複使用一個署名，「隨宜署多名耳」。弘一法師之所以強調「除『學童』之外」，就因為它是法師本人所用署名。信中雖未直接點明，其實一目了然。

附帶要引申的一點是，弘一法師在信中只說「大約」，並不完全排斥署名「即仁」、「杜蘅」、「東園」的題句非豐子愷所作的可能；但有一點則是可以肯定的，即以上三個署名決非弘一法師，否則他在信中為何只說「除『學童』之外」，而不提及其他署名呢？

總之，法師給李圓淨的這封信，不僅為「學童」即弘一法師，提供有力旁證，而且還反證「即仁」並非弘一法師署名。

《續集》除上述〈盥漱避蟲蟻〉外，署名「學童」的還有五幅。第十六幅〈燕子飛來枕上〉署名「學童」。此為一幅新增的護生畫，是一九三九年舊曆十月託豐子愷撰寫《續集》題句的信中所未提及的，因而原來並無題句。由於再去信要遠在廣西的豐子愷補寫此題句，旅途往返，延宕時日，法師就自己動手撰作。第二十七幅〈關關雎鳩男女有別〉，第三十幅〈敝衣不棄為埋豬也〉，第五十二幅〈解放〉，第五十六幅〈採藥〉，題句均也署名「學童」。這四幅畫法師雖在上信中點名委託豐子愷撰寫題句，可能由於弘一法師「修改」較大，與原作面貌差異甚多，覺得仍署豐子愷真名、法名或筆名，不甚合適，便改用「學童」署名。

根據以上考證，本書將署名「學童」的六則題詞，作為弘一法師的詩詞作品收入，這是此前海內外所有弘一法師文集所未曾收錄的。而署名「即仁」的四則題句，歷來被作為弘一法師作品收入各種文集，此次一概不收。

這六則題句的寫作手法，與第一集相同，即採用法師所說的「意在導俗，不尚文辭」的「白話詩」形式；但就內容說，著眼點與第一集的題句有所不同。夏丏尊為《續集》所寫的「序言」說：「《初集》取境，多有令人觸目驚心不忍卒睹者。《續集》一掃淒慘罪過之場面，所表現者，皆萬物自得之趣與彼我之感應同情。開卷詩趣盎然，幾使閱者不信此乃勸善之書。」又說：「《初集》多著眼於斥妄，即戒殺；《續集》多著眼於顯正，即護生。」弘一法師以「學童」為署名撰寫的上述六則題句，較好地體現了夏丏尊所揭示的《續集》這一主題思想。

一九四一年

贊紅菊花

辛巳❶初冬，積陰凝寒。貫師❷贈余紅菊花一枝，為說此偈❸。

亭亭❹菊一枝，高標矗勁節❺。云何色殷紅？殉教應流血。

注：

❶辛巳：一九四一年。❷貫師：傳貫法師，福建惠安人。曾為弘一法師侍僧。一九三八年他在福建惠安淨峰籌建淨室數間，供弘一法師居住。一九五八年，南渡去菲律賓弘法。❸偈：梵語「偈陀」的簡稱，又譯為「頌」，即佛經中的唱詞，多用三言、四言、五言、六言、七言為句，句式整齊，四句為一偈。❹亭亭：高聳直立的樣子，常用來形容體態修長之少女。《北齊書．徐之才傳》：「一美婦人，……亭亭而立。」此處是形容菊花的挺拔美麗。❺勁節：林子青《弘一大師年譜》一九四四年版作「晚節」。

解：

此詩作於一九四一年冬，最初見於一九四四年出版的林子青編《弘一大師年譜》民國三十年辛巳條下，題為〈紅菊花偈并跋〉，署名「晚晴老人」。一九四六年李芳遠編《弘一大師文鈔》，把此偈與另一首偈：〈淨峰種菊臨別口占〉作為「五絕」，收入該書的「詩詞」編中，但無題。一九九一年出版的《弘一大師全集》第七冊文藝卷收入該詩時，題作〈為紅菊花說偈〉。現題為編者所加。

一九四一年十月初，弘一法師駐錫閩南晉江縣檀林鄉福林寺。他晚年的隨侍和尚傳貫法師，從泉州帶回一枝紅色菊花送他。弘一法師見此深有感觸，便託菊寄興言志，說了這四句偈。這首偈詩在當時晉江一帶廣為傳誦，認為從中窺見弘一法師「戰時衛教之一斑」。

自一九三七年抗日戰爭爆發以後，弘一法師就決心捨身護教。當年九、十月間，他從青島湛山寺返回廈門萬石巖時，正當廈門局勢吃緊，各方友人勸其內避，他就說：「為護法故，不怕炮彈」，還自題居室為「殉教室」。（見僧睿《弘一大師傳略》，載《弘一大師永懷錄》）到弘一法師寫作此詩的一九四一年冬季，戰爭的形勢進一步惡化。福建省的重要城市廈門、福州已相繼淪入敵手，日艦肆無忌憚地在閩江游弋騷擾，弘一法師當時駐錫的晉江縣岌岌可危。面對日寇的侵略兇焰，弘一法師通過這首偈詩再一次表示自己犧牲生命，保全名節，護教殉國的堅強決心。

值得注意的是，從抗日戰爭發生至一九四一年初冬這個時期，弘一法師一再借菊花明志，在與友人通信中，反覆引用「莫嫌老圃秋容淡，猶有黃花晚節香」這句古詩，來表示自己殉教的決心。如他在一九三七年十月十五日寫給性常法師和高勝進居士信中說：「近日廈門甚為危險，但朽人未能他往。因出家以來，素抱捨身殉教之願。今值時緣，應居廈門，為寺院護法，共其存亡。古人詩云：『莫嫌老圃秋容淡，猶有黃花晚節香。』仁等誦此詩句，應為朽人慶幸，何須為之憂慮耶？」這是現存文字資料中，弘一法師最早一次引用這句古詩。以後在一九三八年四月自廈門給蔡冠洛的覆信中也說：「時事未平靖前，仍居廈門。倘值變亂，願以身殉。古人詩云：『莫嫌老圃秋容淡，猶有黃花晚節香。』」一九三八年舊曆五月十一日，他從漳州給豐子愷的信中又稱：「又讀古人詩云：『莫嫌老圃秋容淡，猶有黃花晚節香。』朽人近恒發願，願捨身護法（為壯烈之犧牲），不願苟且偷安，獨善其身也」。一九三九年舊曆十月底，他從永春給鄭健魂和穆犍蓮兩人覆信中也說：「對付敵難，捨身殉教。朽人於四年前已有決心，曾與傳貫師言及。古詩云：『莫嫌老圃秋容淡，猶有黃花晚節香。』吾人一生之晚節最為要緊，願與仁等共勉之也。」他甚至在一九四一年寫贈閩南轉道和尚七秩壽聯的上聯，也化用了這兩句古詩：「老圃秋殘，猶有黃花晚節香；澄潭影現，仰觀皓月鎮中天。」

這句被弘一法師反覆引用的古詩，見於北宋韓琦《安陽集》中一首題為〈九日水閣〉的七律（載《全宋詩》、《宋詩鈔》）。全詩如下：「池館隳摧古榭荒，此延嘉客會重陽。雖慚老圃秋容淡，且看寒花（一作黃花）晚節香。酒味已醇新過熱，蟹黃先實不須霜。年來飲興衰難強，漫有高吟力尚狂。」作者韓琦（一〇〇八－一〇七五），宋初名臣，天聖（一〇二七）進士，仁宗時任陝西經略招討使，曾與范仲淹同率兵抗禦西夏入侵，被時人稱為「韓范」，名重一時。後官至中書門下平章事，死後謚魏國公。這首〈九日水閣〉是韓琦重陽節宴客時記景抒情之作，弘一法師借用此詩頷聯的一句，改動數字，賦予它以捨身護教的全新內涵。

前面這首寫於一九四一年的〈詠紅菊花〉偈詩，實際上就是「莫嫌老圃秋容淡，猶有黃花晚節香」這句古詩，在特定情景下的延續與深化。

說它是「延續」，因為這首偈詩開頭的兩句：「亭亭菊一枝，高標矗勁節」，與那兩句韓詩一樣，都是謳歌耐霜的「菊」，都是強調它的「節」。說它是「深化」，因為偈詩的後兩句：「云何色殷紅，殉教應流血」，由菊花的「紅」色，聯想到「紅」色的鮮血，把弘一法師為維護宗教，不惜以身相殉的決心，表達得十分鮮明、十分形象、十分壯烈。

「殉教應流血」是這首偈詩的「詩眼」，是它的點題之筆。中外宗教史上，為維護教義而英勇犧牲者，並不鮮見。較為著名的如十六世紀歐洲新興資產階級所發動的宗教改革運動，當時許多領導、參與或同情這一改革運動的人士，慘遭「異端裁判所」血腥鎮壓。如西班牙的神學家、生理學家塞爾維特（一五一一—一五五三），就因著文支持這一運動，被以「異端」罪名，判處火刑燒死。西班牙的異端裁判所在一四八三至一五二〇年間，秘密審訊、嚴刑拷打、監禁流放達三十萬餘人，其中火刑處死達十多萬人。熟悉西方宗教史的弘一法師，寫作此首偈詩時，不會不聯想到這一血腥史實。正如十六世紀的歐洲宗教改革運動，聯繫著整個歐洲社會制度的革命一樣，當時身處日寇步步進逼，國家瀕臨生死存亡緊急關頭，弘一法師所鼓吹的「殉教」顯然也密切聯繫著祖國的命運。弘一法師在偈詩中所說的「殉教」，其實就是「殉國」的同義詞。從中看出，遁身空門多年的弘一法師，那顆火熱的愛國之心並沒有泯滅。

還應當指出，弘一法師的這首詠菊偈詩，雖僅短短二十字，其藝術特色卻相當突出。正如某些論者所說：「古來詠菊者多矣，一般詠的是黃菊花，而弘一卻詠的是其色殷紅的紫菊。也往往要讚美菊花傲霜的氣節，而弘一法師卻寫到了流血，這在我國是前無古人的。」（見王翼奇一九八〇年在香港《大公報》發表的〈百年人物一高僧〉）

對不同顏色的好惡，從一定意義上，反映一個詩人當時的志趣和情懷。弘一法師生性淡泊，在他出家前的詩詞中，讚頌過「淡妝」的山茶，「淡無語」的水仙，「疏林掩映」的瘦梅，「孤芳自潔，昏波不染」的荷花，就連三十一年前，他第一次作詩詠菊時，也只是著眼於「花中正色自含黃」等等。但這時，他卻一反常態，對紅色（對流血），產生如此濃烈情趣；除這首偈詩外，他在一九三八年舊曆五月十一日寫給豐子愷信中，在表明自己「捨身護法」意願時，就引用了明代藕益大師偈詩：「赤日攬作鏡，海水挹作盆。照我忠義膽，浴我法臣魂。」查《靈峰宗論》，此偈的第一句應為「日輪挽作鏡」。弘一法師把「日輪」寫作「赤日」，不能簡單地視為偶然的筆誤，而是說明他這時對紅色的一種特殊喜好。同年九月三十日，他在給豐子愷的另一封信中，婉謝豐子愷勸他內避的盛意，表示自己留在閩南「盡力弘揚佛法」之後，緊接著便這樣寫：「猶如夕陽，殷紅絢彩，隨即西沈。吾生亦爾，世壽將盡，聊作最後之紀念耳。」他又一次用「殷紅絢彩」，形容自己暮年的抱負。弘一法師為什麼這個時候忽然對熱烈的紅色景觀，表示出異乎尋常的愛好？只要聯繫弘一法師當時所處的時代背景和他決心以身殉教的壯烈胸懷，就不難找到對這個問題的完滿答案。

弘一法師本人對這首偈詩特別看重，以致把它作為自己對待抗日戰爭，以至整個人生的一種銘誓，一個宣言。如南社領袖柳亞子一直不贊同李叔同出家，早在一九三二年所寫的〈浙遊雜詩〉中就這樣寫道：「重話樽前李息霜，風流文采亦何常。精修苦行吾無取，麻醉神經事可傷。」在柳亞子看來，弘一大師出家「精修苦行」，是逃避現實社會的「麻醉神經」之舉，是「無取」的、「可傷」的。到了一九四一年，柳亞子應約為弘一法師六十壽辰寫的祝壽詩中，結合抗日戰爭形勢，又一次表明對弘一法師出家的懷疑：「君禮釋迦佛，我拜馬克斯。大雄大無畏，救世心無歧。閉關謝塵網，吾意嫌消極。願持鐵禪杖，打殺賣國賊。」詩中雖肯定弘一法師的奉佛也是「救世」的，「大雄大無畏」的，但認為這畢竟是「消極」之舉。弘一法師接到此詩後，不以為然，他什麼也沒有說，只是把他寫的這首〈贊紅菊花〉的偈詩，送給柳亞子，作為答覆。很明顯，弘一法師針對柳亞子的「偏見」，借這首詩表明自己對抗日戰爭也是抱積極態度的，只不過採取的方式，與在俗的愛國人士有所區別罷了。

書憤

文采風流四座❶傾，眼中豎子遂成名❷。某山某水留奇迹，一草一花是愛根。休矣著書俟赤鳥❸，悄然揮扇避青蠅❹。眾生何用❺干霄哭❻，隱隱朝廷有笑聲。

注：

❶四座：亦作「四坐」，指四周在座的眾人。東漢曹操〈善哉行〉：「弦歌感人腸，四坐皆歡悅。」唐杜甫〈羌村三首〉：「歌罷仰天嘆，四座淚縱橫」，都是這個意思。❷豎子遂成名：豎子，鄙賤的稱謂，猶今人所說「小子」。全句典出《晉書・阮籍傳》：「嘗登廣武，觀楚漢戰處，嘆曰：『時無英雄，使豎子成名』。」❸赤鳥：古代傳說中的瑞鳥，此處借喻政通人和的昇平日子。❹青蠅：典出《詩・小雅・青蠅》：「營營青蠅，止於樊。豈弟君子，無信讒言。」後以「青蠅」，喻指讒言的小人。❺何用：林子青《弘一法師年譜》宗教文化出版社一九九五年版作「何事」。❻干霄哭：語出唐杜甫〈兵車行〉：「牽衣頓足攔道哭，哭聲直上干雲霄。」詩人借此抒寫當時中國廣大百姓，在清廷殘暴統治下，苦不堪言，哭聲衝天的情景。

解：

這首七律，最初見於李芳遠《弘一大師年譜》（未出版）二十五歲條，題為〈為其侄麟璽書箑〉。麟璽，名李晉章，係李叔同二兄李桐岡之次子；箑，即扇子。林子青在一九四四年出版的《弘一大師年譜》光緒三十年甲辰條下，除轉錄上詩外，還附有李晉章致林子青信，內稱上詩「乃（甲辰年）為璽所書，此箑不知落於何方，前者為芳遠兄所抄，本璽昔年背誦記住未忘，一時想起，故亟抄之以奉。其當時胸中牢騷口吻，已露紙墨間。」這封信說明：此詩根據李晉章記憶，肯定為李叔同所作。李芳遠《弘一大師年譜》中所載，即為李晉章提供。李晉章是最早發現和確定此詩為李叔同創作的人。

一九四六年，李芳遠將此詩收入《弘一大師文鈔》（北風書屋版）的詩詞部分，改題為《書憤》。一九八四年中國佛教協會編的《弘一法師》以同題收入此詩時，曾作以下注釋：「梁啟超在《飲冰室詩話》一一四節，曾引此詩後四句，稱：『新民社校對房一敝箑，忽有題七律五章於其上者，塗抹狼藉，不能全認識，更不知誰氏所作也，中殊有佳語。』（下引此詩後四句，略）新民社在橫濱出版《新民叢報》，發表《飲冰室詩話》時，李叔同正在日本留學。據一九〇六年十月四日日本《國民新聞》記者訪問李哀的紀事，李叔同和當時有名詩人如槐南（森大來）、石埭（永阪周）、鳴鶴（日下部東作）、種竹（本田幸）等，都有往來。只因他當時不大出名，所以他寫的詩便被擱在校對房了。」這就進一步坐實了此詩乃李叔同作品。直至一九九一年，《弘一大師全集》（福建人民出版社版）問世，仍將該詩收入第七冊文藝卷。

一九九五年《南社研究》第五期發表郭長海論文，否定此詩為李叔同所作。他說：「《弘一法師》編者在注釋中稱：『李叔同當時正在日本留學，只是當時不大出名，所以此詩便被擱在校對房了。』此說完全無據。按李叔同於一九〇五年秋天留學日本，其時刊登這首詩的《新民叢報》已出版多時。李叔同在國內，怎麼可能將詩稿題在一把破扇子上丟在日本的《新民叢報》校對房呢？」

該文經考證認為：「此詩乃當時著名的詩人馬君武的作品。後來收錄在一九一四年上海文明書局出版的《馬君武詩稿》中。此詩作於一九〇三年，當時馬君武在日本留學，是梁啟超的追隨者和擁護者，經常在《新民叢報》上撰文，介紹西方文化。一九〇二年，梁啟超出遊美洲，馬君武曾受梁啟超委託，一度代理《新民叢報》的編輯。這才是他把寫的那首詩題在一把破扇子上，而後有可能丟在《新民叢報》的校對房的原因。此詩原題為〈去國辭〉，共五首，這是第二首。一九〇四年上海出版的《大陸》雜誌第二年第十號（一九〇四年十一月）上刊有此詩，題為〈與祖國告別之辭〉，作者署名馬君武。」

這段文字證據確鑿，看來〈書憤〉一詩非李叔同所作，應無可疑。但據李叔同侄子李晉章記憶，李叔同曾鄭重將此詩題於扇面贈他，說明李叔同對這首詩是非常重視、欣賞，並在思想上產生過強烈共鳴的，故能嫻熟於心，並一字不差，流之筆端。可見，這首詩對研究李叔同這一時期的心路歷程，很有參考價值。因此，我們在他的詩集中繼續保留此詩，作為「附錄」收入，並對此詩作者的來龍去脈、演變經過，作出箋注，供讀者參考。

祖國歌

乙巳❶二月　滬學會補習科用歌

上下數千年，一脈延，文明莫與肩❷。縱橫數萬里，膏腴地❸，獨享天然利。國是世界最古國，民是亞洲大國民。烏乎❹，大國民，烏乎，唯我大國民！幸生珍世界，琳瑯❺十倍增聲價。我將騎獅越崑崙❻，駕鶴飛渡太平洋。誰與我仗劍揮刀?!烏乎，大國民，誰與我鼓吹❼慶昇平?!

注：

❶乙巳：即一九〇五年。❷肩：即並、齊之意。全句是指中國的悠久文化，是世界各國所無與倫比的。❸膏腴地：即通常所說的土地肥沃。❹烏乎：即嗚呼，嘆詞。此處表示歡呼、讚嘆之意。❺琳瑯：原指精美的玉石，後用以比喻美好的物品、文章或人才。如《世說新語．容止》：「有人詣王太尉，遇安豐、大將軍、丞相在座。往別屋，見季胤、平子。還語人曰：『今日之行，觸目見琳瑯珠玉』。」即是以「琳瑯」喻優秀人才。此處為泛指。❻崑崙：見〈我的國〉注❸。此句「越崑崙」，與下句「飛渡太平洋」，都是表示一種振興中華的豪邁氣概。❼鼓吹：古代的一種器樂合奏，主要樂器有鼓、鉦、簫、笳。本為軍中之樂，此處泛指眾樂齊奏。

解：

這首歌詞最初見於一九五七年三月七日《文匯報》第三版；後又載於豐子愷編《李叔同歌曲集》北京音樂出版社一九五八年版。

此歌是一首二十世紀初流行我國的愛國歌曲。它的曲調採用中國民間樂曲「老六板」。據《新民叢報》第三年（一九〇四年）第三號中〈亞雅音樂會開會式為甲辰卒業生送別記〉一文記載，一九〇四年七月十七日，我國在日本的留學生在送別會上高唱〈大國民〉歌，「全座鵠立，雍容揄揚，有大國民氣度焉」。所唱歌詞與〈祖國歌〉相同。但《新民叢報》沒有報導歌詞為誰所作。

最初確定〈祖國歌〉為弘一法師所作的是黃炎培。他與弘一法師是上海南洋公學的同學，後又在上海城東女學同過事。他在一九五七年三月七日的《文匯報》上，發表文章〈我也來談談李叔同先生〉說：「李叔同從南洋公學散學後，經過一個時期，在上海集合一般思想先進分子，擇地租界以外——那時是一九〇四、一九〇五年——創設一個滬學會，經常召開演說會，辦補習學校——也許是全中國第一個補習學校。」還說：〈祖國歌〉就是這個補習學校的音樂教材。「我至今還保存著李叔同親筆寫他自撰詞、自作曲的〈祖國歌〉，當時曾被一般青年傳誦」。就在發表黃炎培這篇文章的同天，《文匯報》還刊登了他保存的〈祖國歌〉真跡照片。全歌採用簡譜書寫，在歌題之下，有「乙巳二月　滬學會補習科用歌」字樣。乙巳（一九〇五年）二月，弘一法師正在滬學會補習科任教。

在黃炎培文章發表後五天，弘一法師在浙江第一師範學校執教時的高足，著名文學家、藝術家豐子愷也寫了一篇文章〈李叔同先生的愛國精神〉，發表在同月二十九日的《人民日報》上。文章一開頭就說自己把《文匯報》上刊載的弘一法師所作的〈祖國歌〉唱了一遍：「似覺年光倒流，心情恢復了少年時代。」他回憶自己在小學讀書時候，「和同學們肩了旗子排隊到街上去宣傳『勸用國貨』時的情景，憬然在目」。「我們排隊遊行唱著歌，李叔同先生的〈祖國歌〉正是其中之一。」

就在這一年，北京音樂出版社為紀念最初介紹西洋音樂到中國來的李叔同，約請豐子愷選編一冊李叔同的歌曲集，他便把這首〈祖國歌〉第一次收入了《李叔同歌曲集》之中，於次年一月出版。從此〈祖國歌〉被公認為弘一法師所作。

對〈祖國歌〉採用「老六板」，作為曲譜，在當時曾有不同看法，豐子愷在〈回憶兒時的唱歌〉（載《豐子愷文集》第四卷，浙江文藝出版社一九九〇年版）中就說：「有一種人認為這歌曲『村俗』，不喜歡它。因為那時候提倡『維新』，處處模仿『泰西』，甚至盲目崇洋。所以他們都喜歡唱沈心工先生的歌曲（旋律是採自西洋和日本的），而不喜歡這首純粹中國風的歌曲。原來這歌曲的旋律是中國民間所固有的。……還有一種人和他們相反，認為這曲子好聽，容易上口。但這種人中，少年是少數，而多數是普通的成年人。」豐子愷的這篇文章對李叔同「取民間旋律來製作愛國歌」，是給予充分肯定的，認為「這大膽的創舉極可欽佩！」「多數普通人愛聽這〈祖國歌〉，就證明這歌曲的群眾性很強。換言之，這曲調合乎中國人的胃口，具有中國的民族性。」他最後斷語：「李先生這〈祖國歌〉，可說是提倡民族音樂的最早的先聲！」

近年，有人考證：〈祖國歌〉並非李叔同所作。如郭長海在〈「祖國歌」等詩非李叔同所作考〉一文中，就提出否定的觀點（載《長春師院學報》一九九八年第一期）。他認為：比「乙巳二月」李叔同在滬學會創作並教唱〈祖國歌〉早八個月，即一九〇四年七月十七日，東京留學生已在「為甲辰卒業生送別」的「亞雅音樂會開會式」上，熟練地唱完了歌詞幾乎完全相同的〈大國民〉（見上文《新民叢報》第三年第三號所載報導）；況且，在「乙巳二月」之前，李叔同既沒有學過音樂，也沒有教過音樂，更沒有創作過歌詞或為歌詞配曲的有關記載。此其一。其二，〈祖國歌〉既為李叔同所作，為什麼他沒有把這首極為有名的〈祖國歌〉，如同他創作的其他歌詞一樣，收入一年後編輯出版的《國學唱歌集》？其三，黃炎培確定〈祖國歌〉為李叔同所作的唯一根據是：當年李叔同在滬學會教唱〈祖國歌〉時所用的歌詞歌譜，為其本人所書；並寫有「乙巳二月」，「滬學會補習科用歌」字樣。經由一個人的親筆或手跡保留下來的作品，有兩種可能：一種是自書自作，一種為錄自別人作品。僅僅從手跡判定作品的歸屬，其結論可靠嗎？其四，〈祖國歌〉（即〈大國民〉歌），除了《新民叢報》刊出其全部歌詞之外，一九〇四年九月一日上海出版的《時報》和一九〇六年出版的《怡情歌集》都曾刊載；但三處的歌詞都沒有署名。倘若確為李叔同所作，這些編者，尤其是距李叔同手書「乙巳二月」僅一年多時間出版的《怡情歌集》編者，為什麼會如此疏忽或健忘呢？

疑點雖然很多，畢竟沒有找到該歌詞的原作者是誰，原始出處在哪裡，因而結論尚未徹底明朗。筆者認為，儘管如此，有一點則是肯定的，李叔同當時對這首歌曲十分讚賞，極為推崇；否則他就不會選中此歌，親筆繕寫，作為滬學會的教唱用歌。特別應當提到的是，他還把這首歌的歌名改為〈祖國歌〉。這是李叔同的創舉，因為上文提到的《新民叢報》、《時報》的兩篇報導，和後來收入《怡情歌集》，都是以〈大國民〉為題的。不知李叔同將〈大國民〉改為〈祖國歌〉出於什麼考慮？是否這樣一改，更能鮮明地反映他當時極為強烈的愛國主義情緒?!

由於這首歌，是研究李叔同當時思想狀態的不可多得的珍貴資料，因此我們還是將其作為「附錄」，收入本集之中。

廢墟

看一片平蕪，家家衰草迷殘礫。玉砌雕欄❶溯往昔，影事❷難尋覓。千古繁華，歌休舞歇，剩有寒螿❸泣。

注：

❶玉砌雕欄：語出後唐李煜〈虞美人〉：「雕欄玉砌應猶在，只是朱顏改。」「雕欄玉砌」原指南唐宮殿，

此處泛指豪華住宅，與上句「家家衰草迷殘礫」對應。❷影事：原為佛家語。佛家認為世界一切事物，虛幻如影，皆非真實，故稱往事為影事。❸螿：一種似蟬又比蟬小的青色昆蟲，能鳴。

解：

此首歌詞最早見於李芳遠編選《弘一大師文鈔》（北風書屋一九四六年版）「歌曲」編。中國佛教協會編《弘一法師》（中國文物出版社一九八四年版）和《弘一大師全集》（福建人民出版社一九九一年版）第七冊文藝卷，均將此首歌詞作為李叔同作品收入。

一九二八年豐子愷所編《中文名歌五十曲》（開明書店一九二八年版）和一九九〇年企釋、培安所編《李叔同——弘一法師歌曲全集》（上海音樂出版社一九九〇年版），也以〈廢墟〉為題，收入此歌詞。豐子愷所收歌詞和李芳遠等所收歌詞，題目雖然相同，歌詞內容卻差異很大，兩者詳略、文字、句逗都有所不同。豐子愷所收歌詞共兩段十四句，原詞如下：

看一片平蕪家家，衰草迷殘礫。玉砌雕欄溯往昔，影事難尋覓。千古繁華，歌休舞歇，剩有寒螿泣。

且莫道銅駝荊棘，舊夢胡堪憶！數盡頹垣更斷碣，翠華何處也！禾黍秋風，荒烟落日，畫出興亡跡。

而李芳遠所收歌詞僅有第一段七句；且第一句中的「家家」作「家家」，與「衰草迷殘礫」連為一句。兩者最重大的區別，還在於作者的署名不同。李芳遠所收歌詞署名為李叔同作，而豐子愷編的《中文名歌五十曲》中，在〈廢墟〉一歌之前，寫為「吳夢非作歌」。企釋、培安編的《李叔同——弘一法師歌曲全集》中，在此歌之前，也署「李叔同選曲，吳夢非作詞」。

吳夢非何許人？他是弘一大師在浙江第一師範學校的得意門生之一，生於一八九三年五月，卒於一九七九年十月。浙江東陽人。一九〇九年入浙江兩級師範學堂初師科肄業；一九一二年該校創辦高師音樂、圖工專修科時，他以第一名優異成績考進該科就學，任該班班長。他在該科三年間，一直師從李叔同學習音樂、繪畫。一九一五年畢業後長期在中學、大學從事音樂教育，一九一九年參與創辦上海藝術專科學校、中華美育會；一九二五年參與創辦上海藝術大學；一九三三年在上海美術專科學校任教務主任兼音樂理論教授。一九四九年後，歷任浙江音協執委兼秘書主任、上海音樂學院教務處主任等職。他一生著述頗豐，有《和聲學大綱》、《中學新歌集》、《初中唱歌集》、《初級中學音樂》、《師範音樂》和《中國音樂史》等書。

那麼，這首歌詞究竟出於誰之手？李芳遠與豐子愷的說法哪個更可靠？

筆者認為，吳夢非所作的可能性大，即豐子愷的說法較為合理。其根據有四：

其一，該歌詞最早見於一九二七年八月豐子愷編《中文名歌五十曲》；而李芳遠編《弘一大師文鈔》在十八年後才收入該歌詞的第一段。豐子愷編《中文名歌五十曲》時，距該首歌曲的誕生時間，比李芳遠編《文鈔》時要近得多。況且，豐子愷本人在浙江第一師範學校讀過書，與吳夢非是前後班同學，對吳夢非的學問根柢和寫作才華，也遠較李芳遠了解。特別是，豐子愷編輯出版《中文名歌五十曲》時，與吳夢非同在上海工作；也和弘一法師保持著密切聯繫。據載：一九二七年秋弘一法師來滬，就住在豐子愷永豐里家中；並為其寓所取名「緣緣堂」，還接受豐子愷皈依佛教，賜法名「嬰行」。豐子愷對於此歌的作者問題，如有疑問，必會就近請教。因此豐子愷說法應較李芳遠可靠。

其二，〈廢墟〉是一首填詞選曲歌曲，據錢仁康《李叔同——弘一法師歌曲考》稱：「日本譯詩家近藤朔風（一八八〇——一九一五）曾翻譯過該曲的歌詞。」據此分析，該歌的配曲也可能是一首歐美歌曲。按現成的外國歌曲填詞，必須受該樂曲的旋律約束。豐子愷在《中文名歌五十曲》中所載的吳夢非兩段歌詞，與選曲的旋律配合比較和諧；而李芳遠《文鈔》中所收的歌詞，第一句為五個字，第二句為七個字，與配曲的節拍並不契合。這是稍具音樂知識的人，一看曲譜，便能一目了然的。況且，第一句的「冡冡」，據《康熙字典》釋，即「寂寂」。將這兩字，用在「看一片平蕪」之後，不僅烘托了「平蕪」的氛圍，而且與以下「礫」、「昔」、「覓」、「歇」、「泣」等字押韻；而李芳遠《文鈔》所收歌詞，「冡冡」作「家家」，並與下句「衰草迷殘礫」連結，雖也勉強讀得通，但文采和音韻就很難說了。因而說這樣的歌詞出於富有詞章修養，且深諳音樂之道的李叔同筆下，未免有佛頭著糞之嫌。

其三，吳夢非在浙江第一師範學校求學期間，很受李叔同賞識。當一九一三年李叔同在浙江第一師範學校獨力編輯出版《白陽》雜誌時，吳夢非的繪畫作品〈西爽亭〉和美術論文〈人體畫法〉被李叔同選刊在該雜誌誕生號上。一九一四年美國舊金山舉辦「巴拿馬太平洋萬國博覽會」徵集繪畫作品時，李叔同又選中吳夢非的幾張具有一定水平的油畫作品送給展覽會籌備會候選。一九一五年吳夢非畢業後又是李叔同推薦、介紹他至城東女學教音樂、美術課。由此可以推見，李叔同在浙一師任教時，由他選好外國曲譜，佈置吳夢非填寫歌詞，為吳夢非提供一次實踐、鍛煉的機會，也是很有可能的。

其四，吳夢非在離校以後，創作了大量的歌曲作品，其中有他作曲的，有他選曲的，也有他作歌詞的。如他在《初中音樂》第四冊為〈總理誕辰紀念〉作歌詞；在《簡易音樂》活頁版，為〈遊園〉作歌詞等等，都說明他在歌詞創作方面是很有實力、頗具才華的；在浙江第一師範學校撰寫〈廢墟〉一歌的歌詞，無非是他初試鋒芒而已。這也為此歌詞作者是吳夢非，提供一個佐證。

李芳遠把此歌詞第一段，作為李叔同的創作，收入《弘一大師文鈔》，是在豐子愷編《中文名歌五十曲》出版十餘年以後，他當時不可能不看到豐子愷編的這本歌集，值得思考的是，為什麼他仍然要這樣做，根據何在，在沒有搞清這些問題之前，對這首歌歌詞的作者畢竟還存在一些疑點，有待進一步研究。故作為「附錄」，收入本集，以供讀者參考。

補遺

新近發現的弘一大師佚詩佚詞七首

在本書編定，即將付梓之際，天津《今晚報》六月五日刊載了新近發現的弘一大師早年佚詩佚詞七首，發現者為長春師範學院中文系教授、對弘一大師研究多年，頗有造詣的郭長海先生。這七首詩詞為本書註解時所未收，故補錄於此。由於時間匆促，來不及一一進行註解和詮釋；補入的目的，在於使本書所收的詩詞更全，由一百三十七首增至一百四十四首；同時，讀者參照這些佚詩，閱讀本書已收的弘一大師同一時期所作詩詞，將會對他早年初到上海時的思想和生活，以及他的詩詞創作才華，得到更多的了解和領悟。

著者附記

醉花陰・閨怨

惜霜倚聲

落盡楊花紅板路，無計留春住。獨立玉闌干，欲訴離愁，生怕籠鸚武。樓頭又見夕陽暮，怎奈歸期誤。相憶夢難成，芳草天涯，極目人何處？

（原載《消閒報》一九〇一年六月七日）

和冬青館主題京伶瑤華畫扇四絕

惜霜

素心一瓣證前因，惻惻靈根渺渺神。話到華年怨遲暮，美人香草哭靈均。瑤華工繪蘭，有清古之趣。

承平歌舞憶京華，紫陌青驄踏落花。記得春風樓畔路，琵琶彈徹陌行斜。瑤華善彈琵琶，負重名，為長安諸伶之冠。

鞞鼓漁陽感劫塵，鶯花無復舊時春。自去年變起，謝絕塵網，不復彈此調矣！瀟瀟暮雨徐娘怨，憶否江南夢裡人？滬上女校書徐琴仙，亦擅琵琶，今老矣，猶零落風塵。

長安子弟嘆飄零，去年亂後，大半來滬。曾向紅羊劫裡經。莫問開元太平曲，傷心回首舊門庭。

（原載《春江花月報》一九〇二年一月二十九日）

照紅詞客、介香夢詞人屬題《採菊圖》，為賦二十八字

當湖惜霜

田園十畝老烟霞，水繞籬邊菊影斜。獨有閒情舊詞客，春花不惜惜秋花。

（原載《笑林報》一九〇二年十月二日）

冬夜客感

惜霜仙史

紙窗吹破夜來風，砭骨寒添漏未終。雲掩月殢光慘目，簾飄燭影焰搖紅。無心難定去留日，有淚常拋夢寐中。煩惱自尋休自怨，待將情事訴歸鴻。

（原載《笑林報》一九〇三年二月二十四日）

代跋

詩才南北領騷壇

——關於李叔同詩詞研究若干問題之我見❶

拙編《李叔同詩全編》，經過幾年努力，終於在浙江文藝出版社出版了。在本書的收集、整理和箋注過程中，深感目前李叔同研究界，對李叔同詩詞的評估、理解和處理，尚有不少問題，有待商榷。本文就幾個主要的問題，說點個人粗淺之見，就正於方家。

認識

李叔同在我國近代史上是一個富有傳奇色彩的人物。他的一生界限分明地分成兩個階段，前一階段主要致力於藝術的開拓，後一階段從事於佛經（特別是四分律）的研習。難得的是他在這兩個階段都取得了很高的成就。人們通常尊稱李叔同為弘一大師；其實這個「大師」的頭銜，還可以延伸到他出家之

❶ 此文原寫於一九九五年拙編《李叔同詩全編》出版之際，曾刊載於臺灣《弘裔》雙月刊一九九七年第十六期上。此次編完本書，有感於文內所論問題，仍有現實意義，故對原文作了重大的修改和補充，重新發表於此，以代本書跋語。「詩才南北領騷壇」摘自錢君匋〈虎跑禮塔詩〉。上句為「藝事中西皆聖手」。

前。他在成為佛教律宗「大師」之先，早已在藝術領域裡登上「大師」的寶座。

李叔同的藝術修養是多方面的，音樂、繪畫、戲劇、金石、書法……等等，詩詞只是其中不可分割的一個重要組成部分。

李叔同的詩詞作品，就其數量說，不及書法等作品，這次收入本書的詩詞僅一百三十七首；而書法創作，由於李叔同幾十年中從未間斷，即使在出家以後，接受友人建議，把書法作為弘揚佛法的工具，寫得更勤、更多；據不完全統計，目前傳世的不下於數千幅，比詩詞作品多出數十倍。李叔同詩詞作品，就其影響說，又不及音樂、繪畫創作及戲劇活動。二十世紀初葉，李叔同與他的同道第一次把西洋音樂（五線譜）、西洋戲劇（話劇）、西洋繪畫（油畫）輸入中國，填補了我國近代藝術的空白。他在這三個領域裡都取得了開創性的成就，因而其創作的知名度也較他的詩詞為高。也許基於以上兩個原因，學術界目前對李叔同詩詞的重要意義估計不足。至今發表的研究李叔同音樂、繪畫、戲劇、書法、金石等等方面成就的論著，大大超過探討他詩詞創作的文章，就是一個有力的旁證。

當然，學術界某些人持以上這種想法，不無道理。但是，「橫看成嶺側成峰」，換一個視角觀察，李叔同的詩詞作品有其獨特的意義，至少在兩點上，是其他藝術樣式所望塵莫及的。

一、李叔同詩詞作品最能直接反映他的心路歷程。李叔同一貫主張「詩以言志」，曾說：「志之不貞，何以詩為？」因而他的詩詞很少無病呻吟之作，不論在居留天津時期，移家上海時期，留學日本時期，執教杭州時期，以至出家後雲遊浙、閩時期，他都曾用詩詞來抒發自己當時的感情與心境。因此，把李叔同的詩詞作品，按照寫作時間，依次串連在一起，可以大體窺見李叔同六十三年的人生歷程和思想軌跡。

人們常常舉李叔同作於一九〇四年的〈金縷曲・贈歌郎金娃娃〉和作於一九〇五年的〈金縷曲・將

之日本，留別祖國，並呈同學諸子〉為例，進行對比，以為兩者同為〈金縷曲〉而內含的感情因素完全不同。前者反映了作者眼見國事蜩螗，而又無能為力的苦悶，採取消極的遊戲人生態度：「奔走天涯無一事，問何如聲色將情寄？休怒罵，且遊戲！」而後者則說明作者開始擺脫彷徨與困惑的處境，勇敢地跨出國門，尋找救國之路：「長夜淒風眠不得，度群生，那惜心肝剖。是祖國，忍孤負。」如果我們不在這裡停足，而是上延下伸，把比照的範圍擴得大一些，就更能看出李叔同思想的曲折演變。比如，較去日本之前所寫的〈金縷曲〉遲七年寫出的〈滿江紅·民國肇造誌感〉，雖然表現出的都是報國的情懷，但兩者也有差異，〈滿江紅〉一詞不再是停留於「是祖國，忍孤負」的惋嘆和誓願，而是要躍躍欲試，有所作為：「看如今，一擔好山河，英雄造。」因而他後來毅然參加南社，並積極參與陳英士創辦的《太平洋報》工作，也就不難理解了。

出家為僧是李叔同人生的重大轉折。對這樣嚴肅的抉擇，在他的詩詞作品中，也有所顯示。他在任教浙一師後期所寫的〈落花〉、〈月〉、〈晚鐘〉，具體地表現了對此岸世界的厭倦和對彼岸世界的神往：「仰碧空明明，朗月懸太清；瞰下界擾擾，塵欲迷中道。惟願靈光普萬方，蕩滌垢滓揚芬芳」；「眾生病苦誰扶持？塵網顛倒泥途污。惟神憫卹敷大德，拯吾罪過成正覺」。正如他的學生曹聚仁所說：「這些歌詞反映了作者作超現實的嚮往，把心靈寄託於彼岸」，於是他後來的出家奉佛，也就順理成章，不可避免了。

總之，李叔同一生諸多行動的思想契機，幾乎從他的詩詞中都可以找到答案。他的學生、著名文學藝術家豐子愷評介李叔同詩詞時，曾稱之為：「由藝術轉入宗教之步驟，由小我進於大我之痕跡。」❷

---

❷ 見豐子愷〈「前塵影事集」序〉，載《豐子愷文集》第六卷，浙江文藝出版社、浙江教育出版社一九九二年版。

這是他的其他藝術形式作品所不能企及的。

二、李叔同詩詞最能全面地折射他的學識修養。李叔同生於天津「鐘鳴鼎食」之家，「詩書翰墨」之族，自幼受到較好的文化修養，四歲握筆練字，八、九歲攻讀詩詞，然後又廣泛涉獵經史子集，十五歲開始寫詩賦詞。二十歲遷居上海以後，參加上海「城南文社」、「上海書畫公會」等文化團體，通過經常與文友切磋技藝，他的文才又上一層樓。一九〇五年，李叔同赴日留學五年，重點進修西洋繪畫與音樂，又使他接受了西洋文化的滋養。因而用「博大精深」四字來概括李叔同的藝術才華，我看一點也不過分。倘若說，他的藝術素養表現在其他藝術形式上，只是局限於某一個方面，那麼反映在詩詞中，則是全面的、綜合的。就拿李叔同詩詞中所反映出來的他對中國傳統文化的高深造詣來說，這次編入的一百三十七首詩詞，經初步考訂，引用的典故和古詩在一百起以上，其出處有《詩經》（〈甫田〉、〈七月〉、〈楚茨〉、〈關雎〉、〈青蠅〉等篇），《禮記》；有《史記》、《漢書》、《後漢書》、《吳越春秋》；有《論語》（〈子罕〉、〈述而〉等篇），《孟子》；有屈原《離騷》，曹植〈洛神賦〉，司馬相如〈上林賦〉，潘岳〈閑居賦〉，枚乘《七發》；還有王肅《孔子家語》，王嘉《拾遺記》，左思〈詠史〉，劉義慶《世說新語》，孔稚珪〈北山移文〉，蕭衍〈河中之歌〉等等。至於引自唐宋詩詞的更是比比皆是，如杜甫、白居易、元稹、杜牧、李商隱、韓愈、沈佺期、劉禹錫、岑參、許渾，以及柳永、蘇軾、李煜等人的詩詞佳句多次被引入他的詩詞作品之中……，一句話：經史子集、楚騷漢賦、唐詩宋詞，以及駢文、筆記、野史等等，無所不包。

值得一提的是李叔同所引用的典籍和古詩，不少較為冷僻，如〈西江月・哀國民之心死也〉的最後兩句：「洛陽兒女學琵琶，不管冬青一樹屬誰家」，這裡的「冬青一樹」見於《元史》和元代陶宗儀《輟耕錄》。說的是宋遺民唐珏等掇拾帝后遺骸合葬，上植冬青樹，作為標誌。清代蔣士銓將此事演為《冬青樹傳奇》。李叔同根據全詞的主題思想和藝術氛圍，恰切地借此典故，隱喻外族入侵，國家飽受淩辱的慘痛景象，嘲諷國人的麻木不仁，醉生夢死，這從一個側面進一步反映李叔同學識面的相當寬泛。李叔同在運用這些典故和古詩時，一般不是原封不動，生搬硬套，而是化成自己的語言入詩，沒有給人以牽強和雕琢的感覺。如〈昨夜〉中的「梨葉一枝紅小秋」，語出唐代許渾〈送鄭寂山人南行〉詩，原句為「離愁故園思，小秋梨葉紅」，但李叔同沒有全句照錄，而是改造了後半句，與詩中「沉沉萬綠寂不語」呼應，寄託了詩人對故國的懷念和憂慮。僅此一例，可以看出李叔同對這些典故、古詩嫻熟於心，融會貫通，似乎脫口而出，隨手拈來，這絕不是停留於浮光掠影、一知半解的人所能做到的。由此可見，李叔同對中國傳統文化的把握，不僅有廣度，而且有深度。

此外，他的詩詞作品如此得心應手地創造音樂美和繪畫美，也是他的音樂與美術稟賦與才華的折射。這裡就不贅述。

綜上所述，既然李叔同的詩詞作品是他一生思想和行動的注腳，是他學識修養的窗口，那麼，要了解李叔同其人其事，就不能不認真閱讀他的詩詞作品。撇開他的詩詞對中國近代文學史所作的貢獻不說，僅就這一意義而言，我們也不應漠然視之。

界　定

哪些算是李叔同的詩詞？過去一般理解為李叔同所作的五言或七言律詩絕句和按古詞牌（如〈金縷曲〉、〈高陽臺〉、〈喝火令〉等）填寫的詞作等等。按此界定，豐子愷所編的《前塵影事集》，收入李叔同詩詞僅二十四首；李芳遠所編的《弘一大師文鈔》詩詞編，收入李叔同詩詞也不過三十一首。

筆者認為以上對李叔同詩詞的界定僅是狹義的；從廣義上說，他的詩詞作品遠不止這些篇數。

首先是李叔同所作的大量歌詞，不應摒棄於他的詩詞作品之外。中國的詩詞，本來就是可歌可詠的。尤其是中國的宋詞，它是隨著唐燕樂興起而興起的一種音樂文藝。古人作詞一般先按律製譜，爾後按譜再填詞。所以也稱作詞為「填詞」，又叫「倚聲」。唐張耒在〈賀鑄東山詞序〉中說：「大抵倚聲為之詞，皆可歌也。」現代的歌詞與宋詞十分類似，都屬於可供詠唱的「音樂文藝」，但在記譜手段上有所不同。古詞採用宮、商、角、徵、羽等五聲音階，而現代歌詞採用五線譜或簡譜。尤其是李叔同所寫的歌詞，大部分是先選好外國名曲，以後依照該曲的意境和旋律，填進歌詞。這與古詞的創作程序，幾乎一樣。儘管他寫的歌詞沒有完全遵循古詞的格律，但字裡行間，洋溢著詩的意蘊與情趣，而且在形式上也十分講究平仄、頓挫與韻轍。以那首著名的〈送別歌〉為例，原曲為美國作曲家約翰・P・奧德威所作，曲名為〈夢見家和母親〉。後來日本作家犬童信藏，依此曲作詞，改名為〈旅愁〉。一九一四年李叔同又據此曲再作新詞：「長亭外，古道邊，芳草碧連天。晚風拂柳笛聲殘，夕陽山外山。天之涯，地之角，知交半零落。一瓢濁酒盡餘歡，今宵別夢寒。」詞與曲珠聯璧合。淡淡的哀愁，沈沈的相思，把告別知交的那種依依不捨的纏綿悱惻的情愫，表達得如此深刻感人，風靡了二、三十年代中國的歌壇。把這樣的歌詞稱之為上乘的詩詞作品，難道有什麼離譜嗎!?其實李叔同創作的不少歌詞，如〈隋堤柳〉、〈早秋〉、〈春遊曲〉，早就被某些李叔同文集的編者（如李芳遠）作為李叔同詩詞作品，與〈金縷曲〉、〈西江月〉、〈滿江紅〉一起，收入文集的「詩詞」編中。

筆者以為，倘若不是把嚴格地按古詞牌格律填字，作為界定詞作的唯一標準，李叔同創作的大量歌詞，就應該囊括在他的詩詞作品之內。

其次，李叔同出家後所寫的許多偈。所謂偈，是梵語「偈陀」的簡稱，又譯為「頌」，即佛經中的唱詞。多用三言、四言、五言、六言、七言為句，句式整齊，四句為一偈。從通常意義上說，偈不是詩，但對此也要進行具體分析。比如〈為紅菊花說偈〉：「亭亭菊一枝，高標矗勁節，云何色殷紅，殉教應流血。」此偈不僅具有詩化的意境，而且其平仄、音韻與五絕吻合；雖名為偈，實際上是一首絕句的佳作。當年《弘一大師文鈔》（一九四六年北風書屋版）就曾將此詩與另一首〈淨峰種菊臨別口占〉作為「五絕」，一併收入該書的詩詞編中，這是很有道理的。對這些偈，我們豈能拘泥於名稱而把它們拒之於詩的大門之外？

第三，李叔同自稱為「白話詩」的某些作品。也許由於李叔同出家以後，曾一再申言：「耽玩藝事，增長放逸，佛所深誡」，發願捨棄他所熱愛的詩詞創作，因而他寫於出家以後的某些詩作，被目前某些文集的編者置於「偈」的名下。不僅前面那首〈為紅菊花說偈〉如此，就連李叔同命名為「詩」的作品也受到這樣的對待。比如他在《護生畫集》一、二集中為配豐子愷繪畫所寫的三十餘首題詞，在李芳遠編的《弘一大師文鈔》，林子青主編的《弘一大師全集》中都被收入「偈」中，從他的「詩詞」作品中分離出來。其實，李叔同本人對此卻另有說法。他在《護生畫集》第一集跋中，兩次把這些題詞稱之為「白話詩」；在一九二八年舊曆九月初一日致豐子愷的信中又一次稱這些題詞為「所作之白話詩」。儘管這三十餘首作品宣揚的是「戒殺」、「放生」等佛教世界觀，在藝術上也並不成功，連李叔同本人也以為「頗有遺憾」；但是作者既然申言是「白話詩」，我們為什麼不尊重他的原意，而是「想當然」地把它們驅出「詩詞」的領地？

基於以上理由，筆者所編的《李叔同詩詞全編》就包括了李叔同上述三部分作品，合計一百三十餘首。

拾佚

雖然擴大了界定的範圍，李叔同詩詞作品數量仍然不多，與同時代的柳亞子等詩人相比，簡直不能望其項背。這是因為李叔同一生涉足的藝術門類相當廣泛，包括演戲、繪畫、譜曲、書法、篆刻等等，不可能專心致志於詩詞創作；尤其就詩人的創作過程而言，李叔同雖有詩才，但不屬於倚馬千言、一揮而就的那種類型，他寫的詩詞一般經過再三推敲，千錘百煉。比如〈高陽臺·憶金娃娃〉作於一九〇五年。一九一二年在《南社叢刻》第五集發表時，題為〈憶歌者金郎〉。第一闋後兩句作「月上歌簾，聲咽秦簫」。後來在《小說世界》一九二六年十一期上發表他的詩詞手卷時，則又改題為〈憶金娃娃〉，第一闋後兩句則作「門巷依依，暮雨瀟瀟」。這從一個側面反映作者對自己的詩詞所下的字斟句酌的功夫。李叔同本來就不專攻詩詞，加以他對自己的作品又如此嚴格要求，精雕細刻，當然不可能期望高產！

儘管如此，李叔同的詩詞作品絕對不止目前所見的一百三十餘首；特別是他前期的作品佚失更不少。長期以來，國內學術界受到極「左」思潮影響，對李叔同的詩詞作品沒有也不敢深入發掘；粉碎「四人幫」以後，李叔同研究重新受到重視，不少佚失的詩詞作品陸續問世。天津徐廣中老人收藏的〈詠山茶花〉詩；收入《辛丑北征淚墨》中的〈清平樂·贈許幻園〉、〈戲贈蔡小香四絕〉、〈夜泊塘沽〉、〈感時〉、〈津門清明〉、〈示津中同人〉、〈西江月·宿塘沽旅館〉、〈日夕登輪〉、〈輪中枕上聞歌口占〉等十餘首詩詞，收入日本《隨鷗集》的〈東京十大名士追薦會即席賦詩〉、〈朝遊不忍池〉等幾首絕詩；還有刊於《音樂小雜誌》中的〈隋堤柳〉歌詞，都是八十年代以後被發現的。這些詩詞的發現，大大豐富了李叔同的詩詞寶庫，並且推動了對李叔同生平和思想的深入研究。

令人欣喜的是，最近從清代末年出版的鑠鏤十一郎著《李蘋香》一書中，又發現李叔同佚詩八首，即〈書贈李蘋香〉七絕三首，〈和補園居士韻，又贈蘋香〉七絕四首。以前我們僅知李叔同與藝妓李蘋香「過往頗密」，且蘋香曾「有詩書箑請正」。在林子青《弘一大師年譜》清光緒二十七年辛丑（一九〇一年）條下附有李蘋香「錄舊作於天韻閣，書呈李叔同指正」的七絕六首。但李叔同有沒有詩作貽贈李蘋香？如有，又是哪些詩？卻長期不為人所知。這次的被發現，應該說是難能可貴的。

尤其是與這八首詩同時被發現的，還有李叔同為《李蘋香》一書所寫的序言。在那篇序言中，李叔同認為「樂籍之進步，與文明之發達，關係綦切」，「唯我支那文化未進，樂籍之名，魁儒勿道。上海一埠，號稱繁華，以觀法❸之小邑，猶莫逮其萬一，遑論巴黎！豈野蠻之現象固如是，抑亦提倡之者，無其人歟？」李叔同在這裡把樂籍作為衡量一個國家文明程度的標誌，顯然並不正確。但他的認識既然進入了這樣一個誤區，也就更心安理得地與藝妓廣泛接觸。這些題贈李蘋香的佚詩與那篇序言一起，把前期李叔同頻繁走馬章臺的心理狀態，從另一個層面上作了新的揭示。這對研究李叔同無疑是極為有用的材料。它們的被發掘，應該是一件大好事。

但是，目前海內外的李叔同研究界出現一種把李叔同僧化以至佛化的現象，將李叔同入佛的後半生和絢麗的前半生，作為佛教高僧的李叔同和作為翩翩公子的李叔同，截然割裂開來。在有的李叔同作品集中，也許出於宗教的考慮，多收他出家後的作品；對他早期的作品，特別對那些多次發表於舊報刊，又被李叔同出家前夕認真謄抄過的酬答藝妓（包括歌郎、女伶）的詩詞作品，以為有損於弘一大師的神

❸ 法：即指法國。作者在該序言中曾寫道：「曷觀歐洲之法蘭西京師巴黎，樂籍之盛為全球冠，宜其民族沉溺於茲，無復高曠之思想矣，乃何以歐洲猶有『欲鑄活腦力，當作巴黎遊』之諺？」

聖形象，避而不收。以上八首贈送李蘋香的詩，也受到了同樣不公平的待遇。有的李叔同學術討論會，竟拒絕接納研究李叔同題贈李蘋香八首佚詩的論文。其實，這些佚文，既是李叔同某一階段生活思想的客觀寫照，就不應該置之不顧。何況，從藝術角度看，這些詩作所表現的功力和價值，也是不容低估和忽視的。

李叔同以上佚詩的被發現，還只是初戰告捷。筆者認為在這方面，還有許多工作可做。如李叔同自撰的〈二十自述詩序〉是一篇人們所熟悉的文章，見之於各種文集之中。但是「皮之不存，毛將焉附？」這首寫於一九〇〇年，李叔同為之滔滔作序的〈二十自述詩〉，卻至今不見蹤影。又如，藝妓素馨吟館主、雁影女史朱慧百，曾於一八九九年贈李叔同七絕詩三首，並寫有跋言：「漱筒先生，當湖名士，過談累日，知其抱負非常，感事憤時，溢於言表。蒙賜佳什，並索書箑，勉依原韻，率成三絕，以答瓊琚。」〔見林子青《弘一法師年譜》，光緒二十五年己亥（一八九九年）條注❹〕其中所說的李叔同「賜贈」朱慧百，而後又被她依「韻」成詩的「佳什」，也長期未被發現。僅此兩例，證明李叔同的詩詞作品佚失不少，有待於後人進一步發掘。現在的重要問題在於我們對此要有一個尊重歷史、尊重事實的科學態度。隨著李叔同研究的進一步深入，我們相信，李叔同的詩詞佚作將會有新的發現。

近讀陳慧劍〈「弘一法師歌曲全集」（企釋、培安編，上海音樂出版社一九九〇年版）補闕〉一文（見《弘一大師永懷錄新篇》），說到新發現了〈米麗容〉、〈傷春〉、〈秋柳〉、〈落花〉（又一首）和〈飄零的落花〉，為此一歌曲全集所缺。據作者稱：第三首〈落花〉，收錄在一九八三年臺灣《國中課本第三冊》，但未說明詞曲作者為誰；第四首〈零落的落花〉在一九九〇年十一月八日「華視晚間新聞節目」播出，但又稱：「不久由一位道友查出，此歌無作歌作曲者姓名，一說為劉雪庵作曲」。對其他三首〈米麗容〉、

〈傷春〉、〈秋柳〉，作者也未交代出處。我們查閱了豐子愷《中文名歌五十曲》，以上三歌分別收入該書的第二十八、五十七、三十八頁，但都未署作歌作曲者姓名。在歷年出版的李芳遠編《弘一大師文鈔》、中國佛教協會編《弘一法師》、《弘一大師全集》福建人民出版社版，以及劉綿松所輯的《弘一大師全集目錄》，均未見收入以上五歌。作者在文中又沒有對這五首歌詞為李叔同所作，提出更有力的證據。可見把上述五歌作為李叔同作品，理由尚不充分。因此，我們很遺憾地沒有收入《李叔同詩詞全編》之中，只在這裡帶上幾筆，錄以備考。

辨偽

對新發現的李叔同詩詞佚作，由於種種原因有意迴避，當然不是科學的態度；但把不是李叔同的詩詞作品也歸在他的名下，同樣是不恰當的。「過」與「不及」都是我們所不能贊同的。

目前，某些李叔同的研究者，也許出於一種良好的願望，把他人的詩詞作品，也記在李叔同的賬上。這不僅不能「提高」和「豐滿」李叔同，卻影響了人們對李叔同及其作品的正確認識。

如七律〈書憤〉歷來被認為是李叔同所寫的一首重要的詩篇。此詩最初見於李芳遠《弘一大師年譜》（未出版）二十五歲條，原題為〈為其侄麟璽書箑詩〉（後收入李芳遠《弘一大師文鈔》時，改題〈書憤〉）。麟璽，名李晉章，係李叔同二兄李桐岡次子。林子青在一九四四年出版的《弘一大師年譜》光緒三十年甲辰條下援引了這一材料，並附李晉章致林子青函，內稱：上詩「乃（甲辰年）為璽所書，此箑不知落於何方。前者為芳遠兄所抄，本璽昔年背誦記住未忘，一時想起，故亟抄之以奉。其當時胸中牢騷口吻，已露紙墨間。」以後的諸種弘一法師的文集、詩集以及全集，都據此把這首〈書憤〉作為李叔同的詩作收入。中國佛教協會編《弘一法師》一書收入此詩時，還特為加注：「梁啟超《飲冰室詩話》一一四節載：『新民社校對房一敝簏，忽有題七律五章於其上者，塗抹狼藉，不能全認識，更不知誰氏作也，中殊有佳語。』（下引此詩後兩句）新民社在橫濱出版《新民叢報》，發表《飲冰室詩話》的時候，李叔同正在日本留學。……正因他當時不大出名，所以他寫的詩，便被擱在校對房。」這段注文進一步坐實了此詩為李叔同詩作。但是近來有人考證：此詩並非李叔同所作；乃當時著名詩人馬君武一九〇三年的作品。這時，馬君武正在日本留學，經常為《新民叢報》撰文，介紹西方文化。一九〇二年，梁啟超出遊美洲，馬曾受梁委託，一度代理《新民叢報》編輯。這才是他把寫的那首詩題在「敝簏」上，而後有可能丟在《新民叢報》的校對房的原因。〈書憤〉一詩，原題為〈去國辭〉，共五首，這是第二首。一九〇四年上海《大陸》雜誌第二年第十號上刊有此詩，題為〈與祖國告別之辭〉，署名馬君武；後來又收錄在上海文明書局一九一四年出版的《馬君武詩稿》中（見郭長海《南社研究》第五期載文）。

又如福建人民出版社一九九一年版《弘一大師全集》第七冊「文藝」卷，收入〈題勝月吟剩〉和〈題羅陽選勝錄〉二詩，作為新發現的李叔同詩作。其實，以上二詩均非李叔同所寫。據《弘一大師全集》第八卷「書信」編致胡宅梵第四十六函載❹：出家後的李叔同在一九三三年舊曆正月十三日，於廈門萬壽巖，曾致信勝月居士（即胡宅梵），內稱：「近作二偈，又鄭智仁居士詩二首，附寫奉覽。」信末，在書寫〈虞愚居士問書法妙義為說二偈〉之後，即錄有智仁居士詩〈題勝月吟剩〉、〈題羅陽選勝錄〉二首。與收入第七卷的李叔同上述二詩，不僅題目相同，連文字也完全一樣。智仁居士何許人也？李叔同在此信中曾兩次提及：「鄭伯烺，皈依芝峰法師，法名智仁」。「智仁年三十，自幼習賈，不學而能詩，是宿

❹ 見《弘一大師全集》第八卷，二一七至二一八頁，福建人民出版社一九九二年版。

慧也。初披讀《離騷》，若舊已習誦者，能一一了知也」。可見智仁居士實有其人，連李叔同自己也確認〈題勝月吟剩〉、〈題羅陽選勝錄〉為智仁居士，即鄭伯烺所作。《全集》第七卷顯然屬於誤收，應把這兩首詩從李叔同的詩詞作品中剔除出去。

以上所說只是一種情況。更多的情況是疑竇甚多，真偽莫辨，肯定為李叔同詩作，根據不足；否定它出於李叔同之手，又缺乏力證。

如〈祖國歌〉，最初肯定此歌詞為李叔同所作，是一九五七年三月七日《文匯報》所載的黃炎培文章。豐子愷在第二年出版的《李叔同歌曲集》，也把此歌收進集中。此後的各種歌集、文集，都把它作為李叔同作品，紛紛收入。但是據錢仁康在《李叔同——弘一法師歌曲考》（載《李叔同——弘一法師歌曲全集》，上海音樂出版社一九九〇年版）中說：該歌詞最早見於《新民叢報》第三年（一九〇四年）第三號的〈亞雅音樂會開會式為甲辰卒業生送別記〉，文中記載一九〇四年七月十七日，我國在日本的留學生送別會上高唱〈大國民歌〉，「全座鵠立，雍容揄揚，有大國民氣度焉！」所唱歌詞與〈祖國歌〉相同。但「《新民叢報》沒有報導歌詞為誰所作；一九〇六年八月常州王文君編輯出版《怡情唱歌》，收進〈大國民〉一歌，也不署作者姓名。」因此他認為「作者究竟是誰，還難於確證」。

再如〈廢墟〉，豐子愷在一九二八年所編的《中文名歌五十曲》收入此歌詞時，署名為「吳夢非作歌」。吳夢非是李叔同在浙江第一師範學校任教時的學生。全歌為兩闋十四句，原詞如下：「看一片平原冢冢（即「寂寂」的古字），衰草殘迷礫。玉砌雕欄，溯往昔，影事難尋覓。千古繁華，歌休舞歇，剩有寒螿泣。

且莫道銅駝荊棘，舊夢胡堪憶！數盡頹垣更斷碣，翠華何處也，禾黍秋風，荒烟落日，畫出興亡跡。」一九九〇年上海音樂出版社出版的《李叔同——弘一法師歌曲全集》收入此歌時，也是兩闋十四句，字句相同，署名為「吳夢非填詞，李叔同選曲」。這就是說，李叔同只是選曲，並非歌詞的作者。但是李芳遠一九四六年編的《弘一大師文鈔》卻把〈廢墟〉的歌詞，作為李叔同的作品收入；所不同的是，僅收上闋七句，且「冢冢」改為「家家」，與下句「衰草迷殘礫」連為一句。此後中國佛教協會一九八四年所編《弘一法師》「詩詞」編及福建人民出版社一九九一年出版的《弘一大師全集》第七冊「文藝」卷，都將此歌詞收入，內容均為上闋七句，「冢冢」均作「家家」，與下句相連。究竟孰是孰非，也有待深入考證。

又如《護生畫集》第二集的配詩。李芳遠一九四六年編的《弘一大師文鈔》、中國佛教協會一九八四年編的《弘一法師》，以至福建人民出版社出版的《弘一大師全集》第八冊，都將其中署名「即仁補題」的四首「白話詩」，即〈中秋同樂會〉、〈鷸蚌相親〉、〈歸市〉、〈鳳在列樹〉，作為弘一法師作品，收入集中。但是法師在《護生畫集》第二集的最後，卻稱：「己卯秋晚，「續護生畫」繪就，余以衰病，未能為之補題。勉力書寫，聊存遺念可耳。」這就是說法師自認對此集的配詩，只是「書寫」，未曾「補題」；那麼根據什麼說以上四首是弘一法師創作的呢？在一九九二年浙江文藝出版社出版的《豐子愷文集》第七卷中，對以上四首配詩的作者卻另有說法。該文集的七四六、七五一頁，把以上四首配詩中的第一、第四首作為豐子愷的詩作收入，並加注釋說：「《護生畫冊》共六集，第二集係上海開明書店一九四〇年十一月出版，其配畫詩詞中，有三十二首為豐子愷所作，署名大多用筆名，或用法名『嬰行』。」意即該集配詩，包括以上四首，皆為豐子愷作，「即仁」是豐子愷的筆名。因屬選錄，只收第一、第四兩首。因此這四首詩詞作者究竟是弘一法師，還是他的弟子豐子愷，也需要我們加以認真辨識的。（近來，筆者經過認真考證，認為《護生畫集》二集署名「即仁」的四首配詩均非弘一法師所作。他曾為「二集」寫過配詩六首，但採用「學童」署名。因此，《弘一大師文鈔》、《弘一法師》、《弘一大師全集》等書，以「即仁」為弘一法師的署名，當誤。而《豐子愷文集》，將「二集」的所有配詩，都視為豐子愷所作，亦誤。見拙作〈弘一法師與《護生畫集》題句〉，杭州師範學報一九九八年第二期。）

又如〈廈門第一屆運動會會歌〉。據一九三七年五月《佛教公論・佛教消息》載：「廈門市當局決定於五月二十日起在中山公園舉行全市第一屆運動大會，因慕弘一法師為音樂界名家，大會籌備委員會函請弘一法師編撰大會會歌。弘一法師慨然應允而作此。」林子青《弘一大師年譜》民國二十六年丁丑（一九三七年）條披露此則材料時，並無原歌詞。此歌詞最早收入一九八四年中國佛教協會編的《弘一法師》「歌曲」編中。一九九〇年上海音樂出版社《李叔同——弘一法師歌曲全集》刊載此歌時，有詞又有曲，並在題下署「釋弘一作詞作曲」。但臺灣陳慧劍在一九七八年出版的《弘一大師傳》中稱：「籌委會在致函弘一法師後，將事先譜好的運動會歌送請弘一修改，弘一看後，認為歌詞沒有交代地域，便將開頭的『鼓聲冬冬，軍樂揚揚』二句改為『禾山蒼蒼，鷺水茫茫』，其餘未動。」這就是說，詞曲都非李叔同所作，他只是在審閱時對個別詞句，略作修改而已。此兩種說法的是非正誤，也有待人們鑑別。

總之，我們在積極發掘李叔同佚詩的同時，應當通過大量的校勘和考訂工作，識別和剔抉其中的某些誤收之作。目的無他，還李叔同詩詞作品以本來面目而已。

詮釋

發掘佚作，辨識贗作，固然是正確理解李叔同詩詞作品必不可少的條件，但更重要的還有一個如何詮釋的問題。如果前者只屬於量的增減，那麼後者就關係到質的深化了。

儘管李叔同的詩詞是以表現形式的直白為其特色，但可能由於時代的隔膜，目前學術界對李叔同某些詩詞的解釋還失之於模糊與籠統，沒有準確地把握李叔同詩詞的深刻內蘊。就以李叔同〈初夢〉為例。這是詩人作於一九〇七年的兩首七絕，原詩如下：

雞犬無聲天地死，風景不殊山河非。
妙蓮花開大尺五，彌勒松高腰十圍。

恩仇恩仇若相忘，翠羽明珠繡裲襠。
隔斷紅塵三萬里，先生自號水仙王。

林子青在《弘一大師年譜》中對此詩作出這樣評價：「〈初夢〉二首，最能表現其當時之心境，作風似受譚嗣同、康南海之影響。」但「表現」了李叔同「當時」的什麼「心境」？又在「作風」上受了譚嗣同、康南海的哪些「影響」？林子青沒有作出任何說明。以後有些論文也採用此說，對以上問題同樣沒有給予稍為具體的解釋。

其實聯繫詩人寫此詩時所處的歷史背景進行剖析，筆者認為這是李叔同為紀念民主革命烈士陳天華而作的一首懷舊詩。據《中國近代史大事記》（知識出版社一九八二年版）載：「一九〇五年（乙巳年）十一月，日本政府文部省公布『取締清韓留日學生規則』，十二月中國留日學生八千餘人，為抗議規則實行罷課，二百餘人憤而歸國。八日湖南省留日學生陳天華，即〈猛回頭〉、〈警世鐘〉、〈獅子吼〉等革命檄文的作者，決心以死激勵大家『共講愛國』，作絕命書一封，在東京大森海灣投海自殺。」作者當時沒有返國，仍留在日本求學，耳聞目睹這次風潮的全程，給他留下刻骨銘心的印象，對他的思想震動很大。在一九〇六年他所作〈音樂小雜誌敘〉中，就曾以「負疚」的心情，提及此次風潮，表示要有所作為。這兩首七絕又一次表達了李叔同對這次風潮及在風潮中悲壯殉國的陳天華烈士緬懷之情。

第一首七絕開頭兩句，是指中國當時的衰敗景象。後兩句中的「蓮花」、「松」，是對陳天華烈士的讚頌。在國事日非、萬馬齊喑的局面下，陳天華的殉國行為就像「蓮花」和「松」一樣醒人耳目，振震聾發聵。第二首七絕的開頭兩句，意即若把日本迫害中國留學生的仇恨忘卻，就像把翠羽之類的貴重飾物，不繡於外衣，而繡在馬甲之上，悖於情理。後兩句中的「水仙王」原指楚國自沉汨羅江的屈原；陳天華也因憂國投海而死，可與屈原媲美，無愧於「水仙王」稱號。

全詩表現了作者對革命烈士景仰，對帝國主義仇恨的愛國主義情懷。同時，全詩在風格上受梁啟超、譚嗣同等人提倡的「新學之詩」的影響，以「妙蓮花」、「彌勒松」等佛教用語入詩，從而使它具有不同於其他詩作的特色。

筆者覺得，如此詮釋〈初夢〉，似乎更確切、更具體，更符合於李叔同當時特定的情境和心境。

對李叔同詩詞的詮釋，除了前面所說的過於簡約的缺憾之外，還存在著解讀不同的現象，而且分歧很大。這特別表現在他酬答女伶、藝妓和歌郎等一系列詩詞作品中。有人至今還以為這些是豔情詩，以致擔心污損李叔同的崇高人格而羞於啟口。筆者以為只要不是拘泥於這些詩詞酬贈的對象，而是對詩詞的內容進行實事求是的深入分析，可以看出，李叔同當時雖身入青樓，但並沒有沉湎於燈紅酒綠的綺靡生活，且一再表示他對國事的憂慮和悲憤。這一點連藝妓朱慧百都有所察覺，曾說他「抱負非常，感事憤時，溢於言表」。❺因此在這些詩中一再出現某些憤世憂國的詩句，也就順理成章：「只今多少興亡感，不獨隋堤有暮鴉」（〈二月望日歌筵賦此疊韻〉）；「眼界大千皆淚海，為誰惆悵為誰顰」（〈前塵——七月七日在謝秋雲妝閣重有感，詩以謝之〉）；「道左朱門誰痛哭，庭前柯木已成圍。只今蕉萃江南日，不似當年金縷衣」（〈贈語心樓主〉），等等。把這些詩詞視為特定形式下的「憤世詩」、「憂國詩」，比稱之為「豔情詩」，是否更為恰當？回答應當是肯定的。只有這樣理解這些詩詞，對詩人當時在上海一面走馬章臺，另一面則與人辦滬學會，積極向群眾宣傳精神文明；不久之後又義無反顧地東去日本留學，立志報國等等，也就不會感到突然。

古往今來，對同一詩人同一首詩，詮釋相異，屢見不鮮；對李叔同詩詞的不同解讀，也不足為怪。要緊的是積極進行切磋、探討、交流，求得認識上的接近或一致，以推動李叔同詩詞研究向縱深發展。

---

❺ 見林子青《弘一大師年譜》，十三頁，光緒二十五年己亥（一八九九年）條注❸，建東印刷公司一九四四年九月初版。

文苑叢書

■中國歷代故事詩

邱燮友 著

文化中的璀璨瑰寶——故事詩，是用詩歌的方式，來鋪述一則故事的長篇敘事詩。我國的故事詩，大抵用音樂或樂曲來說故事，因而故事詩多為樂府詩的形式。換言之，將小說的題材，用詩歌的方式來表達，便成為故事詩。每個時代都有動人的故事在發生，這些有血有淚、有情有義的故事，經民間詩人或文人將它們用詩歌、用音樂記錄下來，就如同四季的風，催開每季不同的花朵，然後在和煦的陽光下，展現婀娜多姿的姿態，令人搖蕩情靈，吟頌不已。

■古典詩歌選讀

王文顏、顏天佑、侯雅文 編著

本書編選，除依年代先後，選擇代表詩人及作品外，另採「主題式」選詩。將同類型的詩歌集中呈現，以便讀者比較、鑑賞其間異同，增加研讀的趣味。舉凡愛情、友情、自然、歷史、自我等主題，皆在選編之列。另外，自明鄭以來在臺灣生根發展的古典詩，反映臺灣獨有的內涵，本書則另立專章，除了簡述臺灣古典詩歌發展的梗概外，亦精心挑選數首詩作提供讀者欣賞。希望與您共享讀詩的喜悅，一同貼近詩人的心靈。

■詩詞曲疊句欣賞研究

裴普賢 著

本書作者裴普賢教授是東西洋漢學家中第一位正式研究疊句的人，她為疊句繪製出三十五張臉譜，即定出三十五種名稱。她從《詩經》中疊句的研究開始，進而展開對樂府、唐宋詞、元明戲曲、現代新詩、歌曲乃至非韻文疊句的考察。全書舉例詳盡，幾遍及各類文體，讓讀者在領略疊句的萬種風情之餘，還能欣賞多篇優美的文學作品，就像深入名山，不僅觀賞了奇景，又意外的發現寶藏。

■唐詩欣賞與創作入門

許正中　著

唐詩又稱近體詩，不論律詩或絕句，五言或七言，每首詩的字數、句數、聲韻等，都有其特定的格式。瞭解其規則與要素，是掌握欣賞與創作的入門之鑰。本書首先略述近體詩之源流，再分章就其聲韻特質與相關要素，如平仄、押韻、格式、對偶等，舉實例加以詳細說明，末章並就近體詩之作法與析賞述其大要。相信對於讀者瞭解唐詩的構成要素有所幫助，並藉此登堂入室，進一步深入體會唐詩的奧妙，獲得欣賞與創作唐詩之樂。

■唐詩主題與心靈療養

侯迺慧　編著

本書深討唐詩某些主題世界中，詩人隱微細膩的情意心理，與轉化負面情緒的自我治療歷程。其中包含了李白、杜甫、白居易等大詩人等最具典型的詩歌主題，從這些詩歌表現來剖析他們生命中的心靈困境與心理創傷，以及他們轉化這些困境的自我調整、自我治療。此外，本書也包含了一些以全唐詩的重要主題為研究對象的篇章，解析唐代詩人們共有的心理困境或憂傷。讓我們了解唐代整個時代共有的文化心理，同時貼近古代文人生命的自覺與安頓心靈的動人情懷。

■陳寅恪晚年詩文釋證

余英時　著

一九四九年以後，陳寅恪已成為中國大陸上唯一未滅的文化燈塔，繼續闡發獨立、自由的精神，但在當時的時代背景下，他的論著不得不曲折幽深，並形成一環套一環的暗碼。本書作者在八十年代破譯了他的暗碼系統，使其晚年生活與思想的真相重顯於世。多年來本書所激發的爭議不斷擴大，最後形成今日的「陳寅恪熱」，並引出了大批有關他晚年的檔案史料。作者此次再充分利用新史料增寫了〈陳寅恪與儒學實踐〉和〈試述陳寅恪的史學三變〉兩篇長文，更全面地闡明其價值系統與史學思想。